与世界相交　与时代相通

"十四五"时期国家重点出版物出版专项规划项目

"一带一路"交通运输国际工程建设与管理丛书

俄罗斯时速400公里
高速铁路桥梁设计

郭建勋　陈　列　胡京涛　著
韩国庆　[俄]瓦西里科夫

BRIDGE DESIGN OF
400 km / h
HIGH-SPEED RAILWAY IN RUSSIA

人民交通出版社股份有限公司

北　京

内容提要

本书基于俄罗斯严寒地区时速400公里宽轨高速铁路桥梁设计及相关科技攻关、专题研究成果，在梳理俄罗斯铁路和高速铁路的历史脉络、发展现状和规律特点基础上，以桥梁技术标准体系、工程美学、标准化设计、特殊结构设计、结构动力特性、施工组织设计和长期服役性能为主线，系统论述作者对中国高速铁路"走出去"中设计理念、方法、特点的理解和做法。

本书内容丰富，图文并茂，可读性强，将工程设计与技术标准分析和基础理论研究相结合，对提高工程技术人员的技术水平，扩充高等院校学生的专业技术知识等方面具有促进作用。本书可供从事桥梁设计研究人员、项目建设的工程技术人员、科研工作者以及高等院校相关专业师生学习和参考。

BRIDGE DESIGN OF
400 km / h
HIGH-SPEED RAILWAY IN RUSSIA

作者简介
ABOUT THE AUTHORS

郭建勋

- 工学学士
- 正高级工程师
- 中铁二院工程集团有限责任公司
  土木建筑设计研究一院副总工程师
- 俄罗斯莫斯科—喀山高速铁路
  勘察设计桥梁专业第一设计负责人

从事铁路、公路、市政工程、城市轨道桥梁勘察设计研究工作。撰写出版专著 2 部，参编出版专业图书 3 部，发表论文 20 余篇。

陈　列

- 工学博士
- 正高级工程师
- 中铁二院工程集团有限责任公司
  副总工程师
- 俄罗斯铁路科学技术委员会
  高速铁路交通发展小组成员
- 俄罗斯莫斯科—喀山高速铁路
  勘察设计项目部经理

从事桥梁、高速铁路设计、研究和项目管理工作。撰写出版专著 6 部，参编出版专业图书 5 部、中外文词典 4 部，发表论文 70 余篇。

胡京涛

- 工学学士
- 正高级工程师
- 中铁二院工程集团有限责任公司
  土木建筑设计研究一院院长
- 俄罗斯莫斯科—喀山高速铁路
  勘察设计项目部常务副经理

从事铁路、轨道交通、公路市政工程桥梁勘察设计、研究和项目管理工作。撰写出版专著1部，发表论文10余篇。

韩国庆

- 工学硕士
- 正高级工程师
- 中铁二院工程集团有限责任公司优秀青年专家
- 俄罗斯莫斯科—喀山高速铁路勘察设计项目部
  党支部书记、桥梁专业设计负责人

从事高速铁路桥梁勘察设计和研究工作。撰写出版专著2部，参编出版专业图书4部，发表论文20余篇。

阿列克谢·谢尔盖维奇·瓦西里科夫
（А.С.Васильков）

- 俄罗斯铁路公司高级顾问
- 俄罗斯著名铁路专家

曾担任莫斯科国立桥梁设计研究院有限公司副总裁。主持和参与阿穆尔河跨河桥、外贝加尔铁路、远东铁路等项目。曾荣获俄罗斯总统嘉奖、俄罗斯铁路股份公司嘉奖。

前言

2015年6月18日，在中俄两国领导人的见证下，中铁二院工程集团有限责任公司代表中俄勘察设计联合体与俄罗斯铁路公司签署了莫斯科—喀山高速铁路勘察设计合同，被誉为中国高速铁路"走出去"第一单。莫斯科—喀山高速铁路是北京—莫斯科亚欧高速运输走廊的一部分，是"一带一路"和欧亚经济联盟对接建设的先导性工程，也是中俄两国基础设施领域合作的典范。

莫斯科—喀山高速铁路最高设计速度为400km/h，与中国已有的高速铁路相比，设计时需考虑更高的行车速度、更寒冷的环境条件、不同的铁路轨距、不同的管理和技术标准体系等带来的一系列问题。如何结合俄罗斯国情，运用好中国丰富的高速铁路设计、建设和运维经验，实现中国高速铁路技术标准国际化，中国先进装备制造本地化，并得到共同参与设计的俄罗斯合作伙伴认可，以及通过法国Systra公司、Ernst & Young咨询公司、俄罗斯圣彼得堡国立交通大学、俄罗斯莫斯科国立交通大学技术咨询审查，俄罗斯快速干线公司完工审查，俄罗斯铁路公司鉴定委员会审查和俄罗斯国家鉴定委员会审查，是设计团队面临的巨大挑战。为此，设计团队在莫斯科—喀山高速铁路设计的同时，开展了一系列技术攻关和专题研究，成功完成全线勘察设计工作，提升了设计品质，并最终通过俄罗斯国家鉴定委员会审查。

本书基于莫斯科—喀山高速铁路桥梁设计和相关技术攻关、专题研究成果，在梳理俄罗斯普速铁路和高速铁路的历史脉络、发展现状和规律特点的基础上，系统地论述了作者对俄罗斯设计速度400km/h高速铁路桥梁设计背景、理念、方法、特点的理解，并通过插入部分中俄两国铁路工程师现场共同工作的照片，穿插展示新时代中俄铁路工程师友好合作的一段历史，表达作者在严谨的专业技术工作之外的那份情怀。

自2018年筹划写作本书以来，历时三载时急时缓的执笔敷陈，终于成册付梓，也算是为俄罗斯高速铁路桥梁设计工作画上了句号。全书共分9章，最大的特点是"融合"贯穿始终。第1章通过对俄罗斯高速铁路发展、规划和项目推进的介绍和解析，读者对俄罗斯铁路有一个初步的了解，甚至可得出自己的一些评判或疑问。第2章简要论述了俄罗斯工程领域和铁路系统复杂、严密和较为完善的管理以及法律、标准体系，对俄罗斯高速铁路桥梁设计标准作了简要介绍。为便于读者理解，文中进行了简要的对比分析。第3章介绍了莫斯科—喀山高速铁路沿线自然环境、历史文化等地域特征，以及俄罗斯桥梁设计惯例和拟在莫斯科—喀山高速铁路开行的高速列车等，以便于读者对后续章节的理解。第4章从创造优质环境入手，论述了如何将俄罗斯丰富多彩的建筑文化和风格，与现代铁路桥梁技术需求相融合，在为人们提供快捷、安全运输的同时，也留下一条具有广泛认同感和时代特色的风景线。第5章系统论述了基于中国高速铁路技术和装备，以提升工程质量、减少重复劳动、提高工作效率、加快建设进度、提高经济效益为目的，采用工厂化制造、机械化运输、装配化施工的俄罗斯高速铁路桥梁标准化设计。第6章论述了俄罗斯高速铁路桥梁设计原则，以及典型桥梁和特殊桥梁的设计方法、方案选择和工程措施等，其设计方案和细节充分体现了中俄技术的融合和表现特点。第7章论述了基于设计速度400km/h高速铁路和俄罗斯规范中列车荷载图式的标准跨度简支梁的动力响应和变形限值分析，以及简支梁和连续梁车—桥耦合动力仿真分析，体现了中国高速铁路"走出去"中的设计理念、方法和特点，以及在桥梁动力特性等方面所作的基础性分析和反思，可为我国进一步提高高速铁路运行速度提供借鉴和参考。第8章论述了莫斯科—喀山高速铁路桥梁施工组织设计编制原则，特别是与中国相同和相异的内容要求、工程机具和表达形式等，可供中国施工企业在参与俄罗斯高速铁路建设时参考。第9章针对俄罗斯特殊、严寒的气候条件，结合混凝土结构耐久性调研，论述了桥面防水体系和梁体、墩台的混凝土耐久性设计研究。

全书由郭建勋、陈列、胡京涛、韩国庆、瓦西里科夫撰写。在本书写作过程中，得到了中铁二院工程集团有限责任公司的大力支持，部分内容采用了中国铁道科学研究院集团有限公司、西南交通大学、黑龙江省寒地建筑科学研究院等单位在参与作者主持的"发达国家（俄罗斯）工程建设标准体系及管理体系调研"和"俄罗斯高铁（莫喀段）桥梁关键技术研究"中的工作成果，在此表示感谢。此外，还要感谢朱颖、扈森、张雪才、谢毅、刘伟、魏星、宋晓东、陈强、姚南、曾焰、谢海清、李慧君、张启祥、金怡新、李西子、李小珍、谢永江、杜存山、李卉玉、米哈伊尔、伊万、文刚、何登科、安东等对本书的写作以及出版发行提供的支持和帮助。同时，感谢中铁二院科技图书出版基金对本书出版提供的支持。

在中共中央、国务院印发的《交通强国建设纲要》中已明确提出，未来我国高速铁路技术发展将合理统筹安排包括"速度400km/h级高速轮轨（含可变轨距）客运列车系统"在内的技术储备研发，希望本书的出版能够为探索和建造更高速度的高速铁路起到参考作用。

由于目前世界上尚未建成设计速度400km/h的高速铁路，与我国具有丰富建设和运营的高速铁路相比，更高速度的列车商业运营条件下固定设施与移动装备的安全性、匹配性和适用性尚待系统验证，从勘察设计、制造、施工到运营的技术标准尚待建立，轮轨关系、弓网关系、空气动力学、机电耦合等基础理论也尚待深化研究。加上中俄两国国情、语言差异等影响，以及作者水平所限，书中难免有不妥之处，敬请读者斧正。

作　者

2021年5月 于成都

BRIDGE DESIGN OF
400 km / h
HIGH-SPEED RAILWAY IN RUSSIA

目录

第 1 章 俄罗斯高速铁路发展概况 / 001

1.1 俄罗斯快速和高速铁路 / 001

1.2 俄罗斯高速铁路发展规划 / 002

1.3 莫斯科—喀山高速铁路规划论证 / 005

第 2 章 俄罗斯铁路工程项目标准体系 / 013

2.1 俄罗斯标准化体系发展历程 / 013

2.2 俄罗斯工程建设标准基本类型 / 014

2.3 俄罗斯铁路法律、法规、标准及规范 / 015

2.4 中俄铁路行业标准体系及管理体系对比分析 / 019

2.5 俄罗斯高速铁路桥梁技术标准 / 024

2.6 既有铁路标准化桥梁 / 035

2.7 既有铁路非标准化特殊桥梁 / 039

第 3 章　莫斯科—喀山高速铁路建设条件 / 041

3.1　工程概况 / 041

3.2　自然条件 / 042

3.3　沿线地区的经济与文化 / 048

3.4　中俄铁路桥涵设计对比分析 / 052

3.5　俄罗斯既有快速和高速列车 / 055

3.6　莫斯科—喀山高速铁路运输组织及列车 / 059

第 4 章　桥梁景观设计 / 065

4.1　概述 / 065

4.2　俄罗斯建筑风格及元素 / 065

4.3　桥梁景观规划 / 073

4.4　桥墩造型方案 / 078

4.5　特殊节点桥墩装饰 / 089

第 5 章　桥梁标准化设计 / 090

5.1　梁部及墩台设计 / 091

5.2　桥面构造 / 100

5.3　涵洞设计 / 101

5.4　立交通道框架设计 / 103

第 6 章　桥梁工程设计 / 105

6.1　设计原则 / 105

6.2 桥梁设计 / 108

6.3 重点跨河桥梁工程 / 120

第 7 章 标准跨度梁动力参数分析 / 145

7.1 列车荷载图示 / 145

7.2 简支梁竖向基频和挠度限值 / 153

7.3 标准跨构桥梁车—桥耦合动力计算 / 201

第 8 章 施工组织设计 / 213

8.1 概述 / 213

8.2 施工组织设计主要内容 / 214

8.3 一般桥梁下部结构施工组织设计 / 215

8.4 标准跨度简支梁的预制和运架施工组织设计 / 218

8.5 跨越通航河流的桥梁施工组织设计 / 227

第 9 章 提高严寒地区混凝土耐久性措施 / 242

9.1 高性能混凝土耐久性设计研究 / 242

9.2 桥面防水体系耐久性设计研究 / 254

9.3 梁体及墩台耐久性设计研究 / 264

参考文献 / 269

BRIDGE DESIGN OF
400 km / h
HIGH-SPEED RAILWAY IN RUSSIA

CHAPTER 1

| 第1章 |

俄罗斯高速铁路发展概况

1.1 俄罗斯快速和高速铁路

俄罗斯国土面积广,各类交通基础设施齐全,其陆路、水上、航空和管道运输都比较发达,尤其是铁路运输,就其地理位置而言,俄罗斯铁路直接将欧洲和东亚地区的铁路网连在一起,是欧—亚铁路网不可分割的组成部分。此外,通过港口,俄罗斯铁路还可以与北美铁路网连接。

俄罗斯铁路运营线路总长约8.5万km,运营总里程仅逊于美国和中国,居世界第三。其中,电气化铁路长约4.2万km,仅逊于中国,居世界第二。俄罗斯铁路客运约占全球的18%。在其全国运输总量中,铁路客运量所占比重达到35%。俄罗斯铁路公司统计显示,64%的俄罗斯人国内旅行首选铁路方式,85%的俄罗斯人认为需要发展高速铁路。

1984年3月1日,俄罗斯在莫斯科—圣彼得堡(彼得格勒)铁路上开通了ER200快速电力机车的定期客运,全程4h59min,标志着俄罗斯铁路进入全面提速阶段。

1990—1995年,俄罗斯对建设莫斯科—圣彼得堡高速铁路干线进行了可行性研究。但考虑到国家经济等原因,认为通过对既有的莫斯科—圣彼得堡铁路进行提速改造，以实现列车行驶速度 250km/h 的方案是合理的。2009 年 12 月 17 日，莫斯科—圣彼得堡铁路完成提速改造，并开始了快速列车的商业运营。莫斯科—圣彼得堡铁路长 650km，采用从德国进口的高速动车组，取名游隼号列车（俄文：Сапсан），最高运行速度 250km/h，运行时间 3h45min。2009 年 5 月 2 日，游隼号动车组在莫斯科—圣彼得堡铁路试运行中达到速度 281km/h，创造了俄罗斯铁路迄今最高的速度纪录。

2010 年 7 月 30 日，俄罗斯完成莫斯科—下诺夫哥罗德铁路的提速改造，并开始了快速列车的商业运营。莫斯科—下诺夫哥罗德铁路全长 442km，最高运行速度 160km/h，运行时间 3h55min。莫斯科—下诺夫哥罗德铁路也采用了游隼号高速动车组运行。虽然莫斯科—下诺夫哥罗德采用的是与莫斯科—圣彼得堡相同的高速客运动车组，具有良好的乘坐舒适性和优质服务，但由于线路条件限制了其运行速度，只能达到 160km/h，对旅客缺乏吸引力，运营效益差。另外，莫斯科与圣彼得堡间的客流量增加较大，所以从 2015 年停开莫斯科—下诺夫哥罗德的高速客运动车组，并将开行于该段的高速动车组改用于莫斯科—圣彼得堡铁路上。

2010 年 12 月 12 日，俄罗斯开通了圣彼得堡—赫尔辛基铁路。圣彼得堡—赫尔辛基铁路全长 443km，芬兰段最高运行速度 220km/h，俄罗斯段最高运行速度 200km/h，运行时间 3h30min。圣彼得堡—赫尔辛基铁路采用法国阿尔斯通公司制造的"Allegro"高速动车组。

1.2 俄罗斯高速铁路发展规划

1987 年，俄罗斯提出了建设速度为 300～350km/h 的铁路客运专线构想。2010 年，俄罗斯在研究制定俄罗斯铁路发展总体规划中，确定了未来俄罗斯快速铁路和高速铁路发展战略，提出建设速度为 350～400km/h 的高速铁路干线的构想。计划在 2017 年年底，建设完成莫斯科—圣彼得堡高速铁路；在莫斯科—苏泽姆卡—基辅、莫斯科—库尔斯克（进一步延长至索契和克里米亚）、莫斯科—斯摩棱斯克—克拉斯诺耶—明斯克（进一步延长至华沙和柏林）、莫斯科—雅罗斯拉夫尔、鄂木斯克—诺沃西比尔斯克等线路，组织开行快速旅客列车（160～200km/h），其中，在莫斯科—苏泽姆卡—基辅、莫斯科—斯摩棱斯克—

克拉斯诺耶—明斯克线，采用 Talgo 摆式列车。计划在鄂姆斯克—诺沃西比尔斯克—克拉斯诺亚尔斯克方向修建高速客运专线；在乌拉尔、西伯利亚、远东地区，以及叶卡捷琳堡—车里雅宾斯克、哈巴罗夫斯克—符拉迪沃斯托克区段，开行快速旅客列车。

2012 年，俄罗斯对 2010 年的规划进行了修订，调整了高速铁路线路，规划完成时间从 2017 年底推迟至 2030 年。计划建成莫斯科—圣彼得堡高速铁路，莫斯科—喀山—叶卡捷琳堡高速铁路并途经乌法和车里雅宾斯克，莫斯科—哈尔科夫—阿德列尔高速铁路。另外，还将建设一条连接乌克兰和白俄罗斯共和国的国际高速铁路，并进一步延伸至西欧。俄罗斯快速和高速铁路网中长期规划（2030 年）见表 1.2-1，俄罗斯快速和高速铁路网规划示意图如图 1.2-1 所示。

俄罗斯快速和高速铁路网中长期规划（2030 年）一览表　　表 1.2-1

序号	规划实施阶段	线路编号	项目起讫城市
1	第一阶段	2	莫斯科—喀山高速铁路
2		4	叶卡捷琳堡—车里雅宾斯克高速铁路
3		3	莫斯科—图拉高速铁路（"高速铁路 3 号"莫斯科—阿德列尔第一段）
4		5	图拉—奥廖尔—别尔哥罗德快速铁路（既有铁路升级改造）
5		13	叶卡捷琳堡—下塔吉尔快速铁路（既有铁路升级改造）
6	第二阶段	2	喀山—叶拉布加高速铁路
7		3	图拉—沃罗涅日高速铁路
8		8	莫斯科—雅罗斯拉夫尔快速铁路（新建段和既有铁路升级改造）
9		12	叶卡捷琳堡—秋明快速铁路
10		7	新西伯利亚—克麦罗沃快速铁路
11	第三阶段	2	叶拉布加—叶卡捷琳堡高速铁路
12		3	沃罗涅日—顿河畔罗斯托夫高速铁路
13		10	"高速铁路 2 号"切博克萨雷—萨马拉高速铁路
14		—	塞瓦斯托波尔—黑海疗养区快速铁路

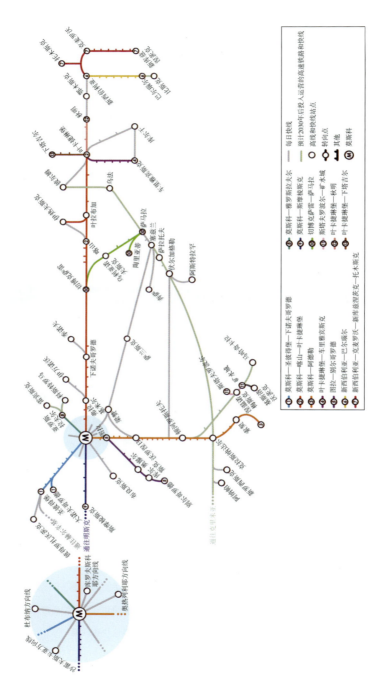

图 1.2-1 俄罗斯快速和高速铁路网规划示意图

1.3 莫斯科—喀山高速铁路规划论证

1.3.1 主要技术参数

根据俄罗斯交通运输建设项目勘察设计开放式股份公司 2013 年编制完成的《莫斯科—喀山—叶卡捷琳堡高速铁路干线（高速铁路 2 号）莫斯科—喀山段施工阶段投资论证报告》（以下简称《投资论证报告》）和 2014 年编制完成的《莫斯科—喀山—叶卡捷琳堡高速铁路莫斯科—喀山段投资备忘录》（以下简称《投资备忘录》），莫斯科—喀山高速铁路途经莫斯科市、莫斯科州、弗拉基米尔州、下诺夫哥罗德州、楚瓦什共和国、马里埃尔共和国和鞑靼斯坦共和国，共 7 个俄罗斯联邦主体。

莫斯科—喀山高速铁路设计为双线铁路，线路全长 770km。高速客运列车允许行车速度为 350～400km/h，轨距 1520mm。钢轨采用 P65 型钢轨，质量不小于 64kg/m，铺设无缝线路。运行速度不超过 200km/h 段采用有砟轨道，运行速度大于 200km/h 段采用无砟轨道，最大纵坡不大于 24‰。设计速度为 350km/h 区段，平面曲线半径不小于 7500m；设计速度为 400km/h 区段时，平面曲线半径不小于 10000m。开行列车主要有 350～400km/h 高速列车、250km/h 区域特快列车、160km/h 集装箱列车以及专用列车。牵引方式和机车类型为电力牵引、分布牵引高速电动机车或者机车牵引。线间距根据高速列车最高行车速度确定，最小线间距限值见表 1.3-1。

最小线间距限值　　　　　　　　　　表 1.3-1

最高行车速度（km/h）	250	251～300	301～350	351～400
最小线间距（m）	4.1	4.5	4.8	5.0

高速列车最大重量为 10000kN，车轴最大静载荷不超过 170kN（最高行车速度为 400km/h），集装箱平板车或专用列车轴最大静载荷不超过 230kN（最高行车速度为 160km/h）。

莫斯科—喀山高速铁路建成后，使得莫斯科与喀山之间的旅行时间缩短 4 倍，从 14h 缩减到 3.5h。同时，将下诺夫哥罗德与喀山之间的旅行时间缩短 7 倍，从 10h32min 缩减到 1.5h。区域各州州府之间的旅行时间缩减到 1h 以内。莫斯科—喀山之间乘坐高速铁路的旅行时间如图 1.3-1 所示。

图 1.3-1　莫斯科—喀山之间乘坐高速铁路的旅行时间示意图（源自俄罗斯《投资论证报告》）

1.3.2　人工构筑物

1）主要技术标准及参数

（1）列车荷载模式

列车 A1～A10 各车轮轴力（类似于欧洲规范的高速列车荷载模式 High Speed Loads Mode，HSLM）、欧洲真实车辆各车轮轴力（7 种）、俄罗斯现行车辆各车轮轴力（5 种），或者上述 22 种列车的等效荷载，以及养护列车（荷载等级 CK8）。

（2）限界及净空

正线铁路采用 C400 建筑限界；跨公路时净空不小于 5.5m，乡间道路和牲畜通行道路净空不小于 4.5m，步行天桥净空不小于 3m，步行隧道净空不小于 2.5m，动物迁徙地带桥下净空不小于 3.5m。通航河流桥下限界符合俄罗斯《内河通航桥梁桥下限界规定和技术要求》（ГОСТ 26775—1997）的要求。

（3）设计洪水频率

桥梁、涵洞设计洪水频率为 1/100，检算洪水频率为 1/300；对涵洞来说，允许有压水流通过。

（4）设计参数

高速列车车辆标准活载下，梁部竖向挠度不大于 $L/2200$，梁部水平挠度不大于 $L/5000$，其中 L 为计算跨度。

2）人工构筑物设计原则

（1）桥梁

为满足对桥梁结构竖向刚度、水平向刚度和扭转刚度的要求，以及保证桥梁结构具有良好的振动特性，桥梁采用双线整体式结构。

《投资论证报告》中提到，在分析世界高速铁路经验以及检算、技术经济方案比选的基础上，制订了跨度为16.5～150m结构设计方案，一般采用多跨简支梁。当桥墩较高或地质条件较差，不能满足无缝线路钢轨应力时，采用多跨连续梁。

根据世界高速铁路经验，对不同跨度及结构类型的计算结果，以及可行性、经济性比选，确立了跨度为16.5～55m采用双线整体式钢筋混凝土简支梁结构。其主要原因在于其垂直、水平、扭转刚度较大，动力特性较好，且价格不高。其中，跨度为16.5～30m的简支梁采用预制架设，跨度为30～55m的简支梁采用工地现浇施工。

斜交跨越铁路、公路、通航河道需要较大跨度时，采用跨度为66～150m的钢结构。特殊情况下，跨度为33～55m的简支梁也可以采用钢梁或钢—混结合梁。

桥墩采用整体式钢筋混凝土结构。桥墩基础主要为钻孔桩，桩径以1.5m为主，也可采用直径为0.8～1.7m钻孔桩或预制打入方桩。

路基填方与桥台衔接处，需设置长度不小于50m的刚度过渡段；刚度过渡段在台后20m长度内按照路基标准宽度每侧加宽1m，50m刚度过渡段内的路基加宽宽度与路基标准宽度间顺接；长度超过20m的桥梁需要铺设护轮角钢，护轮角钢在台后的延伸长度不小于20m。

（2）涵洞

对于周期性流水的沟渠，当路基高度为2.5～6m、计算流量小于2.8m^3/s时，应设置管径1.5m、填土厚度不大于3.5mm的金属波纹管涵。

对于常年流水的沟渠，当路基高度小于6m、计算水流量小于10m^3/s，应设置净宽为1.5～3m的矩形钢筋混凝土涵洞。

涵洞基础应设置在天然地基上，基础埋深需根据工程地质条件和地基土壤计算冻结深度确定。个别情况下，当工程地质条件较为复杂时，涵洞松软土地基需要更新换填。

3）人工构筑物分布及典型桥梁总图

正线铁路桥梁213座，总桥长为117.764km，占线路总长度的15%。涵洞237座，公路跨线桥128座。人工构筑物数量及其分布如图1.3-2所示。

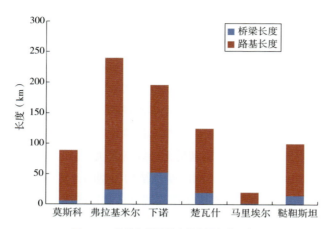

图 1.3-2 沿线各地区桥路长度及占比示意图

注：莫斯科为莫斯科州，弗拉基米尔为弗拉基米尔州，下诺为下诺夫哥罗德州，楚瓦什为楚瓦什共和国，马里埃尔为马里埃尔共和国，鞑靼斯坦为鞑靼斯坦共和国。

典型桥梁孔跨布置和构造如图 1.3-3 ～图 1.3-6 所示。

1.3.3　对莫斯科—喀山高速铁路前期规划论证的评价

俄罗斯咨询公司基于俄罗斯法律和规范，以及既有铁路提速开行高速动车组的经验和对世界高速铁路技术的认识，于 2013—2014 年编制完成莫斯科—喀山高速铁路前期规划论证报告。总体而言，前期规划论证报告所确定的技术路线和体系，符合高速铁路发展方向和技术要求，且具有前瞻性。特别是提出的建设最高速度 400km/h 高速铁路和在高速铁路上开行高速货运列车的构想，对作者进一步思考城际轨道交通的发展是有益的。其实，在 2014 年作者曾对莫斯科—喀山高速铁路前期规划论证报告提出的运行速度为 400km/h 的高速列车和在高速铁路上运行高速货运列车的必要性和如何实现这些构想存在疑虑。在之后的莫斯科—喀山高速铁路设计中，随着对设计速度 400km/h 高速铁路技术标准、技术方案和工程措施研究的深入，中国中车运行速度 400km/h 高速列车和货运高速列车研制的进展，"一带一路"高速运输通道需求的研究，电子商务的迅猛发展，以及对俄罗斯特殊国情更加深入的了解，与俄罗斯、德国、法国专家的深入沟通和交流，作者认识到发展更高速度的高速铁路不仅可行，而且十分必要。同时，通过分析论证和沟通、交流，将前期规划论证报告中提出的运行速度 160km/h 集装箱列车修改为运行速度 250km/h 的货运动车组，完善了技术方案。

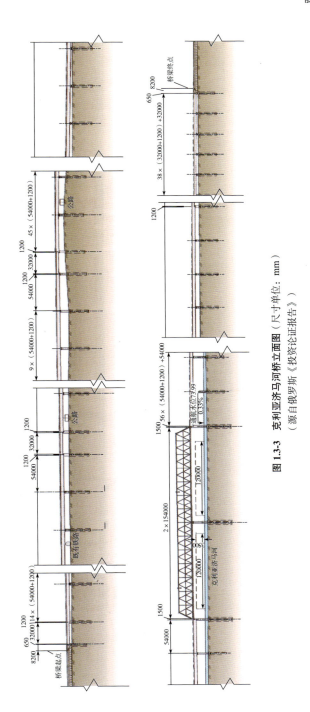

图 1.3-3 克利亚济马河桥立面图（尺寸单位：mm）
（源自俄罗斯《投资论证报告》）

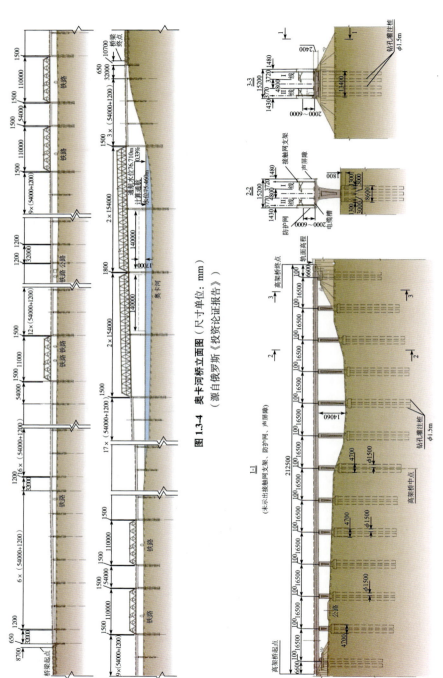

图 1.3-4 奥卡河桥立面图（尺寸单位：mm）
（源自俄罗斯《投资论证报告》）

图 1.3-5 典型的高速铁路高架桥立面图（尺寸单位：mm）
（源自俄罗斯《投资论证报告》）

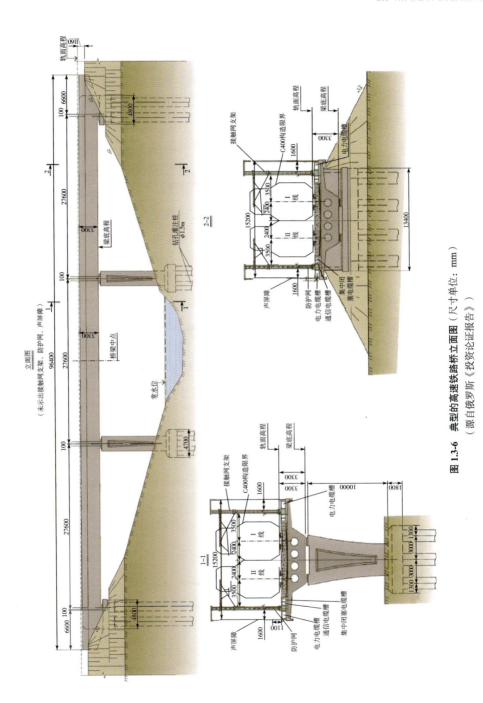

图 1.3-6 典型的高速铁路桥立面图（尺寸单位：mm）
（源自俄罗斯《投资论证报告》）

作者也注意到，俄罗斯尚没有真正意义上的高速铁路，对高速铁路的认识仅限于理论认识阶段，尚缺乏系统深入的研究、工程实践和运营经验，完善的高速铁路技术标准体系也未建立。特别是要实现400km/h高速铁路运营，尚有许多问题有待解决，许多工作需要去做。例如，对前期规划论证报告中人工构筑物设计方案有以下几点需要进一步斟酌。

（1）桥梁跨度体系沿用了俄罗斯普通铁路桥梁的特点，动力性能较差，跨度种类多，不利于规模化集中预制。在俄罗斯既有铁路桥梁中，小跨度简支结构梁一般采用钢筋混凝土板梁、多片式梁，计算跨度系列为12m（12.5m）、16m（16.5m）、18.2m（18.8m）；跨度稍大的则采用钢箱梁（钢板桥面），计算跨度系列为23m（23.6m）、27m（27.6m）、33.6m（34.2m）；跨度大于40m则采用钢桁结构，计算跨度体系为44m（45.5m）、55m（56.5m）、66m（67.5m）、88m（89.5m）、110m（111.5m）。

（2）大量采用了钢—混结合梁和钢桁梁，刚度小，没有充分考虑列车运行速度400km/h时对桥上轨道平顺性的要求。

（3）设计列车荷载按照实际列车荷载模式或其等效荷载，而非包络的荷载图示，对于干线铁路，几乎要对所有客货车型（包括普通铁路检修车）进行检算，不仅计算工作量大，而且容易造成有的桥梁工程过于保守，不利于列车车型和列车编组的创新发展。

CHAPTER 2
第2章

俄罗斯铁路工程项目标准体系

2.1 俄罗斯标准化体系发展历程

俄罗斯的标准化要追溯到彼得一世时期审批通过的球形炮弹用量标准。1845年确定了首批俄罗斯国家度量单位"俄丈"和"俄磅",采用统一的度量衡体系。1918年俄罗斯通过法令"采用国际度量衡体系(制)",这被认为是俄罗斯标准化发展的开始。

苏联时期,1925年创立了第一个中央标准化机构——标准化委员会。1926年制定了首批全苏标准(俄语缩写ОСТ)。1940年成立了全苏标准化委员会,全苏标准俄语缩写由ГОСТ代替了ОСТ。后来全苏标准化委员会更名为标准、计量和测量设备委员会。1968年首次制定并通过了全套"国家标准化体系"(俄语缩写ГСС)。

根据《国家标准化体系基本导则》(ГОСТ 1.0—1968)的规定,标准共4类,分别为苏维埃社会主义共和国联盟国家标准ГОСТ、加盟共和国标准РСТ、行业标准ОСТ、企业标准СТП。1985年苏联部长会议通过《关于苏联标准化工作机构》的决议,它是标准化发展的重要里程碑。20世纪90年代随着向市场经济的过渡,标准化工作面临着新的任务,要求其符合市场经济并与国际惯例接轨。

苏联解体后，1992年3月独联体国家签署协议在标准化、计量和认证领域进行政策协调，成立了跨国标准化、计量和认证委员会，组织跨国际的标准化、计量和认证工作。1993年通过了《俄罗斯标准化法》，这是俄罗斯颁布的第一部标准化法。该法案的发布和实施标志着俄罗斯由强制性标准向自愿性标准体系的过渡，但由于历史原因，许多标准中仍保留了强制性条款。因此，俄罗斯政府于2003年7月1日正式实施了《俄罗斯技术调节法》，取代了《俄罗斯标准化法》，这是俄罗斯为加入世界贸易组织（WTO），根据WTO技术贸易壁垒（TBT）协定制定的一部法律。《俄罗斯技术调节法》的实施，标志着俄罗斯在加入WTO进程中开始对标准化体系进行根本性改革，逐渐与国际接轨，提出了技术法规的概念，以取代国家标准中标准的强制性要求。

由于《俄罗斯技术调节法》是根据WTO技术贸易壁垒协定制定的，在制定过程中没有考虑标准化的特点，缺乏系统性和全面性，虽几经修订，但仍存在局限性。

2012年发布的《俄罗斯全国标准化体系发展构想》，要求联邦执行权力机构在技术调节和标准化领域的工作中考虑实施。《俄罗斯全国标准化体系发展构想》是对《俄罗斯技术调节法》的进一步补充和完善，规定的标准化目标比较全面。

2015年，修编的《俄罗斯标准化法》获得俄罗斯国家杜马通过，并于2016年正式实施。新的《俄罗斯标准化法》明确了俄罗斯标准化的主要内容、主要任务及国家法规对标准化的保障。该法体现了俄罗斯标准化战略的发展趋势，通过法规对标准化体系职能的约束，确定了标准化的目的及任务，以及国家政策对标准化工作的支持与保障。

2.2 俄罗斯工程建设标准基本类型

1991年苏联解体后，俄罗斯是苏联的法理继承国，继承了苏联的科技、军事等各个领域成果。由于俄罗斯独特政治体制及历史渊源，俄罗斯工程建设标准也有其鲜明的特点。包括继承和沿用苏联标准在内，俄罗斯工程建设标准类型见表2.2-1。

2003年实施的《俄罗斯技术调节法》将俄罗斯国家标准以外的其他标准统称为组织标准，并明确了国家标准和组织标准的采用全部是自愿性的。

俄罗斯工程建设标准类型　　　　　　　表 2.2-1

类　　型	俄语全称或缩写
国际标准	Международный
区域性国际标准	Региональный
俄罗斯联邦法	Федеральные законы
俄罗斯建筑规范与规程	СНиПы
俄罗斯国家标准	ГОСТ Р
独联体跨国标准	ГОСТ
规程汇编	СП
特殊技术条款（或译为项目技术规定）	Специальные технические условия（Сту）
企业标准	Стандарт предприятия（СТП）
经济互助委员会标准	СТ СЭВ（经济互助委员会已于 1991 年 6 月 28 日解散）
地方建筑规范	ТСН
苏联国家建委批准的标准	РСН
苏联国家建委及其下属部门批准的标准	建筑规范 СН、部门建筑规范 ВСН

俄罗斯国家标准是对需要在俄罗斯全国范围内统一的技术要求制定的标准。独联体跨国标准是对需要在 9 个独联体国家范围内统一的技术要求制定的标准，一般是将大量的苏联标准通过修改转换升级为独联体跨国标准。

行业标准是对没有国家标准而又需要在俄罗斯全国某个行业范围内统一的技术要求制定的标准。2012 年发布的《俄罗斯全国标准化体系构想》指出，行业标准应由行业协会或主管部门制定，统一代号为 ОСТ。行业标准为过渡性标准，有可能上升为全国标准。

2.3 俄罗斯铁路法律、法规、标准及规范

由于俄罗斯历史演变的复杂性，体制改革频繁。铁路行业的法律、法规、标准体系不仅继承了苏联时期的系统性和严密性，而且随着体制改革，机构变化，相关的法律、法规、标准及规范历经多次汇编、修订、更新，各种标准不断补充或延续使用，或部分条款修订使用，或新旧迭代，极其复杂，令人甚感混乱。通

过调研，收集到的俄罗斯铁路行业工程设计所涉及的法律、法规、标准及规范名称见表 2.3-1，表中尽可能列出了发布单位及编制单位，以供读者了解和查询。

俄罗斯铁路行业的法律、法规、标准及规范（部分专业） 表 2.3-1

名　称	发布单位	编制单位	类型
俄罗斯政府决议（2008.2.16 第 87 号）《关于项目文件各章节的构成及其内容要求的条例》（含 2018.4.12 更新）	俄罗斯政府	—	俄罗斯政府法规
《施工设计文件体系．施工设计文件基本要求》（ГОСТ Р 21.1101—2013）	俄罗斯计量和技术管理局	建筑规范化和标准化中心	国家标准
《施工设计文件体系．铁路施工文件制定规则》（ГОСТ 21.702—2013）	俄罗斯计量和技术管理局	建筑规范化和标准化中心、工业交通设计勘察科研院	国家标准
《轨距 1520mm 铁路标准》（СП119.13330.2012）（СНиП 32-01—1995 更新版）	俄罗斯交通运输部	运输建筑工程科学研究所	规范汇编
《铁路线路设计》（СП 238.1326000.2015）	俄罗斯交通运输部	铁路研究院、莫斯科国立交通大学	规范汇编
《铁路基础设施设计》（СП 237.1326000.2015）	俄罗斯交通运输部	铁路研究院	规范汇编
《桥梁和涵洞》（СП 35.13330.2011）（СНиП 2.05.03—1984 的更新版本）（含 1 号更改）	俄罗斯地区发展部	中央运输建筑科学研究所	规范汇编
《铁路和交通线以及工程管线交叉》（СП 227.1326000.2015）	俄罗斯交通运输部	铁路研究院	规范汇编
《铁路机车车辆限界和建筑物接近限界》（ГОСТ 9238—2013）	国家标准化计量和认证委员会	铁路交通科学研究院	国家标准
《桩基础设计和施工》（СП 50-102—2003）	俄罗斯建设和住房公用事业部	国家建设事业委员会 Н.М. 格尔谢瓦诺夫地基及地下结构物科学研究所	规范汇编
《轨距 1520mm 铁路路基设计》（СП 32-104—1998）	"运输建筑工程科学研究所" 开放式股份公司	运输建筑工程科学研究所	规范汇编
《莫斯科—喀山—叶卡捷琳堡高速铁路莫斯科—喀山段设计特殊技术条款》	俄罗斯建设和住房公用事业部	圣彼得堡国立交通大学等	特殊技术条款
《荷载和作用》（СП 20.13330.2016）	俄罗斯建设和住房公用事业部	库切连科中央建筑结构科学研究院、建筑科学研究中心	规范汇编

续上表

名　称	发布单位	编制单位	类型
《建筑物和构筑物地基》（СП 22.13330.2016）	俄罗斯建设和住房公用事业部	Н.М.格尔谢瓦诺夫地基与地下建筑物科学研究工艺勘测设计院、建设科学研究中心	规范汇编
《桩基础》（СП 24.13330.2011）	俄罗斯地区发展部	Н.М.格尔谢瓦诺夫地基与地下建筑物科学研究工艺勘测设计院、建设科学研究中心	规范汇编
《路基构筑物、地基和基础》（СП 45.13330.2012）	俄罗斯地区发展部	Н.М.格尔谢瓦诺夫地基与地下建筑物科学研究工艺勘测设计院、建设科学研究中心	规范汇编
《浸水、水渍工程防护》（СП 104.13330.2012）	俄罗斯建设和住房公用事业部	Н.М.格尔谢瓦诺夫地基与地下建筑物科学研究工艺勘测设计院、建设科学研究中心	规范汇编
《危险地质区域建筑和构筑物工程防护》（СП 116.13330.2012）	俄罗斯地区发展部	Н.М.格尔谢瓦诺夫地基与地下建筑物科学研究工艺勘测设计院、建设科学研究中心等	规范汇编
《软土地基设计方法须知》（说明）	俄罗斯交通建设组织设计院	全苏交通建设科学研究院和全苏道路科学研究院	方法须知
《站场排水设施图册》	—	运输工程勘测设计管理总局、莫斯科交通设计院	标准图册
《土壤分类》（ГОСТ 25100—2011）	俄罗斯计量和技术管理局	Н.М.格尔谢瓦诺夫地基与地下建筑物科学研究工艺勘测设计院、建设科学研究中心	国家标准
《用于铁路道砟层的密实山岩碎石技术条款》（ГОСТ 7392—2014）	俄罗斯计量和技术管理局	俄铁分公司十月铁路试验工厂材料和结构实验中心	国际标准
《地震区域施工》（СП 14.13330.2011）	俄罗斯地区发展部	库切连科中央建筑结构科学研究院、建设科学研究中心	规范汇编
《混凝土和钢筋混凝土结构》（СП 63.13330.2012）	俄罗斯地区发展部	混凝土和钢筋混凝土科学研究所、建设科学研究中心	规范汇编
《支承和防护结构》（СП 70.13330.2012）	俄罗斯建设和住房公用事业部	中央工业建筑科学研究院、陶瓷墙材制造商协会、西伯利亚联邦大学等	规范汇编
《建筑结构防腐》（СП 28.13330.2012）	俄罗斯地区发展部	居住建筑科学研究所、库切连科中央建筑结构科学研究院、圣彼得堡国立交通大学等	规范汇编
《建筑材料》（СП 131.13330.2012）	俄罗斯地区发展部	国立建筑材料工业用机械科学研究所、建设科学研究中心	规范汇编

续上表

名　　称	发 布 单 位	编 制 单 位	类型
《钢结构》（СП 16.13330.2011）	俄罗斯地区发展部	库切连科中央建筑结构科学研究院、中央工业建筑科学研究院	规范汇编
《建筑工程勘察》（СП 47.13330.2012）	俄罗斯建设和住房公用事业部	基于工程勘察成员国家自律组织协会	规范汇编
《铁路和公路隧道》（СП 122.13330.2012）	俄罗斯地区发展部	中央运输建筑科学研究所、圣彼得堡文化设施建筑托拉斯设计勘察科研究院、隧道协会工程科学中心	规范汇编
《建筑结构和基础的可靠性主要条款》（ГОСТ 27751—2014）	俄罗斯国家标准化计量和认证委员会	建设科学研究中心、库切连科中央建筑结构科学研究院	国家标准
《内河通航桥梁桥下限界规定和技术要求》（ГОСТ 26775—1997）	俄罗斯建设和住房公用事业部	莫斯科国立桥梁交通设计院	国家标准
《公路标准荷载、荷载计算图示及接近限界》（ГОСТ Р 52748—2007）	俄罗斯计量和技术管理局	俄罗斯交通院道路工程中心	国家标准
《苏联铁路车站枢纽设计》（ВСН 56—1978）	俄罗斯交通出版社	运输建筑工程科学研究所、苏联运输建设部	政府机关标准
No 984 车站排水设备汇编册（1975年）	—	运输工程勘测设计管理总局、莫斯科交通设计院	标准汇编册
《铁路轨道图纸汇编册》（1995年）	俄罗斯交通出版社	运输工程勘测设计管理总局等	设计图集
《无缝线路铺设养护维修》	俄罗斯铁路开放型股份公司	—	规范
《轨距1520mm铁路路基横断面》（4.501-122）	—	莫斯科交通设计院	标准汇编册
《地铁》（СП 120.13330.2012）	俄罗斯地区发展部	地铁设计院	规范汇编
《永冻土地区铁路勘察.设计.施工》（ВСН-61—1989）	苏联交通建设部	交通建筑科学研究院	部颁标准
《施工组织》（СП48.13330.2011）	俄罗斯地区发展部	建筑规范化和标准化中心、联邦国家机构建设产品技术评估联邦中心	规范汇编
《矿山法掘进》（СП69.13330.2011）	俄罗斯建设和住房公用事业部	交通建筑科学研究院	规范汇编
《噪音防护》（СП51.13330.2011）	俄罗斯地区发展部	俄罗斯建筑和建设科学院建设物理学科研究院	规范汇编

续上表

名　称	发布单位	编制单位	类型
《永冻土地基及基础》 （СП25.13330.2012）	俄罗斯地区发展部	Н. М. 格尔谢瓦诺夫地基与地下建筑物科学研究工艺勘测设计院	规范汇编
《混凝土抗冻性确定方法》 （ГОСТ 10060—2012）	俄罗斯国家标准化计量和认证委员会	建筑科学研究中心	国家标准
《公路隧道限界及设备》 （ГОСТ 24451—1980）	俄罗斯交通建设部	交通建设部	苏联标准
《工业运输铁路设计和施工标准》 （СП 261.1325800.2016）	俄罗斯建设和住房公用事业部	工业运输设计勘察和科学研究院、国立莫斯科国立交通大学、俄罗斯圣彼得堡国立交通大学	规范汇编
《铁路交通.主要概念.术语及定义》 （ГОСТ Р 55056—2012）	俄罗斯计量和技术管理局	莫斯科国立交通大学	国家标准
《铁路可靠性与运营安全指标目录》 （ГОСТ 33886—2016）	俄罗斯计量和技术管理局	机器制造标准化和认证全俄科学研究院、铁路运输信息化公司、自动化和通信科学研究院、交通设计科学技术中心	国家标准
《铁路混凝土枕》 （ГОСТ 33320—2015）	俄罗斯国际标准化计量和认证委员会	机器制造标准化和认证全俄科学研究院、铁路交通科学研究院	国家标准
《混凝土成分选择标准》 （ГОСТ 27006—86）	苏联建筑国家委员会	—	国家标准
《铁路道岔、辙叉技术条款》 （ГОСТ 33535—2015）	俄罗斯国际标准化计量和认证委员会	铁路交通科学研究院	国家标准
《道岔总规》 （ГОСТ 33722—2016）	俄罗斯国际标准化计量和认证委员会	铁路交通科学研究院	国家标准

2.4 中俄铁路行业标准体系及管理体系对比分析

2.4.1 标准体系差异

依照 2017 年新修订的《中华人民共和国标准化法》，中国标准体系层级分为国家标准、行业标准、地方标准和团体标准、企业标准四级。国家标准分为强制性标准、推荐性标准，行业标准、地方标准是推荐性标准。国家标准由国务院标准化行政主管部门制定。行业标准由国务院有关行政主管部门制定，并报国务院标准化行政主管部门备案。地方标准由省、自治区、直辖市标准化行政主管部门制定，并报国务院标准化行政主管部门和国务院有关行政主管部门备案。企业的产品标准须报当地政府标准化行政主管部门和有关行政主管部门备案。

俄罗斯标准体系分为国家标准和组织标准两级，国家标准包含独联体跨国标准，国家标准以外的各种标准均纳入组织标准。

中俄标准体系、管理体系差异对比见表2.4-1。

中俄标准体系、管理体系差异对比表　　　　表2.4-1

内容	中　国	俄罗斯
层级	四级：国家标准、行业标准、地方标准和团体标准、企业标准	两级：国家标准（含独联体跨国标准）、组织标准（行业标准、企业标准、地方标准等）
属性	强制性标准、推荐性标准。国家标准分强制性标准、推荐性标准，行业标准、地方标准是推荐性标准	强制性标准、自愿性标准。法律性文件为强制性标准，其余均为推荐性标准或朝推荐性标准方向改革
分类	法律性文件、技术标准	法律性文件、技术标准
主管机构	国家政府、地方政府及其相关行政部门	联邦政府、联邦主体及其相关行政部门

2.4.2　管理体系差异

中国标准管理机构主要为国家政府、地方政府及其相关行政部门。中国标准最高管理机构为国家市场监督管理总局，其行政管理职能交由国家标准化管理委员会承担，其主要职能包括如下：

（1）参与起草、修订国家标准化法律、法规的工作；拟定和贯彻执行国家标准化工作的方针、政策；拟定全国标准化管理规章，制定相关制度；组织实施标准化法律、法规和规章、制度。

（2）负责制订国家标准化事业发展规划；负责组织、协调和编制国家标准（含国家标准样品）的制定、修订计划。

（3）负责组织国家标准的制定、修订工作；负责国家标准的统一审查、批准、编号和发布。

（4）统一管理制定、修订国家标准的经费和标准研究、标准化专项经费。

（5）管理和指导标准化科技工作及有关的宣传、教育、培训工作。

（6）负责协调和管理全国标准化技术委员会的有关工作。

（7）协调和指导行业、地方标准化工作；负责行业标准和地方标准的备案工作。

（8）代表国家参加国际标准化组织（ISO）、国际电工委员会（IEC）和其他国际或区域性标准化组织，负责组织ISO、IEC中国国家委员会的工作；负责管理国内各部门、各地区参与国际或区域性标准化组织活动的工作；负责签订并执行标准化国际合作协议，审批和组织实施标准化国际合作与交流项目；负责参与和标准化业务相关的国际活动的审核工作。

（9）管理全国组织机构代码和商品条码工作。

（10）负责国家标准的宣传、贯彻和推广工作；监督国家标准的贯彻执行情况。

（11）管理全国标准化信息工作。

（12）在国家市场监督管理总局统一安排和协调下，做好世界贸易组织技术性贸易壁垒协议（WTO/TBT协议）执行中有关标准的通报和咨询工作。

（13）承担国家市场监督管理总局交办的其他工作。

俄罗斯标准管理体系与中国标准管理体系大体相同，俄罗斯管理机构主要为俄罗斯联邦国家政府、联邦主体政府及其相关行政部门。俄罗斯最高管理机构是联邦国家工商贸易部，其行政管理职能交由计量技术管理局下属的国家标准、计量和测量设备管理委员会（以下简称"国家标准委员会"）承担。独联体间的标准由跨国标准化、计量和认证委员会负责，跨国标准化、计量和认证委员会成立于1992年。俄罗斯国家标准委员会与中国国家标准化管理委员会职能大体相同。

2.4.3 铁路行业标准体系及管理体系对比分析

在过去很长一段时期，中国铁路行业标准体系和管理体系参考或借鉴了苏联体系，所以大体相同。近年来，特别是我国高速铁路迅猛发展的近20年间，我国铁路工程建设标准体系和管理体系不断完善发展，已经形成了一套较为独立完整的铁路标准体系，为设计、装备制造、工程建设、检查与验收、运用与维护等提供了技术依据，为高速铁路的安全可靠运营提供了技术保障。机制的改革也不断推进，逐步与世界接轨。同时，随着世界经济一体化进程加速，作为苏联法理继承国的俄罗斯也在铁路工程建设标准体系和管理体系方面进行改革和发展。由于各自国家经济文化不同、历史发展不同、政治体制不同，以及铁路发展速度、规模的不同，目前中俄标准体系和管理体系存在许多相同或相似之处，但仍然存在差异。

铁路体制改革、政企分开后，铁路国家标准和行业标准更加具有通用性。铁路行业技术标准主要包括铁路基础通用技术要求，铁路系统性、兼容性和互联互通等技术要求，铁路专用装备通用技术条件、试验方法和主要部件的技术条件、试验方法，直接影响铁路运输和安全的重要零部件技术标准，铁路运输服务质量要求，以及铁路安全监督管理需要规定的有关技术要求。中国铁道行业标准主要内容如图 2.4-1 所示。

图 2.4-1 中国铁道行业标准体系

铁路行业技术标准属于行业标准（TB，TB/T），对没有国家标准而又需要在铁道行业范围统一的技术要求，由国家铁路局规划和组织编制。铁路行业技术标准分强制性标准和推荐性标准，一般来说行业标准不能低于国家标准。

铁路行业技术标准管理机构为国家铁路局科技法制司，管理铁路行业专业标准化技术委员会（以下简称"标委会"）和铁道行业专业标准化技术归口单位。国家铁路局相关部门委托铁道行业标准化专业技术机构，承担铁道行业标准的管理工作，标委会和标准化技术归口单位承担相关专业的具体技术管理工作。中国铁路标准管理架构如图 2.4-2 所示。

铁道行业技术标准从计划到复审的主要程序有计划、起草、审批、发布、复审 5 大环节。计划包括制定编制计划和编制原则，条文起草、形成征求意见稿、形成送审稿、形成报批稿、发布，以及修改、废止。

编制计划和原则由国家铁路局科技法制司提出，标委会和归口单位提出申报建议，科技法制司审核，国家铁路局批准下达计划。条文起草由行业内具有技术领先水平的单位承担，形成征求意见稿后，由标委会和归口单位广泛征求意见。审批分为送审稿审查和报批稿审查，其中送审稿由标委会或归口单位组织会议审查，报批稿由起草单位、标委会或归口单位提出，并对其内容负责，由铁道行业标准化专业技术机构进行审查。发布由国家铁路局批准发布，报国务院标准化行政主管部门备案。复审指在铁道行业技术标准实施后，应适时对标准的适用性进行复审，复审周期为 5 年，复审结果有继续有效、修订、废止三种。

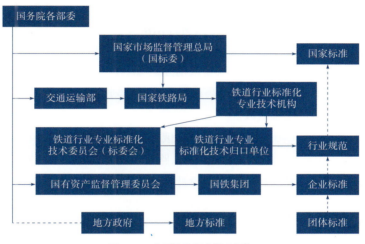

图 2.4-2　中国铁路标准管理架构

俄罗斯铁路行业技术标准管理机构为俄罗斯铁路公司，其管理职能有三个：一是组织文件编制、更新及废除；二是监督文件的使用；三是登记文件。俄罗斯铁路标准管理架构如图 2.4-3 所示。

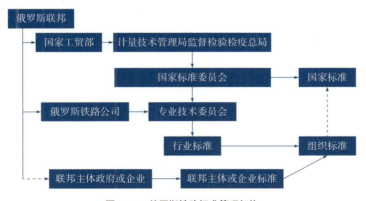

图 2.4-3　俄罗斯铁路标准管理架构

俄罗斯铁路公司有权向国家机构请求对铁路交通领域的俄罗斯规范文件发起修改、废除，对国际铁路联盟、铁路合作组织和其他组织（包括进行铁路交通领域活动的非商业组织的国家铁路交通委员会）的规范文件发起修改、废除，向联邦执行机构提请终止使用已失去时效性的苏联交通建设部和俄罗斯交通部的规范文件。

2.5 俄罗斯高速铁路桥梁技术标准

2013年9月30日，时任俄罗斯政府总理 Д.А.梅德韦杰夫签署第5858 п-П9号文件批准了《莫斯科至喀山高速铁路路网规划进度表》，同意莫斯科—喀山高速铁路进入设计实施阶段。

为开展莫斯科—喀山高速铁路设计，俄罗斯建设和住房公用事业部组织科研院校、设计院等单位，主要参照欧洲高速铁路技术规范编制完成《莫斯科—喀山—叶卡捷琳堡高速铁路莫斯科—喀山段设计特殊技术条款》（以下简称《特殊技术条款》），并于2013年11月正式发布。这是俄罗斯针对高速铁路编制的第一部专业技术规范。

《特殊技术条款》共计16篇，分别为总说明、总则、轨道结构、路基结构、人工构筑物、基础设施的防护设施和设备、自动化和远程控制设计、自动化和远程控制的施工和安装、通信系统、通信电缆、无线通信、信息系统、行车安全保障、无线通信和无线数据传输的有效性检查和监测、噪声防护、供电。

从上述各篇的名称可以看出《特殊技术条款》主要体现的是一种针对高速铁路的专项规定和要求，尚不够系统和完善。各篇的构成形式各不相同，条文数量也差异极大，如通信电缆篇仅15页，而人工构筑物篇多达383页。即使是轨道结构和路基结构篇也分别只有31页和38页，仅为人工构筑物篇的十分之一左右。可见该规范有以下三点不足：一是缺乏统一的规划；二是对高速铁路各个子系统的认识深度不尽相同；三是哪些通用规定需要纳入高速铁路规范、哪些不需要纳入，认识不统一。

在开展莫斯科—喀山高速铁路初步设计期间，中铁二院工程集团有限责任公司（以下简称"中铁二院"）以及俄罗斯科研院校和设计院对《特殊技术条款》进行了仔细的梳理，提出了大量的意见和建议。经俄罗斯铁路科学技术委员会快速和高速铁路交通发展委员会审定，2016 年 7 月发布《最高设计速度 400km/h 莫斯科—喀山—叶卡捷琳堡高速铁路莫斯科—喀山段设计特殊技术条款》（第 1 号修订版，2016 版），仍简称《特殊技术条款》❶。

本节主要针对《特殊技术条款》（2016 版）中第 4 篇"人工构筑物"，从主要技术标准、计算理论、设计控制参数等方面与我国《高速铁路设计规范》（TB 10621—2014）的相应内容进行对比分析。

2.5.1 概述

《特殊技术条款》中"人工构筑物"共计 12 章和 36 个附录。

第 1 章为概述。主要包括建设项目名称、业主信息、设计机构信息、主编单位信息、工程项目建设依据、编制依据、编制的必要性、适用范围、项目和建设条件简介。

第 2 章为参考规范。

第 3 章为术语和定义。

第 4 章为符号说明。

第 5 章为人工构筑物设计。主要包括总说明、桥梁和涵洞设置、结构基本要求、限界、桥梁和涵洞水文计算、桥上轨道结构、桥梁与路基的连接、桥上运维设施、防火安全、环境保护，以及科研、试验、监测、专用标记和铭牌。

第 6 章为承重结构计算。主要包括总则、基本要求、高速列车运行时的动力分析、正常使用极限状态计算、承载能力极限状态计算、荷载和作用。

第 7 章为混凝土和钢筋混凝土结构。主要包括基本计算要求、混凝土和钢筋、承载能力极限状态强度和稳定性计算、正常使用极限状态抗裂计算、构造要求、桥墩和支座。

第 8 章为钢结构。主要包括总则、材料和型材、计算原则、设计原则。

第 9 章为钢—混凝土结构。主要包括总则、计算原则、设计原则。

第 10 章为地基和基础。主要包括总则、计算。

第 11 章为桥梁和涵洞施工。

第 12 章为隧道设计和施工。主要包括总则、总体构造，纵、横、平断面，材料，

---

❶ 下文提及的《特殊技术条款》，如无特殊说明，均为 2016 年修订版。

结构构造，荷载和作用，地下构筑物结构计算，防水、防锈和变形缝，洞口结构、养护维修装置，供电、动力装置和照明装置，通风装置，给水和排水，自动监测和遥控装置，工程防护要求，环境保护、应急预防措施、施工总体要求、生态平衡检测。

附录包括术语和定义，符号，移动荷载与桥梁相互作用计算分类，梁式结构自振频率和共振速度的确定，桥跨结构竖向第一自振频率范围，高速列车荷载图，高速列车等效荷载，中吨位集装箱等效荷载，动力系数求解，跨度30m以下桥梁结构附加阻尼计算，轨道板荷载分布，桥跨结构计算顺序，高速列车空气动力作用，桥台静止土压力计算，涵洞竖向填土压力系数计算，中吨位集装箱荷载及影响线计算，桥台由移动荷载引起的主动土压力计算，空气动力作用系数，冰作用计算，锚头预应力损失计算，钢筋混凝土圆涵计算。

2.5.2 主要法规及采用规范

1）主要法规

（1）俄罗斯法规第52号《动物保护法》（1995.4.24）。

（2）俄罗斯法规第17号《俄罗斯铁路运输法》（2003.1.10）（含2012.7.28修改）。

（3）俄罗斯法规第190号《俄罗斯城市建设法典》（2004.12.29）。

（4）俄罗斯政府决议第611号《关于铁路用地以及保护区的建立和使用制度》（2006.10.12）（含补充和更改）。

（5）俄罗斯法规第16号《运输安全法》（2007.2.9）。

（6）俄罗斯政府决议第87号《关于项目文件各章节构成及其内容要求的条例》（2008.2.16）。

（7）俄罗斯地区发展部第36号《关于大型建设项目设计文件编制以及专业技术条款审查程序的规定》（2008.4.1）。

（8）俄罗斯法规第384号《建筑物和构筑物安全技术规定》（2009.12.3）。

（9）俄罗斯政府决议第525号《铁路运输基础设施安全性技术规则》（2010.7.15）。

2）主要采用规范

（1）《设计文件编制工作基本要求》（ГОСТ 21.1101—2009）。

（2）俄罗斯建设和住房公用事业部第14066-ЕС/03/ГС号《莫斯科—喀山—叶卡捷琳堡高速铁路莫斯科—喀山段设计特殊技术条款》（2013版）。

（3）《莫斯科—喀山—叶卡捷琳堡高速铁路莫斯科—喀山段设计特殊技术条款》（2016 版）。

（4）《铁路机车车辆限界和建筑物接近限界》（ГОСТ 9238—2013）。

（5）《桥梁和涵洞》（СП 35.13330.2011）。

（6）《桥涵》（СП 46.13330.2012）。

（7）《内河通航桥梁桥下限界规定和技术要求》（ГОСТ 26775—1997）。

（8）《主要水文特征计算》（СП 33-101—2003）。

（9）《桥梁建筑用低合金轧钢技术规范》（ГОСТ 6713—1991）。

（10）《建桥用高强螺栓.螺母.垫圈》（Р 53664—2009）。

（11）《钢结构》（СП 16.13330.2011）。

（12）《混凝土结构和钢混组合结构》（СП 63.13330.2010）。

2.5.3　主要技术标准

1）基本标准

《特殊技术条款》规定最高设计速度为 400km/h，轨距为 1520mm，线间距为 5.0m，构筑物接近限界应符合图 2.5-1a）所示的建筑限界 C400 要求。为便于对照，中国高速铁路建筑限界如图 2.5-1b）所示。跨线桥结构底到轨面距离应不小于 6.9m，全线正线以铺设无砟轨道为主，设计速度低于 200km/h 区段铺设有砟轨道。

2）列车荷载模式

《特殊技术条款》规定运营列车荷载模式包括：10 种欧洲高速列车荷载模式（High Speed Loads Mode，HSLM）（以下简称"HSLM-A1～A10"）（最大轴重 170～210kN）、7 种欧洲真实列车（最大轴重 170～195kN）、5 种俄罗斯现行列车（最大轴重 158～166kN），或者上述列车的等效荷载以及养护列车（荷载等级 CK8，最大轴重 22.6kN），模型如图 2.5-2 和图 2.5-3 所示。其特点是采用实际列车竖向活载，设计加载时列车长度有限。《特殊技术条款》沿用了其普速铁路的列车荷载模式体系。

我国高速铁路设计列车荷载图式采用的是 ZK 标准荷载（64kN/m+4×200kN）和 ZK 特种荷载（4×250kN），设计加载时，ZK 标准荷载图示可以任意截取。以包络的荷载图示作为设计加载与国际接轨，具有开放性，符合标准化发展的方向。

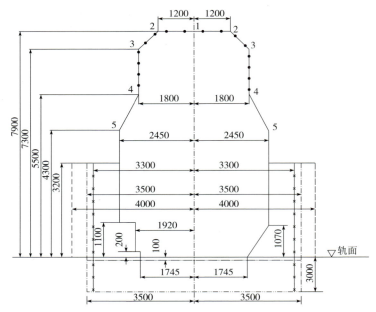

a）俄罗斯 C400 建筑限界

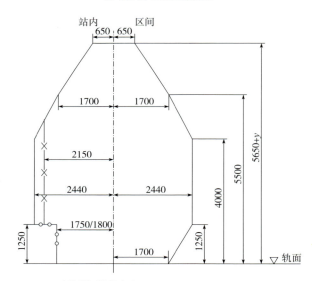

y 为接触网结构高度

b）中国高速铁路建筑限界

图 2.5-1　中俄高速铁路建筑限界示意图（尺寸单位：mm）

图 2.5-2　HSLM-$A1 \sim A10$ 模型

D – 中间车厢长度；d – 转向架轴距；P – 单个轴重；

图 2.5-3　欧洲真实列车和俄罗斯现行列车模型

X_i – 第 i 个轮轴至第 1 个轮轴的距离；P_i – 第 i 个轮轴轴重

3）设计洪水频率

《特殊技术条款》规定桥梁、涵洞设计洪水频率为 1/100，检算洪水频率为 1/300。与我国规范的区别主要在于，对于涵洞应检算洪水频率 1/300 时的洪水流量在有压状态下通过。

2.5.4　计算理论

《特殊技术条款》遵循俄罗斯国家标准要求，桥涵承重结构、基础按极限状态法进行设计。

极限状态分两类：第Ⅰ类为承载能力极限状态，即构筑物超过该状态将导致承载能力丧失，影响结构安全性，包括可塑性、易碎性、疲劳性及稳定性的破坏现象；第Ⅱ类为正常使用极限状态，即构筑物超过该状态将影响正常运行、限制使用或影响舒适度，包括结构弯曲或转动产生极限变形、基础达到极限变形、达到对人体有害影响的极限振动等级、裂缝达到极限宽度，以及能发生限制通行能力或降低计算使用寿命的其他现象。

可靠性基本准则为构件在寿命周期内、荷载最不利组合时保证不会超过极限状态。

极限状态条件表达式为

$$S = \frac{m}{Y_\mathrm{n}} R \quad (2.5\text{-}1)$$

式中：S——在相应极限状态最不利荷载组合或作用组合下的作用力、应力、变形等，通过标准值乘以分项系数获得；

R——该极限状态下的极限允许值；

m——工作条件系数；

Y_n——构筑物安全可靠性系数或重要性系数。

我国《铁路桥涵设计规范》（TB 10002—2017）等系列铁路桥梁设计行业标准仍然采用容许应力法。2014年5月，中国铁路总公司（现更名为：中国国家铁路集团有限公司）发布了《铁路桥涵极限状态法设计暂行规范》（Q/CR 9300—2014），作为容许应力法标准向极限状态法标准转轨阶段用于部分工程项目的试设计使用，加之其为企业标准，尚未在全铁路范围强制使用。2018年6月，中国铁路总公司发布了《铁路桥涵设计规范（极限状态法）》（Q/CR 9300—2018），要求从2019年6月11日起，初步设计未批复项目均应采用该标准进行结构设计，特殊结构可由设计单位根据实际情况采用容许应力法进行校核。但截至2020年12月底，铁路桥涵设计仍采用容许应力法，极限状态法仍只用于部分工程项目设计且同时采用容许应力法进行设计。

《特殊技术条款》对于车桥动力计算部分，参照了欧洲规范和中国规范，通过建立桥梁（基础、墩、梁部）、轨道及车辆模型，考虑梁与轨道、轨道与车体的相互作用，车辆速度从40m/s至高于设计速度20%的最高计算速度，对结构自振频率、车轮减载率、桥面和车体振动加速度等进行限值控制。

2.5.5　设计主要控制参数

为了满足高速运行列车安全性、舒适性要求，桥梁、涵洞及其过渡段上的轨道线路在恒载、活载、温度力等附加力作用下，以及车辆与轨道及轨道与桥梁结构之间相互动力作用下必须满足高平顺性要求。因此，桥涵设计时需要对桥梁刚度、变形变位、基础沉降等进行严格控制。虽然这在世界各国学术界已达成广泛共识，但各国规范控制的形式和参数上存在一定的差异，甚至在某些方面存在不同的观点。

自21世纪初以来，我国高速铁路桥涵设计在引进、消化、吸收世界先进技术的同时，通过大量的科学理论研究、试验室试验以及规模庞大的高速铁路项目建设实践，不断创新和发展，提出了系统的、完善的、适合我国高速铁路特点的桥涵设计控制参数。

俄罗斯高速铁路建设起步较晚，其高速铁路桥涵设计规范几乎为空白。近年来，依托《俄罗斯快速和高速铁路规划（至2030年）》，特别是莫斯科—喀山高速铁路项目的批准立项和规划设计加速推进，先后编制完成了《特殊技术条款》（2013版）和《特殊技术条款》（2016版）。《特殊技术条款》（2013版）主要是借鉴国外特别是欧洲规范，尚未得到工程和运营验证。《特殊技术条款》（2016版）对2013版进行大量修订，采纳了在开展莫斯科—喀山高速铁路初步设计过程中，中铁二院以及俄罗斯科研院校和设计院提出的意见和建议，其中桥梁设计参数的控制规定与我国规范大体相同，但在系统性和全面性上尚有待完善，具体限值也有许多不同之处。在中俄两国高速铁路规范中，桥涵刚度、变形变位、基础沉降限值以及动力特性指标限值对比分别见表2.5-1和表2.5-2。

刚度、变形、变位及基础沉降限值对比　　　　表2.5-1

项　目		俄罗斯《特殊技术条款》（2016版）	中国《高速铁路设计规范》（TB 10621—2014）
梁体竖向挠度	V=350km/h	在上述列车竖向静活载作用下： L≤28m，L/1500； L=65m，L/2600； L≥160m，L/800	在ZK竖向静活载作用下： L≤40m，L/1600； 40<L≤80m，L/1900； L>80m，L/1500
	V=250km/h	在上述列车竖向静活载作用下： L≤20m，L/1200； L=48m，L/1900； L≥110m，L/800	在ZK竖向静活载作用下： L≤40m，L/1400； 40<L≤80m，L/1400； L>80m，L/1000
梁体横向变形	—	δ_y≤L/5000	在摇摆力、离心力、横向风力及温度作用下，梁体横向挠度不应大于L/4000； 无砟轨道相邻两端两侧的钢轨支点横向相对位移不应大于1mm以内
梁体扭转变形	—	每3m线路竖向相对变形量≤1.1mm	ZK静活载作用下梁体扭转引起的轨面不平顺限值，在一段3m长的线路范围内一线两根钢轨的竖向相对变形量不应大于1.5mm
梁端竖向转角（rad）	有砟轨道	悬臂B≤50cm： 梁高H≤2.0m，$\theta_1+\theta_2$≤2‰； 梁高H=3.0m，$\theta_1+\theta_2$≤1.25‰； 梁高H≥4.0m，$\theta_1+\theta_2$≤1‰ 悬臂B≤80cm： 梁高H≤2.0m，$\theta_1+\theta_2$≤1.25‰； 梁高H=3.0m，$\theta_1+\theta_2$≤1.25‰； 梁高H≥4.0m，$\theta_1+\theta_2$≤1‰	台与梁之间：θ≤2‰； 相邻梁之间：$\theta_1+\theta_2$≤4‰

续上表

项目		俄罗斯《特殊技术条款》（2016版）	中国《高速铁路设计规范》（TB 10621—2014）
梁端竖向转角（rad）	无砟轨道	悬臂 $B \leqslant 50$cm： 梁高 $H \leqslant 2.0$m，$\theta_1+\theta_2 \leqslant 1.5‰$； 梁高 $H=3.0$m，$\theta_1+\theta_2 \leqslant 1‰$； 梁高 $H \geqslant 4.0$m，$\theta_1+\theta_2 \leqslant 0.75‰$； 悬臂 $B \geqslant 80$cm： 梁高 $H \leqslant 2.0$m，$\theta_1+\theta_2 \leqslant 1‰$； 梁高 $H=3.0$m，$\theta_1+\theta_2 \leqslant 1‰$； 梁高 $H \geqslant 4.0$m，$\theta_1+\theta_2 \leqslant 0.75‰$	台与梁之间： $\theta \leqslant 1‰$，55cm＜梁端悬臂长 $\leqslant$ 75cm； $\theta \leqslant 1.5‰$，梁端悬臂长 $\leqslant$ 55cm； 相邻梁之间： $\theta_1+\theta_2 \leqslant 2‰$，55cm＜梁端悬臂长 $\leqslant$ 75cm； $\theta_1+\theta_2 \leqslant 3‰$，梁端悬臂长 $\leqslant$ 55cm
梁端相对位移	有砟轨道	在竖向荷载作用下： 梁端悬臂竖向位移差值 $\leqslant 2.0$mm； 相邻梁端顶纵向位移差值 $\leqslant 8$mm； 梁与桥台端顶纵向位移差值 $\leqslant 10$mm	通过控制梁端转角实现
	无砟轨道	在竖向荷载作用下： 梁端悬臂竖向差 $\leqslant 1.5$mm； 相邻梁端顶纵向位移差值 $\leqslant 6$mm； 梁与桥台端顶纵向位移差值 $\leqslant 8$mm	
梁端横向折角（rad）	—	$\gamma \leqslant 1‰$ （墩顶位移：δ_x，$\delta_y \leqslant 5\sqrt{L}$mm）	在 ZK 活载、横向摇摆力、离心力、风力和温度的作用下，由墩台横向水平位移差引起的相邻梁轴线横向折角 γ 应不大于 1‰（墩顶位移：$\delta_x \leqslant 5\sqrt{L}$mm）
竖向残余徐变变形限值	有砟轨道	—	$L \leqslant 50$m，20mm； $L > 50$m，且 $L/5000 \leqslant 20$mm
	无砟轨道	—	$L \leqslant 50$m，10mm； $L > 50$m，且 $L/5000 \leqslant 20$mm
桥梁基础工后沉降	有砟轨道	运营过程中墩台可能发生的均匀沉降 $\leqslant 30$mm；相邻墩台沉降差引起的线路变坡点角度 $\leqslant 1.5‰$	250km/h 及以上： 墩台均匀沉降 30mm； 相邻墩台沉降差 15mm
	无砟轨道	运营过程中墩台可能发生的均匀沉降 $\leqslant 20$mm；相邻墩台沉降差引起的线路变坡点角度 $\leqslant 1.0‰$	250km/h 及以上： 墩台均匀沉降 20mm； 相邻墩台沉降差 5mm
涵洞基工后沉降	—	同桥梁基础规定	设置路涵过渡段的涵洞，其工后沉降限值应与相邻过渡段工后沉降限值一致（无砟轨道时 15mm）。铺设无砟轨道时工后沉降差不应大于 5mm、引起折角不应大于 1‰

续上表

项目		俄罗斯《特殊技术条款》（2016版）	中国《高速铁路设计规范》（TB 10621—2014）					
简支梁墩台顶纵向水平线刚度（kN/cm）	有砟轨道	—	跨度	双线	单线	跨度	双线	单线
			≤12	100	60	32	350	220
			16	160	100	40	550	340
			20	190	120	48	720	450
			24	270	170	桥台	3000	1500
	无砟轨道	—	参照有砟轨道办理					

注：表中 L 为计算跨度。

动力特性指标限值对比　　　　　　　　　　表 2.5-2

项目	俄罗斯《特殊技术条款》（2016版）	中国《高速铁路设计规范》（TB 10621—2014）
简支梁竖向自振频率限值（Hz）	$f_{1min} \leqslant f_1 \leqslant f_{1max}$；$f_{1t} \geqslant 1.2f_1$ $f_{1max} = 94.76L^{-0.748}$ $4 \leqslant L \leqslant 20m$，$f_{1min} = 80/L$； $L > 20m$，$f_{1min} = 23.58L^{-0.592}$ 式中，f_1 为一阶竖向频率；f_{1t} 为一阶扭转频率	不应低于下列限值： $L \leqslant 20m$，$n_o = 80/L$； $20 < L \leqslant 96m$，$n_o = 23.58L^{-0.592}$； 式中，n_o 为简支梁竖向自振频率限值（Hz）；L 为简支梁跨度（m）
双线简支梁不需要进行动力检算的竖向自振频率限值（Hz）	—	$v = 350km/h$； $L = 20m$，$n_o = 120/L$； $L = 24m$，$n_o = 140/L$； $L = 32m$，$n_o = 150/L$。 对于采用非箱形截面，$f_{1t} \geqslant 1.2f_1$ 时，方适用本条。 式中，f_1 为一阶竖向频率，f_{1t} 为一阶扭转频率
脱轨系数	—	$Q/P \leqslant 0.8$
轮重减载率	$\Delta P/P \leqslant 0.6$	$\Delta P/P \leqslant 0.8$
轮对横向水平力	—	$Q \leqslant 10 + P_0/3$（P_0 为静轴重，单位为kN）
车体竖向振动加速度	$a_z \leqslant 1.5m/s^2$（半峰值）	$a_z \leqslant 1.3m/s^2$（半峰值）
车体横向振动加速度	$a_y \leqslant 1.0m/s^2$（半峰值）	$a_y \leqslant 1.0m/s^2$（半峰值）

续上表

项　目	俄罗斯《特殊技术条款》 （2016 版）	中国《高速铁路设计规范》 （TB 10621—2014）
桥面板竖向 振动加速度	有砟桥面时 $a_{max} \leqslant 3.5\text{m/s}^2$； 无砟桥面时 $a_{max} \leqslant 5.0\text{m/s}^2$	桥面板在 20Hz 及以下强振频率作用下竖向振动加速度限值：有砟桥面时 $a_{max} \leqslant 3.5\text{m/s}^2$；无砟桥面时 $a_{max} \leqslant 5.0\text{m/s}^2$
Sperling 舒适度指标	—	$W \leqslant 2.50$　优； $2.50 < W \leqslant 2.75$　良； $2.75 < W \leqslant 3.00$　合格

从表 2.5-1 和表 2.5-2 可以看出，俄罗斯《特殊技术条款》设计标准有的指标比中国《高速铁路设计规范》（TB 10621—2014）高，有的指标比《高速铁路设计规范》（TB 10621—2014）低。如设计速度 350km/h 高速铁路对梁体竖向挠度限值要求，通过内插法得出：计算跨度小于 31m 和大于 102m 时，《特殊技术条款》的挠度限值要求比较宽松；计算跨度位于 31～102m 之间时，《特殊技术条款》的挠度限值要求更严格。《特殊技术条款》的梁体横向变形、扭转变形、两端竖向转角限值均更严格。对于墩台工后均匀沉降限值的要求，两国规范一致，但《特殊技术条款》对相邻墩台工后沉降差的限值比较宽松。《高速铁路设计规范》（TB 10621—2014）提出了墩台线刚度限值，而《特殊技术条款》没有此项要求。在动力特性和车桥动力计算指标控制方面，结构竖向自振频率下限值、轮重减载率、车体振动加速度限值、桥面振动加速限值两国规范完全一致；《高速铁路设计规范》（TB 10621—2014）对脱轨系数、轮对横向水平力以及舒适度评价指标有明确规定，但《特殊技术条款》却没有；《特殊技术条款》对结构竖向自振频率上限值有明确限值，并要求扭转频率应大于 1.2 倍竖向频率，但《高速铁路设计规范》（TB 10621—2014）却没有。

关于简支梁墩台顶纵向水平线刚度限值，为了保证跨区间无缝线路在列车制动力（或牵引力）、温度变化引起的长钢轨伸缩力、活载作用引起的长钢轨挠曲力等共同作用下钢轨和梁体结构安全，我国规范针对墩台顶纵向水平线刚度限值进行规定。经过多年的实践应用证明，对降低钢轨应力和改善梁体受力有一定的效果，但效果并不明显或未起到控制作用，而由此增加的下部结构工程费用却较大。尤其是，墩台顶纵向水平线刚度限值仅与跨度和单双线有关，而没有考虑对跨区间无缝线路影响较大的桥址处环境温度变化幅度。因此，如何进一步研究、完善和优化简支梁墩台顶纵向水平线刚度限值是十分必要的。

关于简支梁竖向自振频率限值，《特殊技术条款》规定了自振频率下限和上限，同时规定一阶扭转频率必须大于1.2倍一阶竖向频率。我国对CRH系列客车（车辆长按25m计）计算研究表明，对于双线整孔箱形截面，其抗扭刚度大，可以不做"$f_{1t} \geqslant 1.2 f_1$"的限制；对于单线箱形截面或非箱形截面，需要加以限制，同时应进行车桥动力计算，防止扭转频率控制设计。

2.6 既有铁路标准化桥梁

2.6.1 混凝土结构

俄罗斯拥有发达的公用铁路网络，在铁路线上有着成千上万的桥涵建筑物。所有在1962年以后设计和建造的桥涵建筑物，允许铁路荷载等级为CK14，速度不超过200km/h。在此之前建造的桥涵设施重建后，临时荷载也参照这个等级，其中绝大多数桥梁、涵洞均采用标准化结构。

苏联时期的铁路桥梁、桥墩和涵洞采用标准化设计，工厂化预制，这既考虑了施工速度的要求，又考虑了安全性和可靠性的要求。

从设计方面来讲，同样功能的桥涵结构对于铁路工程具有多次重复套用的特性，采用标准化设计可以避免为每个工点的桥涵结构分别编制设计图纸。采用标准化设计还有利于集中各主要设计院所的力量，设计出既安全又经济的标准化结构，提供给不同工程项目建设使用。标准化设计可以减少结构种类，既满足技术要求，又经济适用。在有大量设计时，采用标准设计方案减少的设计费用和设计时间可达40%。因此，标准化设计可以大大简化桥涵结构的设计工作，并为主要预制构件工业化生产创造了条件。

从建设方面来讲，采用标准化设计可以实现桥梁结构的规模化生产，有利于建筑行业的工业化。标准设计的工厂化制造，可以保障桥涵结构具备更好的使用性能；与工点设计相比，可以降低15%的建设成本。

在俄罗斯铁路桥涵结构中，采用标准化设计数量最多的是涵洞。其主要种类有适用于季节性水流排水的直径1m、1.25m、1.5m和2m圆形管涵，以及边长1m×1.5m～4m×2.5m的矩形涵；适用于常年水流排水的边长从

1.5m×2m～6m×3m 矩形涵。涵洞均为钢筋混凝土结构。

桥长不超过 25m 的小桥和大多数桥长为 25～100m 的中桥，均采用标准化设计的钢筋混凝土简支梁。标准化设计的钢筋混凝土简支梁分为板梁和肋梁两种。由于梁宽较小，采用多片梁拼装而成。钢筋混凝土简支板梁长度有 2.95m、4m、5m、5.3m、7.3m、9.3m、9.85m、12.2m、13.5m、14.3m、16.5m；钢筋混凝土车站桥简支板梁长度有 5m、6m、7.3m、9.3m、11.5m、13.5m；钢筋混凝土简支肋梁长度有 9.3m、11.5m、13.5m、16.5m。俄罗斯也曾采用标准化设计的预应力混凝土简支 T 形梁，但是由于构件的质量太大和结构上具有一些缺陷，这种桥跨结构没有得到普及。预应力混凝土简支 T 形梁的长度有 16.5m、18.8m、23.6m 和 27.6m。上述 4 类标准化设计的简支梁均为有砟轨道梁，截面如图 2.6-1 所示，实桥照片如图 2.6-2 所示。

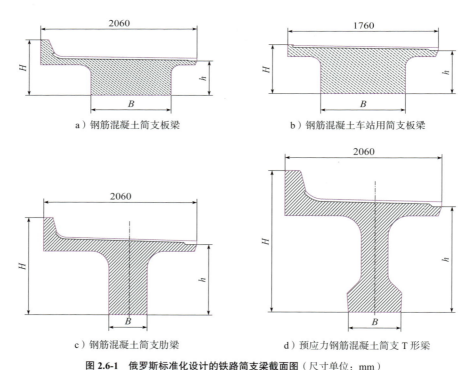

图 2.6-1　俄罗斯标准化设计的铁路简支梁截面图（尺寸单位：mm）
H- 线路外侧梁体的挡砟墙顶或站台梁挡水台顶至梁底高度；h- 梁体另外一侧梁顶至梁底高度；
B- 梁底宽度

a） b）

图 2.6-2 俄罗斯标准化设计的铁路钢筋混凝土和预应力混凝土简支梁

2.6.2 钢结构及钢混结合梁

为克服预应力混凝土梁由于质量过大、铺架困难的问题，俄罗斯编制了标准化设计的铁路钢—混结合梁替代预应力混凝土梁。梁长有 18.8m、23.6m、27.6m、34.2m、45.8m 和 55.8m，均为有砟轨道梁，如图 2.6-3 所示。其中，最常用的梁长为 34.2m。

a） b）

图 2.6-3 俄罗斯标准化设计的铁路钢混结合梁

该标准化设计在贝加尔—阿穆尔铁路干线得到了广泛采用。但运营后发现，钢—混结合梁的钢筋混凝土道砟槽板与钢结构承重梁的连接较为薄弱，俄罗斯在 2002 年将钢筋混凝土道砟槽改为正交异性钢桥面板道砟槽，其截面如图 2.6-4 所示。

a）双线桥 1/2 跨中截面和支座截面　　b）单线桥跨中截面　　c）多线桥支座截面

图 2.6-4 正交异性钢桥面板钢箱简支梁截面图

正交异性钢桥面板的钢梁有一个通病，就是道砟槽宽度和枕木下道砟厚度较小，使得清洗或更换道砟不能采用机械化作业。为了解决这个问题，在2012—2014年，俄罗斯对梁长分别为18.8m、23.6m、27.6m和34.2m的正交异性钢桥面板钢梁进行优化，重新编制了标准图。

为了适应更大跨度桥梁标准化设计的需要，俄罗斯在早期大跨度梁标准化设计中，采用了上承式和下承式明桥面钢桁梁。上承式简支钢桁梁计算跨度有44m、55m和66m，下承式简支钢桁梁计算跨度有44m、55m、66m、77m、88m和110m。自20世纪80年代起，将明桥面改为无道砟的钢筋混凝土板。下承式连续钢桁梁计算跨度有（110+110）m、（110+132+110）m和（132+132）m。下承式简支钢桁梁桥如图2.6-5所示。

2007—2008年，俄罗斯对标准化设计的钢桁梁进行优化，编制了整体节点钢桁梁标准图设计，跨度有44m、55m、66m、88m和110m，桥面为正交异性板道砟槽。

2014年索契奥运会开幕前，从索契奥运主场馆到滑雪场的阿德列尔—阿尔皮卡铁路建成通车。该铁路全长48km，运行速度180km/h。曾计划建设双线铁路，但2009年对该项目进行了压缩，改为单线铁路。桥梁采用标准设计的钢梁，计算跨度有18.2m、23m、33.6m、55m、66m、88m和110m，采用有砟轨道，铁路荷载等级为CK11。钢梁均为简支结构，分单线和双线，主要结构形式有钢板梁和钢桁梁。其中，钢板梁采用Π形截面和箱形截面，正交异性板道砟槽，上承式结构，计算跨度有18.2m、23m、33.6m。钢桁梁为无竖杆、刚性下弦和带三角形腹杆的整体节点下承式钢桁梁结构（图2.6-6），计算跨度有33.6m、55m、66m、88m和110m。

图2.6-5　下承式简支钢桁梁桥　　　　图2.6-6　阿德列尔—阿尔皮卡铁路下承式简支钢桁梁桥

2.7 既有铁路非标准化特殊桥梁

第二次世界大战后，苏联进入大规模的铁路桥梁恢复建设时期，工业化生产突飞猛进，建桥装备制造也取得巨大突破，在这一时期建造了大量的大跨度钢桁梁桥和大跨度钢筋混凝土拱桥。例如，在伏尔加河沿岸城市阿斯特拉罕、乌里扬诺夫斯克、斯维亚日斯克兴建了一批跨度达230m的铁路钢桁梁桥。斯维亚日斯克市跨越伏尔加河的铁路桥如图2.7-1所示。

图2.7-1　斯维亚日斯克市跨越伏尔加河的铁路桥

为了节约钢材，陆续建设了多座预制拼装的钢筋混凝土拱桥，如高尔基市（现下诺夫哥罗德市）郊区跨越奥卡河的萨尔塔科沃铁路桥（图2.7-2）、莫斯科市的地铁高架桥、巴尔瑙尔市附近的鄂毕河桥等。在此期间，对大跨度预制拼装钢筋混凝土拱桥结构进行优化，建桥施工工法不断完善和成熟。通过采用大型驳船浮运钢筋混凝土拱桥预制构件，并采用大型起重船吊装就位。其中，桥上设有地铁车站的莫斯科河卢日尼基大桥预制构件重达52000kN，跨度为150m的克拉斯诺亚尔斯克市横跨叶尼塞河大桥半拱形钢筋混凝土预制构件重达16000kN；跨度为166m的萨拉托夫市跨越伏尔加河桥预制钢筋混凝土格构桁架重达35000kN。

图2.7-2　高尔基市（现下诺夫哥罗德市）萨尔塔科沃铁路中承式混凝土拱桥

此外，大量研发并推广应用湿结法和胶结法的钢筋混凝土预制节段悬臂拼装法、钢筋混凝土管桩和大直径管柱的深基础施工方法。

2019年7月，中俄共同设计、建设的中俄同江铁路大桥贯通，如图2.7-3所示。其主桥跨越黑龙江干流，跨江部分桥长2215.02m，中方境内1886.15m，俄方境内328.87m，中方境内17跨，孔跨为（16×108+144）m钢桁梁，俄方境内3跨，孔跨为3×108m钢桁梁。

a） b）

图 2.7-3　中俄同江铁路大桥

CHAPTER 3
| 第 3 章 |

莫斯科—喀山高速铁路建设条件

3.1 工程概况

莫斯科—喀山高速铁路（图3.1-1）起于俄罗斯首都莫斯科的库尔斯克火车站，经莫斯科市、莫斯科州、弗拉基米尔州、下诺夫哥罗德州、楚瓦什共和国和马里埃尔共和国，至鞑靼斯坦共和国首府喀山。该线路是正在规划建设的俄罗斯第一条高速铁路莫斯科—喀山—叶卡捷琳堡线的重要组成部分，设计线路总长767.766km。

图 3.1-1 莫斯科—喀山高速铁路线路走向示意图

莫斯科—喀山高速铁路设有 16 个车站，分别为库尔斯克高速铁路车站（以下简称"高铁站"）、诺金斯克站、奥列霍沃—祖耶沃站、佩图什基站、弗拉基米尔站、科夫罗夫站、戈罗霍维茨站、捷尔任斯克站、下诺夫哥罗德站、机场高铁站、克斯托沃站、泥瓦站、波良基站、切博克萨雷站、波马雷站、喀山站。其中，库尔斯克高铁站、下诺夫哥罗德站、喀山站为改建车站。路线 K−4～K33+500 段设计为有砟轨道，从 K33+500 段到终点为无砟轨道。全线桥梁 259 座，总长 158.045km，占路线总长的 20.58%。

3.2 自然条件

3.2.1 地形地貌

俄罗斯台地为海拔约 170m 的广袤平原，多次的冰川作用对俄罗斯平原地形发展起重要作用，冰川作用留下了较厚的冰川沉积物。在中更新世纪，莫斯科冰川作用和部分第聂伯河的冰川作用中形成冰碛地貌，当微丘地形时，平原地形河间地带与冰川起源的多丘陵地形占主导地位；当山谷洼地相对较好时，与刻蚀地貌相结合。

莫斯科—喀山高速铁路线路全线在东欧平原（俄罗斯）范围内经过，地形相对较为平坦。主要地貌单元有莫斯科丘陵、梅晓拉低地、高尔基—马里低地、伏尔加河流域的丘陵。其中，莫斯科—弗拉基米尔段地貌组成为莫斯科丘陵和梅晓拉低地及高尔基—马里低地，弗拉基米尔—下诺夫哥罗德段地貌组成为梅晓拉低地、高尔基—马里低地及伏尔加河流域的丘陵。

跨越的道路、铁路主要有 M7 公路和莫斯科—喀山既有铁路。重要河流有克利亚济马河、奥卡河、苏拉河及伏尔加河。

地表植被主要有森林、泥炭藓类沼泽、草地、草甸、农田等。线路两侧有公路相通，交通相对方便。

中俄工程师在莫斯科—喀山高速铁路项目下诺夫哥罗德枢纽现场踏勘合影如图 3.2-1 所示。

图 3.2-1　中俄工程师在莫斯科—喀山高速铁路项目下诺夫哥罗德枢纽现场踏勘合影

3.2.2 地质

1）地质构造

莫斯科—喀山高速铁路冬季地质钻探现场如图 3.2-2 所示。

莫斯科—喀山高速铁路沿线地质剖面如图 3.2-3 所示。莫斯科向斜上部的沉积岩有石炭系的沉积物，主要包括石灰岩、白云岩、泥岩；侏罗系的沉积物主要包括泥岩、粉砂岩；白垩系的沉积物主要包括砂岩、粉砂岩。与其重叠

图 3.2-2　莫斯科—喀山高速铁路冬季地质钻探

的还有第四系，第四系主要组成为冰川沉积物（含泥沙的冰水混合物、冰碛泥土）和冲洪积堆积物（砂、粉砂）。伏尔加—乌拉尔背斜上部的沉积岩大部分是二叠系的沉积物，主要包括泥岩、粉砂岩、泥灰岩、石灰岩、白云岩、亚硫酸盐；第四系的沉积物主要包括冲洪积的砂和亚黏土、残坡积的亚黏土和亚砂土。

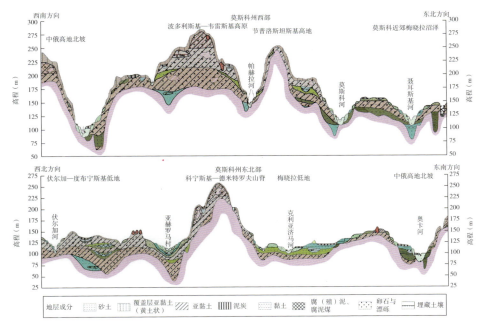

图 3.2-3　莫斯科—喀山高速铁路沿线地质剖面图

沿线局部区域有三叠系的沉积物，主要包括泥岩、粉砂岩，侏罗纪的沉积物主要包括泥岩、粉砂岩，新第三系主要包括砂岩、粉砂岩。线路西部奥卡—慈宁岗地的地表出露石炭系碳酸盐岩，主要包括石灰岩、白云岩。

2）地震烈度

该区域大地构造上属于稳定的东欧俄罗斯台地，构造运动微弱。测区内主要发育有莫斯科向斜和伏尔加—乌拉尔背斜。

莫斯科—莫斯科州—弗拉基米尔州（铁路里程143km）范围内（大利普尼亚河和佩克沙河的河间地）地震烈度为5度及以下。弗拉基米尔州以外至孙多维河以内的下诺夫哥罗德州（铁路里程489km）地震烈度为6度。铁路里程489km以外的下诺夫哥罗德州—楚瓦什共和国、马里埃尔共和国和鞑靼斯坦共和国到喀山地震烈度为7度。

3）水文地质条件

测区内主要为第四系孔隙水和基岩裂隙水。第四系孔隙水赋存于各个时期沉积的覆土层中。基岩裂隙水一般较小，但下伏地层中含石膏等可溶膏岩类，从而形成大小众多的储水孔，水量较丰富，该层水多为咸水和硝卤水，且多具有硫酸盐侵蚀性。除此之外，浅部土壤层也多具有腐蚀性。

4）不良地质

线路经过不良地质有沼地、水渍、崩塌、滑坡、岩溶和管涌，侧向和深向侵蚀、冻土现象显著。山体滑坡和岩溶侵蚀、潜蚀等对工程投资影响最为显著。特殊性土壤类型包括季节性冻土、松软地基土、沉陷性土壤、膨胀性土壤等。

石炭系、二叠系石灰岩发育有小型岩溶，埋深一般超过30m，甚至超过50m。在铁路里程52km附近、270～330km、360～390km路段分布较多的"地面塌陷坑"或"洼地"，形成原因有岩溶、岩溶+潜蚀、潜蚀等。下诺夫哥罗德附近的地面塌陷坑如图3.2-4所示。

季节性冻土深度为0.5～2.0m。黏土和亚黏土形成的季节性冻土的深度为1.40～1.60m，砂质形成的季节性冻

图3.2-4　下诺夫哥德附近的地面塌陷坑

土的深度为 1.65～1.95m。

全线松软土分布长度约有 100km，但是厚度均不大。

在莫斯科市区和弗拉基米尔州分布有黄土，具有明显的湿陷性特征。厚度一般不超过 5m，在河谷及山谷坡面处厚度可增至 10～15m。

莫斯科州和弗拉基米尔州分布有膨胀性土壤，相对膨胀变形量 $\varepsilon_{sw} \geqslant 0.04$，最大 $\varepsilon_{sw}=0.113$，为轻微～中等膨胀性土。

河流侧向侵蚀发生在低阶地和高阶地河床、主要坡地和第一个阶地的大型河流弯曲处。在河水洪水水位升高时，河流侵蚀活跃，此时河床径流发生定期改变。

3.2.3 水文

线路跨越 500 多个水域（包括河流、湖泊、水库、沼泽、溪流、运河、临时溪流等）。其中，伏尔加河（古比雪夫水库）、苏拉河（切博克萨雷水库回水）、奥卡河（欧洲最大的不受调节的河流之一）、克利亚济马河有通航要求。

调查区域的河流特点是洪水泛滥，夏秋水位低，春汛时节水位高，冬季水位稳定。

春汛通常于 3 月底至 4 月初开始，4 月—5 月初达到最高峰。汛期为 0.5～2 个月。洪水以水位急剧上升为特征，平均三分之一时间在持续泛滥。汛期通常在 5 月—6 月初结束，洪水位一般是全年最高的水位。伏尔加河、苏拉河、奥卡河、克利亚济马河桥址处洪水流量如图 3.2-5 所示。

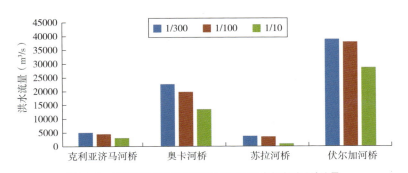

图 3.2-5　线路跨越主要河流的桥址段不同洪水频率时设计流量

春汛期间各河流水位上升的高度取决于河流的大小、水域的物理地理条件以及河谷和河床的地貌；能在南部地区河流（奥卡河、苏拉河下游、克利亚济马河）

上观察到最高水位，达 6～14m。

区域内河流主要以单峰值汛期为主，只有个别几年水位下降的情况下，水位上升的峰值次数相对较少，为 1～2 次峰值。小河的洪水通常比大型河流早 10～15 天，且持续时间较短。暴雨洪水在干涸流域和一般流域面积小于 5～10km² 的小溪中形成的最大流水量通常高于春汛。

3.2.4　气候条件

沿线地区属温带大陆性气候，夏季温和舒适，雨水充足；冬季寒冷多云，长期积雪。冬季（11 月中旬—次年 3 月底）较为寒冷。由于所处平原地区，因此沿线主要气候参数差异不大。受大西洋气旋和北极气团的影响，一年四季天气多变是该区域的主要气候特征。

年平均气温在 3.9～4.1℃范围内。冬季，受欧亚反气旋的影响，当气温降至 −30～−20℃时，该地区通常出现无风寒冷的天气。同时，大西洋气旋的频繁入侵会引起冻融（3～5℃），并伴随着大量的降雪。1 月份月平均气温在 −13.5（莫斯科）～−10.2℃（喀山）的范围内。最低值出现在 12 月份和 2 月份，分别为 −42℃、−48℃。有 135～148 天无霜期。7 月份平均气温为 18.1℃（莫斯科）、+17.9℃（弗拉基米尔）。个别年份的观测显示最高气温在 7 月—8 月（34～37℃）。沿线主要城市空气温度如图 3.2-6 所示。

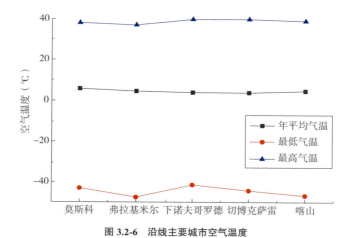

图 3.2-6　沿线主要城市空气温度

气候的大陆性特征由西向东不断增强。年平均降水量为 500～600mm。夏季

（6月—8月）达到最大降水量90～100mm，冬季（12月—次年3月）降水量最低，平均每月降水量40～50mm。夏季降水以雨为主，通常是雷阵雨；秋季和春季以毛毛细雨或雨夹雪为主；冬季以降雪为主。三分之二的降水以雨的形式，三分之一以雪的形式出现。11月底—12月中旬会形成稳定的积雪覆盖层，冬季末平均厚度达30～60cm，最高可达1.1m。一般在4月中旬雪会完全融化，个别年会持续到4月底融化。沿线主要城市年平均相对湿度如图3.2-7所示，降水量和积雪量如图3.2-8所示。

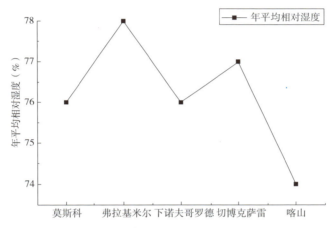

图3.2-7　沿线主要城市年平均相对湿度

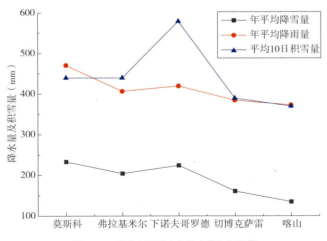

图3.2-8　沿线主要城市年降水量和积雪量

一年中季风主要以西北风、西南风、西风和南风为主。平均风速为 3～3.5m/s。沿线主要城市年风速值如图 3.2-9 所示。

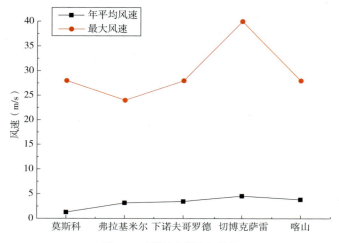

图 3.2-9　沿线主要城市年风速

每月有短时雷暴 4～10 天，有时夹雹，一般发生在夏季。10 月中旬—次年 4 月可能有雪和暴风雪。每月有 4～8 天的暴风雪，暴风雪通常持续几个小时，任何风向都有可能，但经常为南风和西南风。秋、冬季节也会出现冰冻天气，可以观察到所有冰冻形式，但经常出现的是雾凇现象。

3.3　沿线地区的经济与文化

莫斯科—喀山高速铁路线路辐射区域包括 7 个俄罗斯联邦主体，分别为莫斯科市、莫斯科州、弗拉基米尔州、下诺夫哥罗德州、楚瓦什共和国、马里埃尔共和国和鞑靼斯坦共和国。线路辐射区域总面积为 26.21 万 km^2，大约占俄罗斯总面积的 1.5%。辐射区域人口数量超过全国总人口数量的 20%。线路经过俄罗斯 12 个百万人口以上城市中的莫斯科（约 1200 万人）、下诺夫哥罗德（约 130 万人）和喀山（约 120 万人）3 个城市。区域人口分布如图 3.3-1 所示。

莫斯科—喀山高速铁路沿线区域拥有风景如画的自然景观、杰出的建筑和各种各样使人惊奇的民族文化环境。

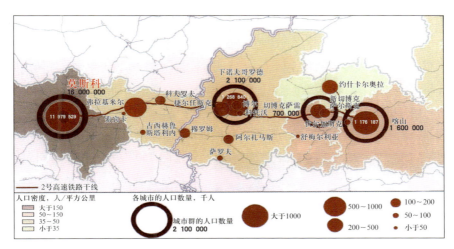

图 3.3-1　线路辐射区域人口分布图（源自俄罗斯《投资论证报告》）

3.3.1　莫斯科市

莫斯科市是俄罗斯首都，莫斯科州的首府，是俄罗斯最大的城市，面积约 2561.5km^2，人口约 1200 万人。莫斯科地处俄罗斯欧洲部分的中心，位于奥卡河和伏尔加河之间，城市位于莫斯科河中游两岸，是政治、经济、文化、金融、交通中心以及最大的综合性城市。1147 年，莫斯科沿莫斯科河而建，从莫斯科大公国时代开始，到沙皇俄国、再到苏联及俄罗斯一直是国家首都，迄今已有 800 余年的历史，是世界著名的古城。莫斯科拥有众多名胜古迹，是历史悠久的克里姆林宫所在地。莫斯科城市规划优美，掩映在一片绿海之中，故有"森林中的首都"之美誉。莫斯科也是俄罗斯最大的军事工业中心，航空、航天、电子等工业均集中在这里。莫斯科市中心及莫斯科河两岸建筑群如图 3.3-2、图 3.3-3 所示。

图 3.3-2　莫斯科市中心建筑群

图 3.3-3　莫斯科市莫斯科河两岸

3.3.2 莫斯科州

莫斯科州是俄罗斯联邦主体（一级行政区），位于奥卡河和伏尔加河之间，南部与图拉州接壤，西南部与卡卢加州为邻，西部与斯摩棱斯克州毗邻，西北和西部与特维尔州为邻，东北部与雅罗斯拉夫尔州接壤，北部和东北部与弗拉基米尔州为邻，东南部与梁赞州交界。莫斯科州的地形以平原为主，面积约 4.7 万 km², 人口约 750 万人。莫斯科州属于中心经济区成员，其经济活动和莫斯科市紧密相连，是俄联邦预算收入的来源之一。莫斯科州的主要工业部门有机械制造和金属加工、火箭—太空行业、航空工业、原子能工业、黑色金属再加工、化工工业等。位于莫斯科州的谢尔盖耶夫圣三一修道院如图 3.3-4 所示。

图 3.3-4 谢尔盖耶夫圣三一修道院

3.3.3 弗拉基米尔州

弗拉基米尔州是俄罗斯联邦主体（一级行政区），位于俄罗斯欧洲部分的中心，是俄罗斯中央联邦区的组成部分，首府为弗拉基米尔市。弗拉基米尔州的西部及西南与莫斯科州为邻，北部与雅罗斯拉夫尔州和伊万诺沃州交界，南部与梁赞州接壤，东部和东南部与下诺夫哥罗德州相邻。面积约为 2.9 万 km², 占国土总面积的 0.17%, 在俄罗斯各一级行政单位中居第 69 位，人口约 150 万人。工业以仪器制造业和金属加工业为主，农业以谷物和饲料作物为主。位于弗拉基米尔市区的圣母升天大教堂如图 3.3-5 所示。

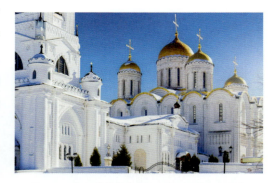

图 3.3-5 位于弗拉基米尔市区的圣母升天大教堂
（建于 1160 年）

3.3.4 下诺夫哥罗德州

下诺夫哥罗德州在 1990 年以前被称为高尔基州，是俄罗斯联邦主体（一级行政区），首府为下诺夫哥罗德市。下诺夫哥罗德州位于伏尔加河流域，其南部是莫尔多瓦共和国，西南部是梁赞州，西部是弗拉基米尔州和伊万诺沃州，西北部和北部是科斯特罗马州，北部和东北部是基洛夫州，东部是马里埃尔共和国和楚瓦什共和国。境内主要河流有伏尔加河（支流为奥卡河）、韦特卢加河、苏拉河。面积为约 7.48 万 km^2，人口约 320 万人。下诺夫哥罗德州的主要工业领域有机械制造业、化学工业、黑色金属加工业、林业、造纸业、轻工业、食品业等。位于下诺夫哥罗德市区的克里姆林宫如图 3.3-6 所示。

图 3.3-6　位于下诺夫哥罗德市区的克里姆林宫

3.3.5 马里埃尔共和国

马里埃尔共和国是俄罗斯联邦主体（一级行政区），首府为约什卡尔奥拉市（图 3.3-7）。马里埃尔共和国位于东欧平原东部，伏尔加河在南部边界流过，其前身为成立于 1920 年 11 月 4 日的马里埃尔自治州，1936 年 12 月 5 日改称马里埃尔苏维埃社会主义自治共和国。1990 年 12 月 22 日改称马里埃尔苏维埃社会主义共和国。1992 年 7 月 8 日改为马里埃尔共和国至今。面积约为 2.32 万 km^2，人口约 70 万人，主要居民为马里族。马里埃尔共和国的主导工业为机械制造业和钢铁加工业。

图 3.3-7　马里埃尔共和国首府约什卡尔奥拉市区

3.3.6 楚瓦什共和国

楚瓦什共和国是俄罗斯联邦主体（一级行政区），首府为切博克

图 3.3-8　楚瓦什共和国首府切博克萨雷市区

萨雷市（图 3.3-8）。楚瓦什共和国位于东欧平原的东部、伏尔加河的右岸，境内从北向南为 200km，从西向东为 125km，其西部是下诺夫哥罗德州，西南部是莫尔多瓦共和国，南部是乌里扬诺夫斯克州，东部是鞑靼斯坦共和国，北部是马里埃尔共和国。面积约 1.83 万 km^2，人口约 130 万人。楚瓦什共和国属于伏尔加—维亚特卡经济区成员，主体工业有机械制造业和化工工业。

3.3.7　鞑靼斯坦共和国

鞑靼斯坦共和国是俄罗斯联邦主体（一级行政区），首府为喀山市。鞑靼斯坦共和国位于东欧平原东部、伏尔加河中游地段，是俄罗斯中央地区和伏尔加河流域地区的结合部，从南到北长 290km，从东到西长 460km。面积约 6.8 万 km^2，人口约 390 万人。鞑靼斯坦共和国是一个发达的工业和农业生产机械化共和国。喀山市中心的克里姆林宫如图 3.3-9 所示。

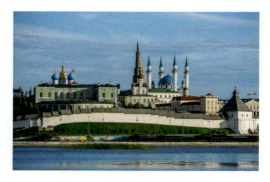

图 3.3-9　喀山市中心的克里姆林宫

3.4　中俄铁路桥涵设计对比分析

3.4.1　桥梁标准跨度体系及分类

中国铁路桥梁标准跨度按照 4m 或 8m 进级的模数化标准尺寸，如 12m、16m、20m、24m、32m、40m、56m、64m、80m，高速铁路桥梁也基本沿用了这一跨度（或梁长）体系。

与中国一样，俄罗斯铁路桥梁也有其标准跨度体系，小跨度简支结构梁一般采用钢筋混凝土板梁、多片式梁，计算跨度系列为12m、16m、18.2m。跨度稍大的则采用预应力混凝土梁或钢箱梁（钢板桥面），计算跨度系列为23m、27m、33.6m。跨度大于40m则采用钢桁结构，计算跨度体系为44m、55m、66m、88m、110m。莫斯科—喀山高速铁桥梁沿用了这一跨度（或梁长）体系，简支梁标准图计算跨度采用23m、33.6m，连续梁标准图主跨采用66m、88m、110m。

中国规范对铁路梁桥"桥长"定义为：桥台前墙之间的距离。根据桥长桥梁可分为小桥、中桥、大桥和特大桥。其中，桥长为20m及以下的桥为小桥；桥长为20～100m的桥为中桥；桥长为100～500m的桥为大桥；桥长为500m以上的桥为特大桥。

俄罗斯规范对梁桥（包括铁路桥、公路桥）"桥长"定义为：沿桥梁轴线桥台翼墙尾端之间的距离。根据桥长桥梁可分为小桥、中桥和大桥。其中，桥长为25m及以下的桥为小桥；桥长为25～100m的桥为中桥；桥长为100m以上的桥为大桥。

3.4.2 桥涵布置及结构形式选择

1）桥涵比例

总体来说，中国高速铁路桥梁比例大，涵洞数量多。其主要原因有五点：一是由于中国人多地少，少占耕地是桥梁布置的基本原则；二是由于中国东部、中部地区人口密度大，人员交流、经济活动频繁，道路纵横、沟壑水渠密布、地下管网如织，因此在桥涵布置时，必须把满足交通、排灌、管线等需求放在首位，造成桥梁比例增大和涵洞数量增加；三是由于中国西部地区地形复杂，河流沟谷众多，因此必须选择桥梁跨越；四是地质复杂，地质条件差，线路经过水网、沼泽、软土、松软土、岩溶等复杂地质区域时，为减少沉降、塌陷等引起的安全和轨道不平顺影响，尽量以桥梁通过；五是高路基沉降难以控制，路桥分界高度一般按不超过8m考虑。表3.4-1为中国部分高速铁路桥梁占线路长度的比例表。

中国部分高速铁路桥梁占线路长度的比例表　　　　表3.4-1

项 目 名 称	线路长（km）	桥长（km）	桥梁占线路长度的比例（%）
北京—天津	116.6	101.0	86.6
武汉—广州	968.5	470.0	48.5
郑州—西安	434.4	255.8	58.9

续上表

项 目 名 称	线路长（km）	桥长（km）	桥梁占线路长度的比例（%）
哈尔滨—大连	892.4	662.8	74.3
长春—吉林	96.3	27.9	28.9
石家庄—太原	189.9	39.6	20.9
合肥—南京	131.3	24.2	18.4
合肥—武汉	359.4	118.8	33.1
南昌—九江	96.7	33.0	34.2
宁波—温州	282.4	92.0	32.6
温州—福州	294.9	77.2	26.2
福州—厦门	263.6	80.7	30.6
厦门—深圳	501.2	187.6	37.4
广州—珠海	141.0	132.6	94.0
北京—上海	1318.0	1060.6	80.5
成都—都江堰	67.1	53.3	79.5
绵阳—成都—乐山	312.4	183.1	58.6
成都—重庆	309.5	154.5	49.9
成都—贵阳	515.3	178.2	34.6
郑州—徐州	361.9	338.4	93.5
昆明—南宁	727.7	110.4	15.2
贵阳—昆明	708.0	175.8	24.8

莫斯科—喀山高速铁路桥梁占线路长度的比例为20.58%，沿线涵洞398座，立交框架29座。造成桥梁比例偏低、涵洞数量偏少的主要原因有五点：一是项目位于东欧平原，地形平坦，地质结构单一；二是俄罗斯地域广袤，人少地多，耕地资源丰富，耕地占用与否，除城市附近外一般没有加以控制；三是除少数大城市附近外，人口密度小，而且其道路交通近几十年来发展缓慢，因此立交通道少，排灌需求少；四是由于对高速铁路路基沉降带来的危害认识不足，路桥分界一般按10～12m控制；五是俄罗斯桥梁预算定额偏高，为了控制投资，尽量减少桥梁数量。

2）桥梁结构形式选择

由于中国高速铁路建设规模大，且建桥装备飞速发展，90%以上桥梁采用中小跨度的箱形混凝土简支梁标准图，以 32m 为主，20m、24m 作为调跨使用，采用大型梁场集中预制，架桥机架设，大大提高设计、施工质量，缩短建设周期，降低工程投资。

俄罗斯既有铁路桥梁采用混凝土结构的比例很小，大量以钢梁或钢—混结合梁为主。跨度小于 20m 的桥梁一般采用钢筋混凝土板梁、多片式梁；跨度稍大（20～40m）则采用钢箱梁（钢板桥面或混凝土桥面板）；跨度大于 40m 则采用钢桁梁。分析其原因有四点：一是俄罗斯的既有铁路大部分是苏联时期修建，当时其钢产量和质量都处于先进国家行列，价格相对便宜，因此形成钢结构桥梁的系列标准图，并延续至今；二是俄罗斯大部分国土处于高纬度，气候寒冷，户外冬季施工条件恶劣，混凝土质量不易保证，造成桥梁工程师在选用混凝土结构时较为谨慎；三是由于气候寒冷四季温差大，混凝土防冻等级高，对水泥、集料、添加剂提出更高要求，加之冬季施工必须搭建暖棚及电暖鼓风加热，成本增加；四是长期以来较少采用高强度等级混凝土，也造成水泥生产行业的技术水平不高，水泥厂相对较少且分布严重不均匀，运输费用高。

莫斯科—喀山高速铁路项目是俄罗斯计划开工建设的第一条高速铁路，建设规模大，技术标准高。设计打破了俄罗斯铁路以钢结构桥梁为主，较少采用混凝土梁的设计习惯和理念，并最终获得俄罗斯铁路公司和国家鉴定委员会的认可。设计中充分借鉴了中国高速铁路混凝土简支箱梁设计、施工经验，采用标准跨度混凝土简支箱梁，在梁场集中预制，经大型运梁车运送至桥位后，架梁机架设。少量中等跨度混凝土箱梁采用移动模架现浇施工。同时，设计了钢箱—混凝土结合梁，用于距离梁场较远，供有吊装条件的桥梁选用。冬季制梁采用材料保温和蒸汽养护措施，解决了恶劣气候条件下施工质量问题。与大量采用钢箱—混凝土结合梁相比，提高了建桥效率，也大大降低了投资，是中国高速铁路标准和经验"走出去"的典范。

3.5 俄罗斯既有快速和高速列车

3.5.1 长途双层列车

2013 年，俄罗斯开行了莫斯科喀山火车站—索契阿德列尔火车站的双层列车（图 3.5-1），全程行驶时间 22h。列车采用 15 辆编组，包含 12 节车厢、工作

图 3.5-1 俄罗斯长途双层列车

人员车和餐厅车，最多能容纳 830 名乘客。双层列车包厢车票价格低于普通列车的包厢价格约 30%。

机车采用双流制（直流 3kV 和交流 25kV、50Hz）EP20（ЭП20）机车牵引，机车最高速度 200km/h，牵引功率 6000kW。双层车厢高 525cm，而普通客车车厢高为 430cm。

3.5.2 "燕子号"列车

索契高速铁路阿德列尔—阿尔皮卡服务区采用"燕子号"列车（Ласточка）如图 3.5-2 所示。索契高速铁路将索契冬季奥运会主会场与奥运雪山馆连接，全长 48km，是俄罗斯 2014 年索契冬季奥运会的重大基础建设项目之一。"燕子号"列车以西门子公司为市域铁路、通勤铁路和 S-Bahn 铁路提供服务的系列化动车组 Desiro ML 原型车为基础，专为俄罗斯制造，运行速度 180km/h。采用 5 辆编组的宽体车，能够提供直流 3kV 和交流 25kV、50Hz 两种供电制式，满足最大坡度 40‰的运行要求，符合欧洲 TSI 和俄罗斯相关标准的要求，如用于长途的为交直流双供电制式的ЭС1，用于城际铁路的为直流供电制式的ЭС2Г（ЭС 指快速电动列车组 Элетропоезд Скоростной，Г 是城市 Город 的意思）。

a）

b）

图 3.5-2 "燕子号"列车

"燕子号"列车自 2013 年 11 月 11 日起在乌拉尔机车厂投产，首列列车于 2014 年 6 月投入使用。国产化率初期为 62%，计划将进一步提升到 80%～85%。预计在 2021 年生产 240 组共 1200 辆。

3.5.3 "雨燕号"列车

"雨燕号"列车(СТРИЖ)如图 3.5-3 所示。"雨燕号"列车是西班牙 PATENTES TALGO .S.L 公司生产的快速列车,从 2015 年 6 月至今代替"游隼号"执行莫斯科—下诺夫哥罗德间线路长度 442km 的运营,2016 年 12 月 17 日至今执行莫斯科—柏林线路长度 1896km 的运营。机车采用双流制

图 3.5-3　"雨燕号"列车

(直流 3kV 和交流 25kV、50Hz)EP20(ЭП20)机车牵引,机车最高运行速度 200km/h。

3.5.4 "游隼号"列车

俄罗斯共有 3 条采用高速客运动车组的铁路(按照 3.6 节所述的俄罗斯旅客列车等级划分标准),分别是在莫斯科—圣彼得堡、莫斯科—下诺夫哥罗德以及圣彼得堡—赫尔辛基。莫斯科—圣彼得堡铁路长 650km,最高运行速度 250km/h,运行时间 3h45min,2009 年 12 月 17 日开通运营;莫斯科—下诺夫哥罗德铁路长 442km,最高运行速度 160km/h,运行时间 3h55min,2010 年 7 月 30 日开通运营。

俄罗斯目前开行的"游隼号"高速动车组如图 3.5-4 所示。"游隼号"高速动车组是俄罗斯铁路 EWS1(ЭВС1)型及 EWS2(ЭВС2)型电力动车组的统称,两款动车组均是由 ICE3 列车衍生而来,并基于 Velaro 平台开发的第三代高速列车,即根据 Velaro CN(和谐号 CRH3 型电力动车组)进行加宽,配备自动连接装置 CA-3,但仅可在俄罗斯的宽轨轨距中运行,并适用于当地特殊的气候条件。在制造商西门子公司内部被称作 Velaro RUS(RUS 代表俄

图 3.5-4　开行于莫斯科—圣彼得堡间的"游隼号"高速动车组

罗斯）型高速动车。"游隼号"动车分为 4 列 B1 型单流制（直流 3kV）和 4 列 B2 型双流制（直流 3kV 和交流 25kV 50Hz）两种车型。

"游隼号"动车组属于西门子公司生产的动力分散型（非铰接式）Velaro 系列模块式结构高速电动车组，最高运营速度为 250km/h（可提高到 300km/h），列车全长 250m，由 4 辆动车（其中，2 辆是有驾驶室的头车）和 6 辆中间附挂车共 10 辆编组；最大牵引功率 8000kW，总能耗 12kW/t，最大起动力 380kN；轨距 1520mm，车体宽度 3265mm；最大轴重，直流列车 17t，双制式电力车 18t。

"游隼号"列车共计 604 个座位。在配置驾驶室的头车内设有一等车厢，共计 104 个座位。其余 8 辆为二等车厢，共计 296 个座位（其中一辆设小卖部、吧台和配餐间）。

"游隼号"动车组采用了全承力焊接轻铝壳体结构车体，具有稳定走行特性的两级弹簧悬挂转向架、盘形制动机、辅助电动及再生制动机、SSS400+ 型受电弓、电压为 6.5kV 的 IGBT 集成栅双极可控硅晶闸管、控制和调节牵引传动变流器用的 SIBAS 32 系列控制模块和 ECTS 列车运行控制系统等，西门子公司还专门为供应俄罗斯的 Velaro RUS 列车配备自动连接装置 CA-3。牵引和制动工况时的轮周最大功率为 8MW。所有车辆装有空调系统、旅客信息服务系统和列车内部通信系统。在车外温度为 –40（–50）～ +40℃环境条件下车内能够保持 +22℃的适宜温度，保证良好的旅行舒适性。其中，车外温度达 –40℃的条件下使用不受限制，与安全相关的系统则可达 –50℃。

"游隼号"动车组同时符合欧洲标准与俄罗斯的标准。为适应特定的气候要求，其前照灯的功率被显著提高。驾驶室使用独立的空调，并设有一个额外的脚取暖器。在整车电路发生故障的情况下，列车还可以直接从接触网取电进行供暖。底部构件的冷却系统是通过一条通风管道连接至车顶，以避免出现吹雪。

3.5.5 Allegro 列车

Allegro 列车由法国阿尔斯通公司制造。在圣彼得堡—赫尔辛基铁路上，Allegro 列车在俄罗斯运行速度为 200km/h，在芬兰运行速度为 220km/h。列车经停俄罗斯的维堡以及芬兰的科沃拉、拉赫蒂、迪古里拉、帕斯罗。

列车共计 344 个座位。其中，一等车厢 48 个座位，按 1+2 设置；会议室共有 6 个座位；二等车厢 296 个座位，按 2+2 设置；在 7 号车厢设有儿童游戏专区。

此外，列车上还设有一个 38 个座位的餐车、3 个 12 座位的酒吧；在 2 号车厢设有 2 个残障旅客座位，特殊卫生间设施和电梯以及货币兑换室。

3.6 莫斯科—喀山高速铁路运输组织及列车

3.6.1 运输组织

莫斯科—喀山高速铁路运行的列车主要有速度 350～400km/h 的高速客运列车，以及速度 250km/h 的客运列车或快速区域列车、夜间客运列车、高速货运列车和特殊列车。列车均为高速电动车组。高速客运列车用于开行莫斯科—下诺夫哥罗德、莫斯科—切博克萨雷、莫斯科—喀山和下诺夫哥罗德—喀山区段。客运列车和快速区域列车被用于短距离和中等距离客运（包括郊区运营）。莫斯科—喀山的运行时间在 3h30min 以内。

2030 年莫斯科—喀山高速铁路最大行车数量及用途见表 3.6-1。

2030 年莫斯科—喀山高速铁路最大行车数量及用途　　表 3.6-1

列车类型	铁路区间	行车数量（对）
高速客运动车组	莫斯科—下诺夫哥罗德	17
	莫斯科—喀山	15
	下诺夫哥罗德—喀山	2
客运列车或快速区域列车	莫斯科—弗拉基米尔	6
	弗拉基米尔—下诺夫哥罗德	3
	下诺夫哥罗德—喀山	2
货运列车	莫斯科（卡拉恰罗沃）—喀山	11
轨检列车	莫斯科—下诺夫哥罗德	1
	下诺夫哥罗德—喀山	1
高速铁路基础设施维修材料和机械车站运输车	诺金斯克—弗拉基米尔	1
	捷尔任斯克—弗拉基米尔	1
	捷尔任斯克—切博克萨雷	1
	切博克萨雷—喀山	1
总计	莫斯科—弗拉基米尔	51
	弗拉基米尔—下诺夫哥罗德	48
	下诺夫哥罗德—喀山	32

3.6.2 列车及编组

高速列车最大重量 10000kN，最大轴重不超过 170kN。

1）高速客运电动车组

在中国高速铁路建设、运营的实践经验和科研成果的基础上，结合俄罗斯当地的特点，机车车辆主要技术参数为：设计速度 360km/h，展示速度 400km/h，25kV、50Hz 的交流电和 3kV 直流电，轨距 1520mm，额定轴向静荷载 170kN，工作温度范围 –50～40℃。

列车编组主要为 12 节车厢（2 头车 +6 动车 +4 拖车），列车长度 300m。其中，第 1 节车厢为头等车厢，第 2、3 节车厢为商务车厢，第 4 节车厢为高级经济车厢，第 5 节车厢为餐车，第 6～8 节车厢为经济车厢，第 9～12 节车厢为旅行车厢。座位总数 692 个，其中一等座 29 个、商务座 96 个、舒适经济座 54 个、经济座 208 个、旅行座 305 个。8 节车厢车列的座位总数 453 个，其中一等座 22 个、商务座 56 个、经济座 165 个、旅行座 210 个。牵引功率，25kV、50Hz 交流供电时为 15200kW，3kV 直流供电时为 9300kW。

附加车列为 8 节车厢（2 头车 +4 动车 +2 拖车）和 16 节车厢（8+8）（4 头车 +8 动车 +4 拖车），多机重联两辆电动车组时列车最大长度 400m。8 节车厢牵引功率，25kV、50Hz 交流供电时为 10130kW，3kV 直流供电时为 9300kW。16 节车厢牵引功率，25kV、50Hz 交流供电时为 20260kW，3kV 直流供电时为 9300kW。

莫斯科—喀山高速铁路 400km/h 高速列车如图 3.6-1 所示。

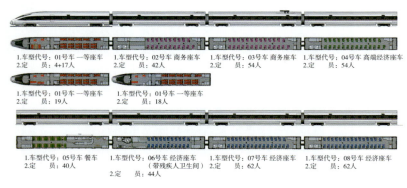

a）列车车厢组成

图 3.6-1

b）列车内外观

图 3.6-1　莫斯科—喀山高速铁路 400km/h 高速列车

高速客运电动车组的起动牵引力见表 3.6-2。

高速客运电动车组的起动牵引力　　　表 3.6-2

车列形式	起动牵引力（kN）
12 节车厢	400
8 节车厢	265
8+8 节车厢	535

高速客运电动车组重量见表 3.6-3。

高速客运电动车组重量　　　表 3.6-3

车列形式	列车自重（kN）	列车载客重量（kN）
12 节车厢	7400	8090～8150
8 节车厢	4950	5410～5450
8+8 节车厢	9900	10820～10900

2）其他客运列车或快速区域列车

（1）速度 250km/h 高速客运列车

列车最大运行速度为 250km/h，采用 25kV、50Hz 的交流电和 3kV 直流电，轨距 1520mm，额定轴向静荷载 170kN，工作温度范围 −50～40℃。

编组主要为 12 节车厢，列车长度 300m。附加车列为 8 节车厢和 16 节车厢，多机重联两辆电动车组时列车最大长度 400m。莫斯科—喀山高速铁路 250km/h 客运列车形式如图 3.6-2 所示。

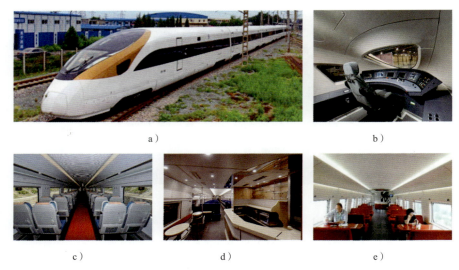

图 3.6.2　莫斯科—喀山高速铁路 250km/h 客运列车

（2）速度 250km/h 高速客运卧铺列车

列车最大运行速度为 250km/h，采用 25kV、50Hz 的交流电和 3kV 直流电，轨距 1520mm，额定轴向静荷载 170kN，工作温度范围 −50～+40℃。

编组主要为 12 节车厢，列车长度 300m。附加车列为 8 节车厢和 16 节车厢，多机重联两辆电动车组时列车最大长度 400m。莫斯科—喀山高速铁路 250km/h 高速客运卧铺列车如图 3.6-3 所示。

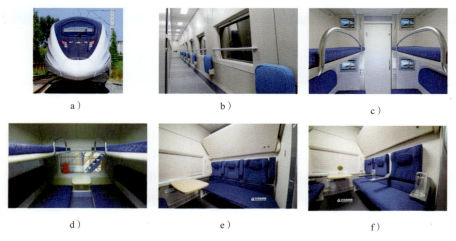

图 3.6.3　莫斯科—喀山高速铁路 250km/h 高速客运卧铺列车

（3）高速货运列车

自 20 世纪 80 年代，法国、德国、意大利、英国和日本等开始发展高速铁路货物列车，开行区段一般是大城市节点区段。法国高速列车（Train à Grande Vitesse，TGV）La Poste 高速货运最具代表性，列车是由法国阿尔斯通公司于 1978—1986 年制造，与客运动车组编组及动力配置等基本相同，列车装载作业一体化和标准化，实现货物的一体化快捷运输，2015 年停运。法国高速货运列车的速度达到 200～270km/h，德国和意大利的高速货运列车的速度在 160km/h 范围内，英国 GB Railfreight 公司计划运营最大行驶速度为 200km/h 的邮政列车，日本东芝公司也在设计快速机车以保证货运列车行驶速度达到 140km/h。目前，高速货运列车有两类：第一类是基于高速客运列车改建的货运列车，如法国高速邮政电动车组；第二类是基于普通货物列车改建的列车，可在高速铁路上运行，如法国邮政行李列车 Sernam200、德国 DBSgss-y703。

莫斯科—喀山高速铁路设计采用基于高速客运电动车组开发的高速货运列车。列车最大运行速度为 250km/h，采用 25kV、50Hz 的交流电和 3kV 直流电，轨距 1520mm，额定轴向静荷载 170kN，工作温度范围 -50～40℃。

编组主要为 12 节车厢，列车长度 300m。附加车列为 8 节车厢和 16 节车厢，多机重联两辆电动车组时列车最大长度 400m。列车自重分别为 6300kN、4200kN、8400kN，货物重分别为 1820kN、1200kN 和 2400kN，列车载货时总重分别为 8120kN、5400kN 和 10800kN。载货吨位可上升至 2300kN、1500kN 和 3000kN，此时列车载货时总重分别为 8600kN、5700kN 和 11400kN。端车设行李员和机械师办公区，设置座椅、受电弓监视屏、货仓监视屏、卫生间等办公和生活设施；后端设货仓区；中间车全部为货仓区。莫斯科—喀山高速铁路 250km/h 高速货运列车如图 3.6-4 所示。

a）列车车厢组成

图 3.6-4

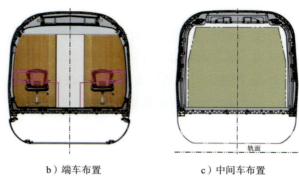

b）端车布置　　　　　c）中间车布置

图 3.6-4　莫斯科—喀山高速铁路 250km/h 高速货运列车

（4）高速诊断列车

高速诊断列车最大运行速度为 360km/h，采用 25kV、50Hz 的交流电和 3kV 直流电，轨距 1520mm，额定轴向静荷载 170kN，工作温度范围 $-50 \sim 40℃$，适用于综合诊断和监测高速铁路地面设施。编组 3 节车厢起，长 80m。

CHAPTER 4
| 第 4 章 |

桥梁景观设计

4.1 概述

莫斯科—喀山高速铁路沿线分布有莫斯科、弗拉基米尔、下诺夫哥罗德、切博克萨雷和喀山等重要城市及众多的自然人文景观。以喀山、下诺夫哥罗德、切博克萨雷和莫斯科等城市为中心形成的城市集群效应对高速铁路干线辐射区域空间发展具有特殊作用。

线路未来向东可延伸至中国乌鲁木齐、北京，形成俄罗斯莫斯科至中国北京的高速客运通道。向西与俄罗斯规划的莫斯科—圣彼得堡高速铁路衔接，共同构成莫斯科辐射俄罗斯西部主要地区的高速客运通道。

莫斯科—喀山高速铁路功能定位为莫斯科经喀山—叶卡捷琳堡客运主通道，沿线城际和旅游客流服务的快速客运通道，以及未来中俄两国及亚欧高速客运主通道的重要组成部分。

4.2 俄罗斯建筑风格及元素

桥梁作为结构或建筑设计的一部分，为更好地展现其在区域中的特色，在桥梁造型研究时，可以从俄罗斯的建筑入手，从分析俄罗斯的历史文化开始。

一个城市在建筑风格所发生的变化，会在不同的侧面反映出这个城市的历史文化、民众信仰、权力象征、经济实力。俄罗斯的建筑艺术有着与生俱来的古朴风格，同时在宗教文化的长期影响下，具有了为宗教服务的浓厚性质。俄罗斯的建筑主要经历了古代罗斯时期、中世纪莫斯科大公国时期、近代俄罗斯帝国时期、革命时期、近现代时期，包括肃穆的葱头穹顶教堂、巍峨的高层塔楼、实用的乡间木屋和富丽堂皇的地铁……这些建筑的发展及风格特色，为桥梁景观设计提供了丰富多样的素材。

4.2.1　古代罗斯时期建筑风格

古代罗斯时期为6—13世纪，这个时期是俄罗斯传统木建筑的形成和拜占庭文化引入时期。6世纪左右，俄罗斯人掌握了木制建筑的技术。门窗扇、阳台栏杆、户外楼梯廊道的立柱与栏杆、房山等处都有木雕装饰，并漆上鲜艳的颜色，体现着俄罗斯人热烈的性格。即使在钢筋水泥砖石结构建筑物十分普遍的现在，俄罗斯的郊区和农村仍有许多人住在木屋里。典型的俄罗斯乡村木屋如图4.2-1所示。

公元988年由于弗拉基米尔大公（980—1015年）引进东正教为国教，同时受拜占庭文化的影响，教堂和寺院成为文字、绘画和建筑艺术发展的中心。10—11世纪，俄罗斯出现了石砌建筑，石砌教堂具有拜占庭建筑的特征，常采用十字架洋葱头穹顶形式。建筑造型浑朴、稳重，逐渐形成了俄罗斯自己的特色。这个时期著名的建筑物有基辅索菲亚大教堂和诺夫哥罗德索菲亚大教堂（图4.2-2）。

图 4.2-1　典型的俄罗斯乡村木屋

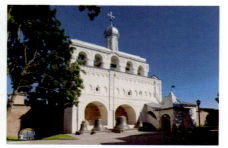

图 4.2-2　诺夫哥罗德索菲亚大教堂

4.2.2　中世纪莫斯科公国时期建筑风格

中世纪莫斯科公国时期为14—17世纪，这一时期形成了俄罗斯哥特式帐篷顶建筑，如图 4.2-3a）所示。

俄罗斯统一国家的形成促使 15—16 世纪俄国建筑艺术取得重大成就，出现了以莫斯科克里姆林宫为代表的建筑群，如图 4.2-3b）所示。城堡、钟楼、教堂、鼓座、洋葱头穹顶、高高的帐篷顶、积木般的民间木建筑，组成了 14—17 世纪莫斯科公国强烈的剪影，充分表现了俄罗斯建筑的特征，如图 4.2-4 所示。

a）圣母升天大教堂　　　　　　　　b）克里姆林宫围墙

图 4.2-3　哥特式帐篷顶建筑

图 4.2-4　瓦西里升天大教堂

4.2.3　近代俄罗斯帝国时期建筑风格

近代俄罗斯帝国时期为 18 世纪至十月革命前，这一时期是巴洛克、古典主义和柱廊建筑形成及发展时期。1721 年彼得一世宣布俄罗斯为帝国，一跃而成为欧洲强国之一。18 世纪中叶，巴洛克建筑在俄罗斯达到高潮，广泛使用红砖、带轴的陶砖，用白石作装饰细部，立面上有色彩艳丽的绘画。西欧建筑常用的壁柱、山花、檐部、线脚等也被采用。巴洛克式建筑（叶卡捷琳娜宫、圣彼得堡冬宫）如图 4.2-5 所示。

a）叶卡捷琳娜宫　　　　　　　　　b）圣彼得堡冬宫

图 4.2-5　巴洛克式建筑

　　1703 年始建立的新都圣彼得堡大型建筑差不多都是按这种风格建造的。这些建筑设计空间规模宏大，轮廓清晰，平面具有严整的直线型，整体造型优美，雕刻装饰丰富，色彩绚丽，图案精巧奇异，为俄国巴洛克式建筑最卓越的代表。

　　18 世纪下半叶，俄国的建筑由巴洛克转向了古典主义。到 19 世纪初，古典主义成为俄国建筑的主流。建筑进一步转向追求宏大与凯旋的气势。建筑体量高大、宏伟并结合形象生动的雕塑来表现国家强盛的自豪感。这个时期的代表作品是圣彼得堡海军部大楼，如图 4.2-6 所示。

图 4.2-6　彼得堡海军部大楼

　　19 世纪下半叶折中主义思潮在俄国建筑中成为主流，偏重欧洲古典，多用柱式，雕琢工艺复杂。

4.2.4　革命时期建筑风格

1）苏维埃构成主义

　　19 世纪末和 20 世纪初是探索新的严整建筑风格时期，诞生了俄罗斯现代派。这一时期的建筑没有过多的装饰，用钢筋混凝土和玻璃组成的结构建造工厂、文化宫、公共住房等。代表性建筑有莫斯科红场的列宁墓，它是 20 世纪 20—30 年代在苏联历史上竖起的不朽碑石，如图 4.2-7 所示。

2）斯大林式建筑

20 世纪 40 年代，以"社会主义内容，民族形式"和"社会主义现实主义"为口号，选用俄罗斯古典主义建筑艺术的

图 4.2-7　莫斯科红场的列宁墓

成就为主要建筑手段，运用绘画、雕塑等相关艺术为辅助手段，以苏维埃宫最后设计方案的确定为标志，在苏联境内建成了大批斯大林风格建筑的高楼大厦。

这些建筑气势磅礴，高耸雄伟，布局对称，装饰富丽堂皇，以显示共产主义的革命激情与荣耀，大量像生日蛋糕一样的建筑开始盛行。其代表建筑是莫斯科"七姐妹"摩天大楼，如图 4.2-8 所示。结合了巴洛克式和哥特式的建筑风格与美国 1930 年代摩天大楼的建筑技术，统一的特征是对称构图，中央突出尖塔，以建筑物尖顶的红星结束。

a）莫斯科大学（局部）　　　　　　b）乌克兰饭店

图 4.2-8　部分莫斯科"七姐妹"摩天大楼

这一时期的另一代表作品是莫斯科的地铁建筑。地铁建筑始终贯彻着"古典主义与民族风格的结合，整体构思的统一与局部风格的多样化"的主题，地铁车站内部空间高大，装饰华丽，气魄堂皇，令人惊叹。每个车站都有不同的内容含义，在艺术手法上更多地利用壁画、雕塑等综合艺术。

第二次世界大战胜利以后，地铁车站更加倾向追求富丽堂皇，大都采用凯旋式的构图语言（凯旋门、拱券）来表达胜利的主题，如图 4.2-9 所示。墙面上镶

图 4.2-9　莫斯科地铁车站

嵌着表现卫国战争胜利的军人和情景，装饰华丽的灯具，整个大厅宏伟而壮丽，具有宫殿气氛。

4.2.5　近现代时期建筑风格

1）赫鲁晓夫楼

第二次世界大战给包括苏联在内的欧洲国家带来极大的破坏，快速修建满足人们居住的房屋成为第二次世界大战后欧洲国家急需解决的问题。20世纪50—60年代，苏联运用当时最新的科技成果实行大规模的基本建设，出现以定型设计为基础的住宅工业化和装配式居住建筑。因这种建筑的本身有一定程度的简化，从而也决定了大量建造居住区的千篇一律。在此期间建设的住宅楼被称为赫鲁晓夫楼，如图 4.2-10 所示。

2）现代建筑的新气象

20世纪50年代中期以后，建筑的审美观念从追求重而有分量的宏伟，繁而古的装饰转向轻巧而干净。建筑摆脱了沉重的古旧形式的束缚，脱去了"民族形式"的外衣，呈现了形式简洁，空间自由流畅的建筑形象。

克里姆林宫内的代表会议大厦，是这个时期的代表作之一，如图 4.2-11 所示。建筑物的外部造型处理勾勒成简洁的矩形大块，强调了白色大理石柱子形成的稳重韵律和柱间大片的镜面玻璃幕墙，为在色彩和尺度上与原有建筑取得协调，有重点地加强了柱与上部水平饰带的细部处理。窗洞上的金色构件与克里姆林宫教堂的金顶遥相呼应，取得了与历史建筑环境新时代的协调。

图 4.2-10　莫斯科的赫鲁晓夫楼

图 4.2-11　克里姆林宫内的代表会议大厦

4.2.6 俄罗斯建筑元素

由于线路经过的莫斯科、弗拉基米尔、下诺夫哥罗德、切博克萨雷和喀山等重要城市均有着悠久的历史，保留了大量的名胜古迹及著名建筑。如何处理桥梁这种大型现代工程与历史文化建筑的协调性是桥梁景观设计的重点。

俄罗斯建筑装饰主要特点：一是总体特征是华丽、精致、细腻；二是从木结构发展出来的技巧，不仅有层次叠砌架构与大斜面帐幕式尖顶，还有衍生而来的外墙浮雕。另外，独立的塔形结构与堆砌成团的战盔形剖面装饰则是时代背景下的产物，如图 4.2-12 所示。三是奢华装饰的最重要标志就是细微、精致，细微到有些过分的程度才是最地道的俄罗斯风格，最有代表性的当属它那华丽雍容的图案设计，如图 4.2-13 所示。四是以白色、浅灰、米黄、粉色等浅色基调为主，但浓郁的色彩如砖红、墨绿、宝蓝以及饱满金是唯美装饰的基础，如图 4.2-14 所示。五是频繁地使用形态方向多变的如"C""S""Z"字形或涡券形曲线、弧线等，如图 4.2-15 所示。

图 4.2-12　层次叠砌架构在俄罗斯建筑中的体现

图 4.2-13　奢华的装饰

图 4.2-14　白色基调及浓郁色彩装饰的体现

a）　　　　　　　　　　　　　　　b）

图 4.2-15　线条的应用

桥梁景观设计还注意从俄罗斯本土建筑设计的细部装饰中提取常用的元素、线条组织手法（图 4.2-16），吸取色彩，加以整合和变化。以统一桥墩风格，协调周围环境，本着创新精神打造地域特色桥梁。

a）　　　　　　　　　　　　　　　b）

图 4.2-16　俄罗斯建筑细部装饰常见手法示意图

通过提炼建筑设计上的拱形、帐幕式尖顶的形态元素，进行抽象简化，采用多层次叠加的表现形式，体现俄罗斯特色。设计元素提炼如图 4.2-17 所示。

在将以上的设计元素应用到桥墩的景观装饰中时，需要注意筛选更合适、更有利的设计元素。一是以桥墩的结构设计为基础，满足其基本的尺寸要求；二是作为现代工程的高速铁路，桥墩设计应以体现现代感为主，不宜采用太过古典、复杂的装饰元素，这也是出于便于施工、节约成本的考虑；三是从空间上考虑，装饰线条会产生沿线条方向的拉伸感，因而桥墩应以竖向线条装饰，以显得较为纤细、优美，在桥梁较矮时这一点更为重要；四是从色彩上考虑，饱和度越高的色彩其存在感越强，艳丽的色彩会产生放大桥墩体量的视觉效果，因此不宜采用大面积的色彩装饰，即使根据需要采用装饰色彩时，也需要考虑有利于优化桥墩比例或与周边色彩相融合。

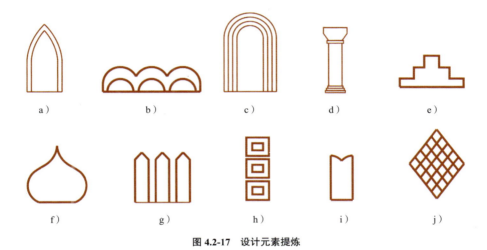

图 4.2-17　设计元素提炼

4.3　桥梁景观规划

4.3.1　桥梁分布特点

莫斯科—喀山高速铁路起于俄罗斯首都莫斯科的库尔斯克火车站，止于鞑靼斯坦共和国的首府喀山。线路总长 767.766km，全线桥梁 259 座，总长 158.045km，占路线总长的 20.58%。公路及人行跨线桥 67 座，排洪涵洞 398 座，立交框架 29 座。全线人工构筑物分布见表 4.3-1，莫斯科—喀山高速铁路桥梁分布示意如图 4.3-1 所示。全线处于平原、丘陵（浅丘）地带，桥墩大多在 20m 以下，其中 4～15m 墩高约占 90%。

全线人工构筑物分布 表 4.3-1

项　目	莫斯科州	弗拉基米尔州	下诺夫哥罗德州	楚瓦什共和国	马里埃尔共和国	鞑靼斯坦共和国	合计
桥梁（座）	40	71	80	41	8	19	259
桥梁长度（km）	18.12	34.94	62.78	20.19	8.98	13.04	158.05
公路及人行桥（座）	5	24	18	17	2	1	67
排水涵洞（个）	42	154	129	40	12	21	398
立交框架（个）	8	9	6	4	1	1	29

图 4.3-1　莫斯科—喀山高速铁路桥梁分布示意图

4.3.2　环境分析

相对于中国而言，全线桥梁长度占比虽然较小，但桥梁座数众多，包含多种类型和跨度，沿线景观环境风貌差异也较大，为使桥梁与环境融为一体，避免产生单调的桥梁景观，需要结合环境分析，考虑多外形的桥梁。在采用标准化梁为主的前提下，桥梁外形景观设计比选其实就是桥梁墩型景观设计比选。特别是桥梁两侧大多为视野开阔的平坦地势时，桥墩便成为多数场地中视线范围内重要的甚至是仅有的具有地标特色的构筑物。

结合桥梁的分布，以及桥梁周边环境分析，莫斯科—喀山高速铁路桥梁主要置于城市景观、乡村景观、田园景观、森林景观4个环境类型，如图4.3-2所示。

图 4.3-2　桥梁景观类型分布示意图

1）城市景观

城市景观环境主要分布于莫斯科市、莫斯科州及喀山市，桥梁的表现形式主要为跨公路、铁路桥，约占全线桥梁长度的 5%。两侧建筑密度相对较高，建筑体量感大，人流量大，视线主要源于周边道路及建筑物内。鉴于莫斯科市内建筑多以历史建筑为主，且除了宗教建筑外，一般公共、居住建筑多以方正、对称、直线型设计为主要特色。城市景观典型平面肌理如图 4.3-3 所示，城市段环境实景如图 4.3-4 所示。

a）　　　　　　　　　　　　　　　　b）

图 4.3-3　城市景观典型平面肌理

因此，该地段的桥墩应以简洁、低调为主，避免与周边的建筑风格产生强烈冲突；宜采用直线条设计的单柱或双柱墩，产生向上的拉伸感，减小拥挤空间的压抑感。

2）乡村景观

由于线路经过村庄多从外围绕行，桥梁两侧为乡村景观的较少，主要集中

图 4.3-4　城市段环境实景

分布于莫斯科州、下诺夫哥罗德州及鞑靼斯坦共和国境内，约占全线桥梁长度的 10%。铁路周边建筑为俄罗斯特色的乡村坡顶木屋，建筑高度一般为 1～3 层，整体风格统一，但色彩丰富，透着特有的欢快与悠闲的氛围。乡村景观典型平面肌理如图 4.3-5 所示，沿线乡村实景如图 4.3-6 所示。

这种景观类型的区域，桥墩宜采用简洁的单柱墩或曲线、几何形设计的异形墩，线条应流畅、大气，与周边环境融为一体。但色彩上宜采用淡雅的色调，以突出周边的环境特色与氛围。

a) b)

图 4.3-5 乡村景观典型平面肌理

图 4.3-6 沿线村庄实景

3）田园景观

由于全线地形较为平坦，地势起伏不大，线路从弗拉基米尔州—鞑靼斯坦共和国穿插分布着该种类型的景观，且比例最大，约占全线桥梁长度的 55%。以耕地及草地为主的用地上，基本没有或少量分布着建筑物与乔木，纵横交错的乡间道路穿插其间。田园景观典型平面肌理如图 4.3-7 所示，田园景观实景如图 4.3-8 所示。

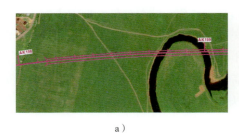 

a) b)

图 4.3-7 田园景观典型平面肌理

桥墩的主要观察视线来自桥下，且方位、角度多变。因此，桥梁需要考虑采用减小桥下压抑感的外形，如具有一定造型设计的 Y 形、花瓶式异形墩，且以弧线型设计为最佳，结合色彩的涂装，在凸显乡村、自然气息的同时，形成了广阔土地上的一道靓丽风景线。

图 4.3-8　田园景观实景

4）森林景观

由于俄罗斯的森林覆盖率较高，且森林为间断性的连续分布，主要集中分布于弗拉基米尔州、马里埃尔共和国，约占全线桥梁长度的 30%。线路跨越森林一般以路基为主，少量以桥梁形式存在，并伴随着地形起伏大、跨越公路、水域等特征。森林景观典型平面肌理如图 4.3-9 所示，森林环境实景如图 4.3-10 所示。

a）

b）

图 4.3-9　森林景观典型平面肌理

图 4.3-10　森林环境实景

人类在森林中的活动较少，视野较狭窄，因此穿越森林的桥梁设计应以节约造价、保护环境为原则，桥墩造型采用接近自然形态的曲线形设计的异形墩，或具有简洁外观的圆柱墩。

4.4 桥墩造型方案

4.4.1 梁体外形

根据中国设计研究成果和建造经验，莫斯科—喀山高速铁路桥梁一般选用整体性好的预应力混凝土整孔简支箱梁，如图 4.4-1 所示。长度 34.2m 及以下简支梁采用工厂预制，通过架桥机整体架设施工，特殊情况下，也可采用支架现浇法或移动模架法现浇施工；长度 50m 简支梁采用支架现浇法或移动模架法现浇施工。

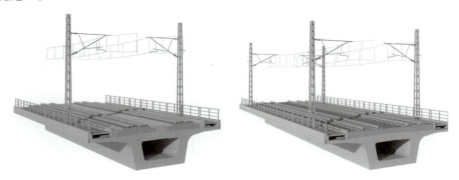

a）长度 23.6m 梁　　　　　　b）长度 34.2m 梁

c）长度 50m 梁

图 4.4-1　预应力混凝土简支箱梁三维效果图

局部地段受施工组织影响或工期控制的桥梁采用钢—混结合梁，如图 4.4-2 所示。钢梁部分采用整体吊装，混凝土桥面板采用现浇施工。

当线路跨越大的道路、河道、沟谷等障碍时，选用预应力混凝土连续梁或预应力混凝土连续刚构（图 4.4-3），采用支架现浇法或对称悬臂灌注法施工。

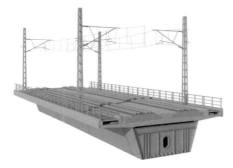 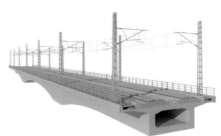

图 4.4-2　长度 34.2m 钢—混结合简支箱梁三维效果图　　图 4.4-3　预应力混凝土连续梁三维效果图

4.4.2　桥墩外形构思

桥墩设计时，需要考虑满足强度、刚度、稳定性要求，千斤顶摆放空间，防止落梁和防止梁部移动设施，检查或更换支座时工作空间以及墩顶排水等支座安装、检查维修等功能要求。同时，应结合上部结构外形，选择与之匹配，与区域景观相适宜，且经济性好的墩型。

铁路桥墩按结构形式可分为板式墩、双柱墩、异形墩；按截面形式可分为矩形墩、圆端形墩、异形墩。莫斯科—喀山高速铁路标准跨度梁以混凝土箱梁为主，箱梁底部宽度、双支座形式及检查维修空间要求是确定桥墩顶帽形状和尺寸的重要约束条件。

在确定桥墩外形时，分别对矩形实体墩、圆端形实体墩、双柱式桥墩、Y 形墩 4 种墩型进行对比分析。

矩形实体墩及圆端形实体墩属于板式实体墩，模板简单，不仅能有效节省支架及提高施工速度，而且能保证足够的刚度，稳定性好，易于满足施工工期的要求，但混凝土圬工量稍大。

双柱式桥墩能有效地减少混凝土圬工量，景观效果较好，但刚度及与承台的连接较差，且不能满足俄罗斯高速铁路《特殊技术条款》的要求。

Y形墩环境适应性强，墩身轮廓呈流线型，能与简支箱梁腹板的外形轮廓协调统一，在我国城际铁路及城市景观要求较高的地区已广泛使用。此类桥墩模板较为复杂，墩顶横向连接构造较为复杂，施工工艺要求高。

在满足以上要求的同时，应注意桥墩外形体量与简支梁相匹配。另外，桥墩顶帽、支承垫石均应满足局部承压及抗剪检算的要求，并应设墩顶检查维修孔（检查孔深90cm，宽150cm）。

需要注意的是，莫斯科—喀山高速铁路处于平原、丘陵地带，沿线主要经过莫斯科州、弗拉基米尔州、下诺夫哥罗德州、楚瓦什共和国、鞑靼斯坦共和国等五个地区，桥墩大多在20m以下，因此，桥墩以板式实体墩为主。综合梁部外形、桥梁所处的地形地势特点、桥梁分布、中国高速铁路桥墩形式的选择经验，以及俄罗斯沿线各州对桥梁外观多样性的需求，拟定出实体板式墩总体设计方案如下。

1）墩型Ⅰ

墩顶纵横向尺寸为300cm×700cm，高度为400cm。墩身纵横向收坡，截面尺寸为300cm×460cm。矩形的四个角采用$R=20$cm的圆角过渡，以减小桥墩的局部应力集中。墩身正面设置与结构轮廓相似的凹槽。主要工程和力学指标见表4.4-1，其立面如图4.4-4所示。

墩型Ⅰ主要工程和力学指标　　　　　　　　表4.4-1

部位	墩高 H（m）	混凝土（m³）	纵向线刚度（kN/cm）	横向线刚度（kN/cm）
墩顶	—	18.4	—	—
墩身	5	50.9	35100	116940
	10	113.1	6956	15592
	15	171.9	2071	4759

图4.4-4　墩型Ⅰ立面图

2）墩型Ⅱ

墩身截面为矩形，上部纵横向收坡，下部为直坡。墩顶纵横向尺寸为320cm×700cm，高度为400cm。墩身上部由墩顶横向尺寸320cm×700cm收坡至直坡段截面尺寸为240cm×460cm。矩形的四个角采用R=50cm的圆角过渡，以减小桥墩的局部应力集中。墩身正面设置20cm×150cm矩形凹槽。墩型Ⅱ主要工程和力学指标见表4.4-2，其立面如图4.4-5所示。

墩型Ⅱ主要工程和力学指标　　　　　表4.4-2

部位	墩高 H（m）	混凝土（m^3）	纵向线刚度（kN/cm）	横向线刚度（kN/cm）
墩顶	—	18.3	—	—
墩身	5	64.8	80265	394081
墩身	10	152.3	10047	52699
墩身	15	239.8	3050	16108

图4.4-5　墩型Ⅱ立面图

3）墩型Ⅲ

墩顶纵横向尺寸为300cm×640cm，墩身为直坡由上至下与墩顶尺寸保持一致，矩形的四个角采用50cm×50cm切角，正面设置30cm×150cm梯形凹槽，侧面设置30cm×110cm梯形凹槽。墩型Ⅲ主要工程和力学指标见表4.4-3，其立面如图4.4-6所示。

墩型Ⅲ主要工程和力学指标　　　　　表4.4-3

部位	墩高 H（m）	混凝土（m^3）	纵向线刚度（kN/cm）	横向线刚度（kN/cm）
墩顶	—	20.0	—	—
墩身	5	46.7	27124	144985
墩身	10	96.9	3288	19505
墩身	15	147.2	995	5966

图 4.4-6　墩型Ⅲ立面图

4）墩型Ⅳ

横向尺寸为 300cm×780cm，墩顶高度为 300cm，墩身纵横向收坡，截面尺寸为 200cm×600cm。墩身正面设置凹槽。此类桥墩可用于跨河桥梁水中墩。墩型Ⅳ主要工程和力学指标见表 4.4-4，其立面如图 4.4-7 所示。

墩型Ⅳ主要工程和力学指标　　　　表 4.4-4

部位	墩高 H（m）	混凝土（m^3）	纵向线刚度（kN/cm）	横向线刚度（kN/cm）
墩顶	—	42.7	—	—
墩身	5	22.3	21704	184539
	10	78.0	3038	25833
	15	122.6	1145	9732

图 4.4-7　墩型Ⅳ立面图

4.4.3 桥墩造型方案

根据桥墩外形构思，分别对 4 种桥墩造型方案进行分析。

1）墩型 Ⅰ

原墩型 Ⅰ 为 Y 形墩（图 4.4-8），中部矩形凹槽由于尺寸较宽，将桥墩分为看似毫无关联的三个部分，缺乏整体感，且该方案也未能体现出地域特色。

图 4.4-8　原墩型 Ⅰ 桥梁三维效果图

在不改变外部轮廓的基础上，延续直线与弧线结合的设计元素，在中部增加尖顶形与拱形的双层叠加凹槽，打破原有矩形生硬的形式，与墩型的弧线相呼应，增强了整体感。同时，多层次的竖向线条也起到拉伸的视觉效果，使桥墩显得更为纤细。辅以局部的色彩涂装，突出地域特色，增加一丝欢快的氛围。优化后的墩型 Ⅰ 桥梁三维效果图及实景合成图如图 4.4-9、图 4.4-10 所示。

图 4.4-9　优化后的墩型 Ⅰ 桥梁三维效果图　　图 4.4-10　优化后的墩型 Ⅰ 桥梁实景合成图

该方案适用于乡村、田园中，桥墩上点缀的艳丽色彩与远处的乡村木屋相映成趣。分布于线路时，可以采用间隔涂装的形式组合，间隔的个数可由具体环境决定。涂装的颜色可以根据分布的州、共和国、市等有所变化，可以采用当地代表性建筑的代表性色彩，也可以选用州旗、国旗上的色彩或是周边居民喜爱的色彩。

2）墩型Ⅱ

从三维效果图发现，原桥墩外形构思方案的梯形凹槽虽然体现了一定的地域特色，但弧线与直线的衔接稍显生硬，凹槽的厚度也显得有些粗糙，如图4.4-11所示。为此，对弧线弧度及凹槽的层次进行了设计优化。

图4.4-11 原墩型Ⅱ桥梁三维效果图

设计优化保留了简洁的轮廓线及棱角分明的整体外观形态，采用双层内部凹槽，呈现出细腻的雕塑感，柔和中又不失利落。桥墩中间凹槽的部分在特殊环境中可以结合俄罗斯浓郁的艺术气息，采用绘画、雕塑、工艺等手法进行装饰。优化后的墩型Ⅱ桥梁三维效果图及实景合成图如图4.4-12、图4.4-13所示。该造型方案适用于城市及乡村，尤其当周边建筑有明显风格倾向或有特殊要求的地段。

图4.4-12 优化后的墩型Ⅱ桥梁三维效果图　　图4.4-13 优化后的墩型Ⅱ实景合成图

由于中间梯形凹槽在不同高度时尺寸有所变化，即不同高度的桥墩均需重新预制，增大了施工成本和难度。因此，在该方案外轮廓不变的基础上，对凹槽的设计元素做出调整，以增强其适应性。以俄罗斯特色的拱形门窗为设计元素，采用两层叠加的形式拉通至底部，增强了桥墩的柔性与纤细感，可以满足不同高度的需求。演变后的墩型Ⅱ桥梁三维效果图及实景合成图如图4.4-14、图4.4-15所示。

图 4.4-14　演变后的墩型Ⅱ桥梁三维效果图　　图 4.4-15　演后变的墩型Ⅱ桥梁实景合成图

3）墩型Ⅲ

设计元素与俄罗斯建筑中常见的立柱形式类似，四面凹槽的设计是本方案的特色。叠加的层次及单一方向重复的直线条，打破了大尺寸矩形墩带来的厚重感，给人以向上延伸的感觉，因此在原方案的基础上不宜多加其他装饰元素。墩型Ⅲ桥梁三维效果图及实景合成图如图4.4-16、图4.4-17所示。简洁的外观及元素，使得该方案适用于线路环境较为复杂的城区或乡村段，能够避免与建筑冲突产生违和感。

图 4.4-16　墩型Ⅲ桥梁三维效果图　　图 4.4-17　墩型Ⅲ桥梁实景合成图

4）墩型Ⅳ

原墩型Ⅳ用于跨河桥连续梁水中墩，为使岸上简支梁桥墩与其相匹配，对原墩型Ⅳ进行了修改。预应力混凝土连续梁跨河桥三维效果图如图4.4-18所示。

在保持桥墩外形采用弧线不变的

图 4.4-18　预应力混凝土连续梁跨河桥三维效果图

基础上，对4个棱边进行再次切割，使上部结构形成一个多面体，下部形成一个八面体。桥墩好似一支被4片绿叶包裹的花朵，仿生的形态使得该方案适合应用于田园、森林、跨河流等自然景观中。墩型Ⅳ桥梁的三维效果图及实景合成图如图4.4-19、图4.4-20所示。

图4.4-19　墩型Ⅳ桥梁三维效果图　　　　图4.4-20　墩型Ⅳ桥梁实景合成图

4.4.4　桥墩高度适应性分析

莫斯科—喀山高速铁路桥墩高度大多在20m以下，其中4～15m墩高约占90%。考虑全线桥梁的整体景观效果，需要对不同高度时的环境适应性进行分析。

墩型Ⅰ、Ⅱ、Ⅳ为Y形墩，外形由弧线与直线组成。弧线与直线的比例不仅决定了桥梁造型的美观与否，还决定了桥墩对不同地形的适应性强弱。桥墩上部比例越大，墩型对高度的适应性越差。由于全线4～15m墩高占比很大，以4m、15m作为分析界限。墩型Ⅰ、Ⅱ、Ⅳ三种墩型桥墩不同墩高三维效果如图4.4-21～图4.4-23所示。

图4.4-21　墩型Ⅰ桥墩不同高度三维效果图

图 4.4-22　墩型 Ⅱ 桥墩不同高度三维效果图

图 4.4-23　墩型 Ⅳ 桥墩不同高度三维效果图

从图 4.4-24 和图 4.4-25 可以发现，当桥墩高度为 4～8m 时，Y 形桥墩上部的弧线结构比例大于下部结构，显得头重脚轻，形态不够舒展，整体呈现的景观效果不如矩形墩好。

图 4.4-24　墩型 Ⅰ 墩高 4～8m 的桥梁三维效果图

图 4.4-25　墩型 Ⅳ 墩高 4～8m 的桥梁三维效果图

从图 4.4-26 可以发现，当桥墩高度大于 15m 时，桥墩上部结构使下部显得过于纤细，缺乏均衡感与稳定感，桥梁整体景观效果不佳。相对于 Y 形墩，墩型Ⅲ的矩形墩为直线构造，对高度的适应性较好。尤其是受地形限制，当桥墩高度在 4～8m 或大于 18m 时，墩型Ⅲ展现出良好的景观效果。墩形Ⅲ桥墩不同高度的三维效果图如图 4.4-27～图 4.4-29 所示。

图 4.4-26　墩型Ⅳ墩高大于 15m 的桥梁三维效果图

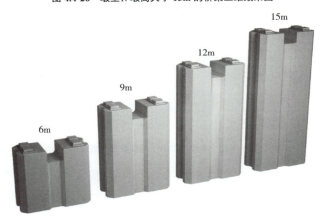

图 4.4-27　墩型Ⅲ桥墩不同高度三维效果图

图 4.4-28　墩型Ⅲ墩高 4～8m 的桥梁三维效果图

图 4.4-29　墩型Ⅲ墩高大于 15m 的桥梁三维效果图

总体来说，4 个墩型方案各具特色，能对整个桥梁景观起到提升作用，并最终提升高速铁路的工程品质。墩型Ⅲ适用于 20m 以下的所有桥墩，尤其是在墩高 4～8m 或大于 15m 时为推荐墩型。墩型Ⅰ、Ⅱ、Ⅳ桥墩的墩高在 8～15m 呈现的景观效果最佳，可以结合不同的环境选择对应的墩型。其中，墩型Ⅱ为现代造型，适用于城市、乡村环境中；墩型Ⅰ结合色彩设计略显活跃，适用于乡村、田园等地势极为平坦且视野开阔的地段；墩型Ⅳ在平原、森林、河流等生态环境中能呈现出良好的景观效果。

4.5 特殊节点桥墩装饰

当桥梁跨越特殊构筑物时，如重要道路、大型河流、公园、历史建筑保护区等，可结合人的观赏视点及周边环境对桥墩进行特殊装饰。当桥梁跨越主要道路时，由于车辆速度较快，结合道路上车内人的视线，只需要对道路两侧紧邻的桥墩进行装饰。应将梁与墩统一设计，采用大面积、大色块或立体雕塑的装饰手法，甚至可以结合广告、灯具等功能性设计，旨在为旅途中的人带来一抹消除疲惫的色彩与趣味，如图 4.5-1 所示。当线路跨越河流时，应结合桥梁的整体造型，对桥墩进行重新设计，保证桥梁上下结构和谐统一。

图 4.5-1　跨公路桥装饰方案意向图

CHAPTER 5
第 5 章
桥梁标准化设计

　　莫斯科—喀山高速铁路借鉴中国铁路桥梁设计经验，通过最大限度的标准化设计，保证设计质量，提高工程质量，减少重复工作，加快设计进度，更好地采用和推广新技术，节约建设材料，降低工程造价，提高经济效益。以标准化设计为基础，实现工厂化生产、机械化施工，有利于提高劳动生产率，加快工程建设进度。

　　莫斯科—喀山高速铁路是俄罗斯第一条拟开工建设的高速铁路，设计中打破了俄罗斯以钢梁为主，较少采用混凝土梁的传统习惯和设计理念，借鉴中国高速铁路混凝土简支箱梁设计、施工经验，大量采用混凝土结构。标准跨度混凝土简支箱梁在梁场集中预制，采用大吨位运梁车运至桥位后，大吨位架梁机架设就位的方法施工；少量中等跨度混凝土箱梁采用移动模架现浇施工。同时，兼顾俄罗斯环境条件和建设经验，设计了钢箱—混凝土结合梁，用于距离梁场较远，具有吊装条件的桥梁选用。

　　桥梁和涵洞标准设计图已通过俄罗斯国家鉴定委员会审查许可，将在俄罗斯高速铁路建设中采用。

5.1 梁部及墩台设计

5.1.1 简支梁

常用简支梁长度选用 23.6m、34.2m，设计速度为 400km/h，铺设无砟轨道。施工方式有预制和现浇施工，结构形式有长度 23.6m 和 34.2m 预应力混凝土箱梁，以及长度 34.2m 钢混结合梁。简支梁长度的确定，沿用了俄罗斯既有铁路桥梁的跨度体系和习惯，在工点选用时按照以采用 34.2m 预制预应力混凝土箱梁为主的原则。各类型简支梁主要参数见表 5.1-1，其构造分别如图 5.1-1～图 5.1-3 所示。

简支梁主要参数表　　　　　　　　　表 5.1-1

类型	计算跨度（m）	支座中心距梁端距离（cm）	梁长（m）	梁高（m）	支座中心距（m）	梁重（kN）
预应力混凝土箱梁（预制、现浇）	33.1	55	34.2	3.2	4.2	8925
	22.5	55	23.6	3.2	4.2	6400
	22.5	55	23.6	2.6	4.2	5975
钢混结合梁	33.6	30	34.2	3.6	4.5	6300
预应力混凝土箱梁	48.9	55	50.0	4.8	4.2	15950
钢混结合梁	49.0	50	50.0	5.0	4.5	9270

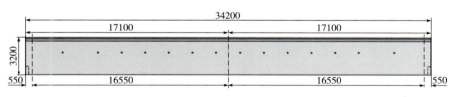

a）立面图

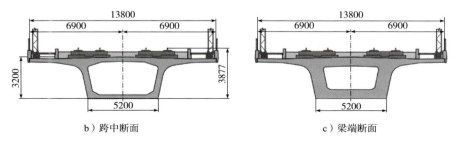

b）跨中断面　　　　　　　　c）梁端断面

图 5.1-1　长度 34.2m 预应力混凝土箱梁构造图（尺寸单位：mm）

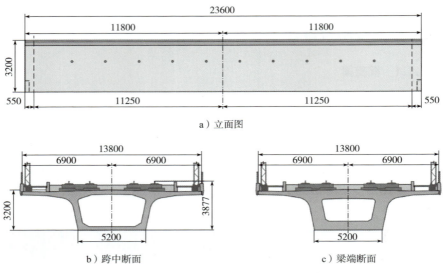

图 5.1-2　长度 23.6m 预应力混凝土箱梁构造图（尺寸单位：mm）

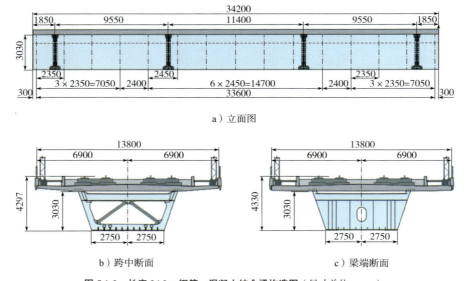

图 5.1-3　长度 34.2m 钢箱—混凝土结合梁构造图（尺寸单位：mm）

除主要采用梁场集中预制，采用大吨位运梁车运至桥位后，大吨位架梁机架设就位的 34.2m 和 23.6m 预应力混凝土梁简支梁外，还设计了采用支架法或移动模架法施工的长度 50m 预应力混凝土简支梁箱梁，以及长度 50m 钢混结合简支梁。

长度 50m 简支梁多用于跨河桥梁引桥或跨越中等规模公路的桥梁，如图 5.1-4 和图 5.1-5 所示。

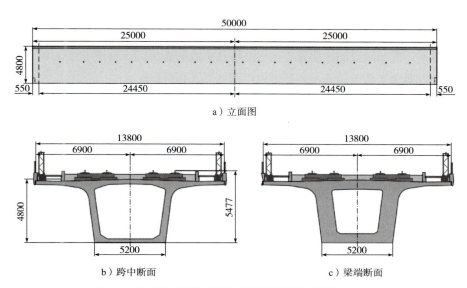

图 5.1-4　长度 50m 预应力混凝土箱梁构造图（尺寸单位：mm）

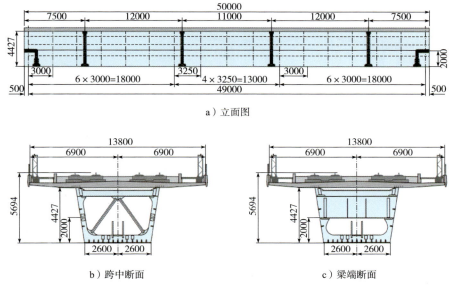

图 5.1-5　长度 50m 钢箱—混凝土结合梁构造图（尺寸单位：mm）

5.1.2 连续结构

结合俄罗斯铁路历史和现状，按照既有铁路梁跨度模数，结合全线梁跨布置需要，设计了跨度（40+66+40）m、（48+88+48）m 和（58+110+58）m 预应力混凝土连续梁，采用悬臂灌注法施工。主要设计参数见表5.1-2，跨度（58+110+58）m 预应力混凝土连续梁构造图和三维效果图如图5.1-6所示。

连续梁主要参数表　　　　　　　表 5.1-2

跨度（m）	位置	梁长（m）	梁高（m）	支座中心距（m）	梁重（kN）
40+66+40	边支点	147.1	3.34	5.6	55775
	中支点		6.14	5.6	
48+88+48	边支点	185.1	4.14	5.6	90530
	中支点		7.14	5.6	
58+110+58	边支点	227.1	5.14	5.3	113310
	中支点		8.64	5.3	

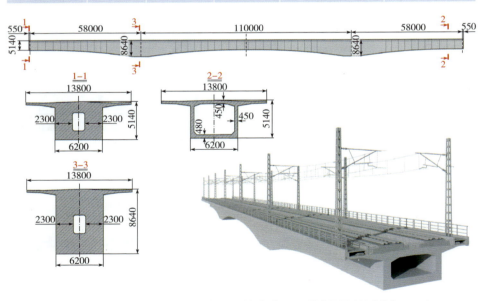

图 5.1-6　（58+110+58）m 预应力混凝土连续梁构造图及三维效果图（尺寸单位：mm）

小跨度混凝土连续刚构桥的梁板薄、墩壁可以斜作，非常适合斜交跨越道路时采用，结合莫斯科—喀山高速铁路跨越道路路幅，采用（16+22+16）m 连续刚构。（16+22+16）m 连续刚构总长度 55.0m，梁高 1.5m，墩宽 1.35m，支座中心距梁端距离 0.5m，墩梁固接处设 2.5m×0.7m 的梗肋，墩壁可以根据需要设为斜交，施工方法为支架现浇。其断面构造如图 5.1-7 所示。

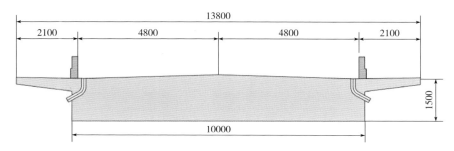

图 5.1-7 （16+22+16）m 连续刚构跨中截面图（尺寸单位：mm）

5.1.3 墩台

1）桥墩

针对常用跨度混凝土桥梁，按照简支梁跨度 22.5m+22.5m、22.5m+33.1m、33.1m+33.1m 组合设计桥墩。考虑到莫斯科—喀山高速铁路沿线地形特点和桥梁分布状况，确定桥墩高度为 4～25m。同时，根据沿线桥梁分布、环境和景观特点、人文历史等要素，以及俄罗斯的建筑特色，在满足结构动静力要求和运架梁施工要求的前提下，设计了 3 种实体桥墩类型，其结构构造、经济指标、运架因素、美学造型和景观要求等方面各具特色。

桥墩类型Ⅰ为双向流线型桥墩，桥墩高度为 4～25m，桥墩截面尺寸根据墩高分为 15m 及以下高度的桥墩和 15m 以上桥墩两种截面尺寸。上部纵、横向收坡，并采用圆弧过渡，流线型好，正面开槽，整体景观效果好，且混凝土用量最省。桥墩墩形Ⅰ构造如图 5.1-8 所示。

桥墩类型Ⅱ为单向流线型墩，桥墩高度为 4～15m。采用圆弧过渡，纵向直坡，正面开槽，混凝土用量较墩型Ⅰ大，经济性稍差。桥墩类型Ⅱ构造如图 5.1-9 所示。

桥墩类型Ⅲ为双向直坡型墩，桥墩高度为 3～15m。纵、横向均为直坡，侧面、正面均开梯形槽。与桥墩类型Ⅱ相似，混凝土用量较桥墩类型Ⅰ大，经济性稍差。桥墩类型Ⅲ构造如图 5.1-10 所示。

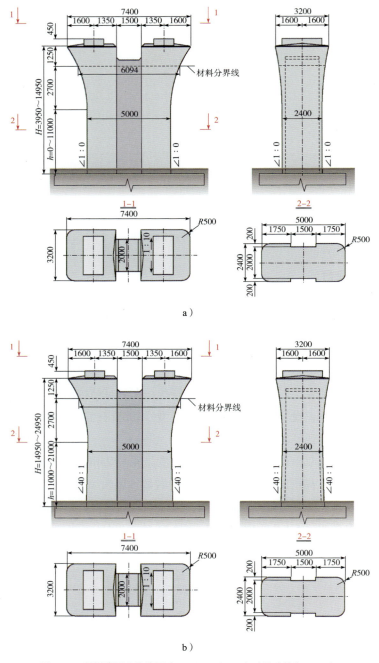

图 5.1-8　桥墩类型 I 构造图（4m ≤ H ≤ 25m）（尺寸单位：mm）

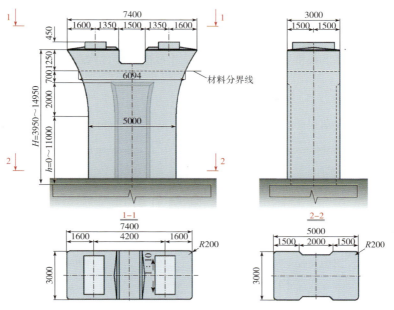

图 5.1-9 桥墩类型Ⅱ构造图（4m≤H≤15m）（尺寸单位：mm）

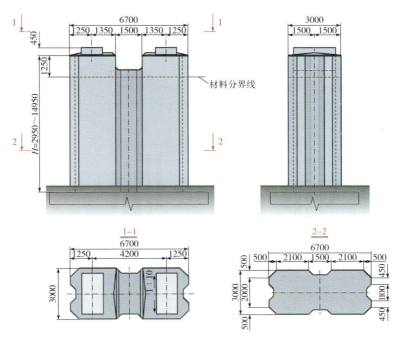

图 5.1-10 桥墩类型Ⅲ构造图（3m≤H≤15m）（尺寸单位：mm）

2）桥台

简支梁桥台设计采用刚度大、整体性好的矩形空心桥台，设计中充分考虑《特殊技术条款》要求和俄罗斯铁路桥台的设计习惯。桥台构造图和三维效果图如图 5.1-11 所示。

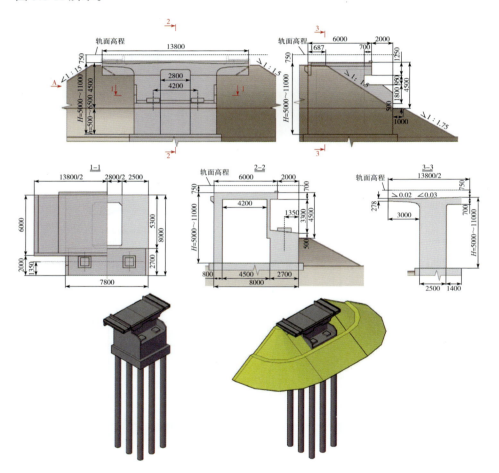

图 5.1-11　桥台构造图及三维效果图（尺寸单位：mm）

与中国普遍采用的空心桥台相比，主要有以下不同：

（1）台身高度范围有所增加。为了减少投资，地质较好地段路桥分界增加到 10～12m，因此台身高度范围确定为 5～11m。

（2）检查平台设置方式不同。锥体坡脚延伸到桥下，将检查平台设置在墙身前方的锥体填土之上,从而取消设置吊篮,方便检查维修。

(3)顶帽两侧增设挡土板,台身长度为 6m 定值。由于锥体坡脚可延伸到桥下,因此台身长度可不随台身高度变化。为缩短台身长度,顶帽两侧增加设置了挡土板。

(4)台后设置钢筋混凝土牛腿。为了使路桥刚度过渡更平顺,台后轨道基座下方设置了搭板,相应在台后设置了支撑搭板的钢筋混凝土牛腿。

(5)桥台空心部分回填细砂。为防止积水或动物进入,台顶前端封闭,空心部分回填细砂。

(6)台后增设混凝土挡土块。为方便锥体填土,在台顶后端悬臂板范围增设了混凝土挡块。

5.1.4 支座

结合莫斯科—喀山高速铁路桥梁所处的气候环境,以及俄罗斯铁路运营管理模式和习惯,桥梁支座采用球形钢支座,如图 5.1-12 所示。支座设计应符合三项要求:一是符合欧洲标准 EN1337 要求;二是支座钢材满足耐高寒抗冻(−50℃)要求,符合俄罗斯标准 ГОСТ 19281—1989 的 09Г2С 钢或者符合俄罗斯国家标准《桥梁建筑用低合金轧钢技术规范》(ГОСТ 6713—1991)的 15ХСНД 和 10ХСНД 钢要求;三是支座耐磨板及润滑硅脂的低温性能满足欧洲标准 EN1337-2 及俄罗斯铁路股份公司 2013 年 12 月 12 日第 2755р 号命令(Приказ 2755р)所批准的规定。

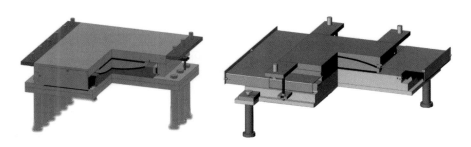

a)固定球形钢支座　　　　b)单向活动球形钢支座

图 5.1-12　球形钢支座三维效果图

5.2 桥面构造

莫斯科—喀山高速铁路采用无砟轨道结构，桥面系主要有防护墙、伸缩缝、防排水系统、接触网支柱基座、栏杆或声屏障基础、维修通道、电缆槽。桥面总体布置如图 5.2-1 所示。

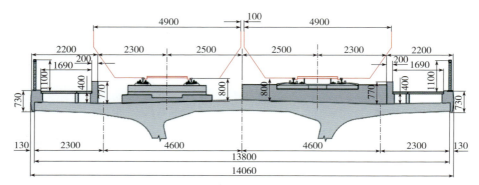

图 5.2-1　桥面总体布置图（尺寸单位：mm）

桥面板宽 13.8m，外轮廓宽 14.06m。无砟轨道板钢筋混凝土基座通过钢筋与桥面板连接，基座下不设防水层。电缆槽和维修通道面板支撑于预制遮板、混凝土竖墙和维修通道侧防护墙下部台阶上。接触网支柱基座长 1m、宽 0.95m，采用混凝土结构，通过钢筋与桥面板连接。防护墙及其外侧的桥面构造图如图 5.2-2 所示。

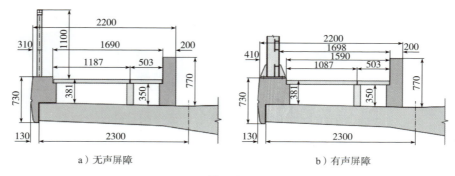

a）无声屏障　　　　　　　　　　b）有声屏障

图 5.2-2

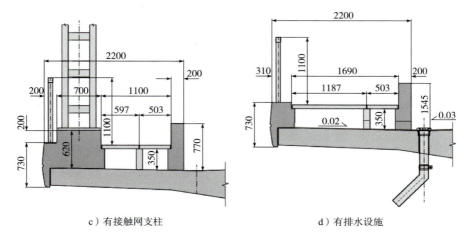

c）有接触网支柱　　　　　　d）有排水设施

图 5.2-2　防护墙及其外侧的桥面构造图（尺寸单位：mm）

桥面布置与中国高速铁路桥梁的桥面布置大体相同，不同之处主要体现在以下几个方面：

（1）排水坡不同。莫斯科—喀山高速铁路桥梁的桥面排水采用两向排水，即在防护墙内的桥面设置 3% 的横向人字坡，在翼缘板设置 2% 的单向坡，通过靠近防护墙内侧根部的排水孔排到桥下。横向人字坡和单向坡均在梁体预制时形成。防护墙内的桥面横向排水坡采用 3% 主要有两点原因：一是为满足强降雨时桥面积水能够迅速排出；二是满足高寒地区桥面雪融水能够迅速排出以减少结冰。这是俄罗斯规范中明确规定的。

（2）桥面板宽度较宽，与中国最早修建的高速铁路桥宽度梁相近。桥面板宽度为 13.8m，桥面遮板外侧总宽 14.06m。

（3）桥面设置护轮轨。根据《特殊技术条款》规定，无砟轨道桥面应铺设护轮轨。

5.3　涵洞设计

5.3.1　结构形式

高速铁路涵洞结构与俄罗斯既有铁路所采用的涵洞结构有着很大的差异。造成这些差异的主要原因是高速铁路对线路平顺性有着极为严格的要求。相应地，高速铁路对路堤沉降量，以及涵洞与相邻路基之间沉降量差值的限制提出了更加严格的标准。高速铁路涵洞结构设计主要有以下特点。

1）严格控制路基和涵洞之间的沉降差

如果涵洞和路基一样，都处于未经加固处理的天然地基上，路基和涵洞间的地基沉降差不会太大，因为涵洞作为路基的一部分，其自重比路基本身重量有所减少。

在普速铁路涵洞设计时，对软弱地基需要进行地基加固处理，有时会采用桩基础，且与路基的地基处理没有相关性，此时路基的沉降会大大超过涵洞的沉降。对于普速铁路，解决沉降差过大的方法主要是通过增加道砟厚度，或通过道砟厚度调整线路纵坡，甚至于局部地段列车降速。

在铺设无砟轨道的高速铁路时，上述解决办法显然不再适用。当路基置于没有加固处理的天然地基上时，涵洞也必须置于天然地基上。如果路基置于加固处理的地基上时，要综合考虑涵洞与路基对行车平顺性的影响和作用，对涵洞基础进行相应的加固设计。总之，涵洞和路基的地基加固处理形式应基本一致，并确定涵洞标准结构形式。

2）对沉降缝的位置和形式提出新的要求

由于地基总会有不均匀沉降，涵洞沉降缝处相邻涵节之间存在沉降差，从而影响轨道的平顺性。为降低沉降差的影响，沉降缝不应设在无砟轨道板下方。考虑到线间距为 5m，同时结合路基宽度，将沉降缝设于双线铁路中间，涵节长度确定为 5m。对于斜交涵洞，沉降缝应与线路方向平行。

涵洞设计基本原则有三个：一是对于正常的路基地段（地基不加固），涵洞置于天然地基上；二是轨道下方涵洞节长，即沿垂直铁路方向的长度，应按照与线间距相等，涵洞节长 5m 设计；三是斜交涵洞的沉降缝应按平行于线路方向设置。除此措施外，为了保证列车平稳通过涵洞构筑物，相邻路基应设置过渡段。

5.3.2 涵洞规格

根据俄罗斯的规范和设计习惯，并结合莫斯科—喀山高速铁路涵洞孔径及分布，涵洞孔径单孔有 1.5m、2m、3m、4m，与中国相比，没有采用双孔涵洞和孔径 5m、6m 的单孔涵洞类型。孔径 1.5m 涵洞的净空高度为 2m 常数，其余孔径按 0.5m 步长增加。涵洞斜交角度为 45°～90°，按每 15° 一档确定构造尺寸，每

5°一档确定钢筋大样及数量。轨底至涵洞顶填土高为 1.5～13m。共编制包括 13 个孔径尺寸规格，100 种构造尺寸规格的涵洞标准化结构设计文件。按照国内斜交涵洞设计习惯，出入口及涵身采用斜交斜作的方式。考虑到俄罗斯铁路设计采用涵洞出入口斜交正作的方式，且在俄罗斯铁路建设和运营维护实践中，也几乎没有出入口斜交斜作的经验和习惯，因此，出入口形式、沟床铺砌按俄罗斯传统的斜交正作方式设计，涵身按照斜交斜做设计。涵身到出入口的过渡通过一节异形框架实现。

5.3.3 水力学计算

涵洞水力学计算根据 1992 年出版的苏联交通建设部交通建设科学研究院编制的《小型排水构筑物水力学计算手册》进行。

《小型排水构筑物水力学计算手册》泄水量计算规定：在无压状态下，当矩形涵洞净空高度为 3.0m 以下时，涵洞内任一横截面的最高水位之上的净空高度不低于 1/6 涵洞净空高度；当矩形涵洞净空高度超过 3m 时，涵洞内任一横截面的最高水位之上的净空高度不低于 0.5m。

分别按无压和半压两种状态分别计算设计最大流量。设计最大流量应满足涵洞出口流速不大于沟底加固后允许流速的 35%。沟底加固主要有铺设混凝土槽和碎石等。

此外，不论铁路路堤的高度为多少，以及采用何种加固类型，涵洞前的壅水深度不得超过 4m，无压状态路肩应高出壅水位以上 0.5m，半压状态路肩应高出壅水位不小于 1.0m。

5.4 立交通道框架设计

立交通道框架分为两类：一是作为农业机械、家畜和野生动物通道的框架，要求净空高度不应小于 4.5m，宽度不应小于 8m 的单孔框架结构，如图 5.4-1 所示；二是作为人行通道的框架，要求净空高度不应小于 2.5m，宽度不应小于 4m 的单孔框架结构。框架与铁路中心线正交，共有 7 种结构尺寸类型。

农业机械、家畜和野生动物通道框架分为无填土和有填土两大类，按填土高度分为 4 种结构尺寸类别。结构尺寸除填土高度 $H=0$ 的无填土框架外，有填土时为 3 种类别,分别为 1.5m≤H≤3m、3m<H≤6m、6m<H≤9m。

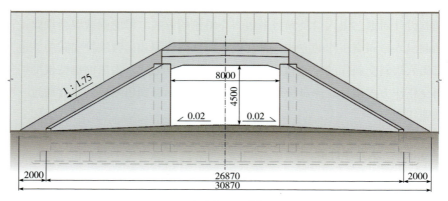

a) 出入口立面图

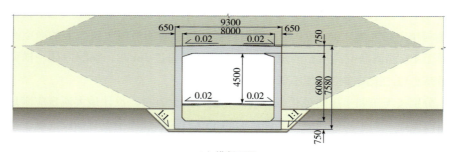

b) 横断面图

图 5.4-1　孔径 8m 框架结构图（尺寸单位：mm）

人行通道框架均按照有填土设计，按填土高度分为 3 种结构尺寸类别，分别为 1.5m≤H≤3m、3m<H≤6m、6m<H≤9m。

CHAPTER 6
第6章

桥梁工程设计

6.1 设计原则

6.1.1 桥涵设置

桥涵构筑物的选址和孔跨布置本着"安全、环保、经济"的原则，考虑线路相关区段的线路平纵条件、地质、水文、道路规划、农用地开发和其他土地使用、生态、经济技术指标、景观及其他现场条件，并确保列车运行的安全性、畅通性和构筑物维护及使用的便捷性等，通过技术经济论证确定。

原则上采用一河一桥，逢沟设涵，尽量不改变、破坏农田排灌系统及水利交通设施现状，且满足水利、交通规划的需要。根据生态环境要求预留动物迁徙通道，每隔7~8km设置一座桥，桥下净空不小于4.5m。

当自然条件下水流最大速度小于2m/s时，跨河桥梁孔跨布置需要满足其建设和使用中所引起的断面水流最大速度增加值不大于20%；当自然条件下水流最大速度大于2.4m/s时，跨河桥梁孔跨布置需要满足其建设和使用中所引起的断面水流最大速度增加值不大于10%。跨河桥梁原则上垂直于具有稳定河床直线段上的水流（交角不超过10°）。

桥梁跨越通航河流的位置满足俄罗斯规范汇编《桥梁和涵洞》（СП

35.13330.2011）规定，并取得河道主管部门同意。通航孔的中心原则上与相应航道的轴线重叠，并考虑可能的河床演变，以及计算使用年限内河道与桥梁的偏移，确保航道轴线、水流方向及桥墩相互平行，偏差控制在 10° 范围内。

桥路分界高度一般为 6～8m。城市附近、平原地区或其他特殊要求的地段可降低到 4～6m。地质较好地段且满足路基设计要求时，桥路分界高度可放宽到 10m，最高不超过 12m。

线路与公路交叉时，尽量采用高速铁路上跨公路方案。当公路必须上跨高速铁路时，上跨公路桥采用连续结构。公路桥跨度和净空满足高速铁路限界要求。

人行桥跨度和净空满足高速铁路限界要求。人行桥及上下桥部分均设置遮棚，并满足行动不便的人群使用要求。

6.1.2　桥涵孔径及结构形式

1）铁路桥梁跨度及结构形式

正线优先选用双线预应力混凝土简支箱梁，梁长为 34.2m 和 23.6m，以 34.2m 为主，23.6m 主要用于配跨。预应力混凝土简支箱梁采用工厂预制，通过架桥机整体架设施工，特殊情况下，个别预应力混凝土简支箱梁也可采用支架现浇法或移动模架法现浇施工。

局部受施工组织影响或工期控制的桥梁部分采用钢—混结合梁。梁长以 34.2m、44.6m 为主。钢梁部分采用整体吊装，混凝土桥面板采用现浇施工。

当线路跨越大的道路、河道、沟谷等，跨度达到 50～110m 时，优先选用预应力混凝土连续梁或预应力混凝土连续刚构，其主跨跨度可按 50m、66m、88m、110m 的系列采用，采用对称悬臂灌注法或支架现浇法施工。

当受线路高程、桥下道路净高及通航净高影响，桥梁结构高度受到限制时，采用拱加劲预应力混凝土连续梁和预应力混凝土系杆拱桥，施工方案为先梁后拱。

当线路跨越道路、水渠，且跨度范围为 16～20m 时，选用钢筋混凝土刚架桥，跨度通常采用 12+n×16+12m、16+n×20+16m；采用支架现浇法施工。

联络线选用单线预应力混凝土简支箱梁、预应力混凝土简支 T 形梁、钢—混结合梁，梁长为 34.2m 和 23.6m，以 34.2m 为主，23.6m 主要用于配跨。

道岔区桥梁结构满足道岔对结构的相对变形和变位的要求。正线和站线道岔区桥梁梁部采用连续结构。

线路跨越大型河流需要采用更大跨度的桥式方案时，结合地形、跨度、景观，选用钢桁拱桥、拱加劲连续钢桁梁或钢桁斜拉桥方案等进行技术经济比选。因为大跨度钢结构桥梁刚度偏小，此类桥梁工点根据车桥动力分析确定是否限速和改为铺设有砟轨道。

2）桥墩及基础形式

桥墩的选择注重景观设计，结合当地建筑风格、人文、环境条件、梁部结构形式综合考虑。

桥梁基础采用钻孔桩基础，桩径一般选用 1m、1.2m、1.5m 及 2m。

3）涵洞结构形式及孔径

涵洞设置以尽量不改变原有交通（公路、道路）、灌溉及排水系统为原则，适当考虑远期发展。

涵洞结构形式以钢筋混凝土矩形框架涵为主，采用分节现浇施工。排水涵洞的结构形式以钢筋混凝土矩形框架涵为主。立交通道的结构形式采用钢筋混凝土框架结构，孔径根据道路等级和道路管理部门要求特殊设计。

6.1.3 生态环境与水土保持措施

（1）桥梁通过城市、村庄等居住区等噪声敏感点时，设置声屏障以减少列车通过时对居民的干扰。

（2）跨河桥梁考虑必要的防止河岸冲刷的工程防护措施。

（3）涵洞的计算和设计时，应满足汇水面积内的地表水排出，以防止沼泽化。

（4）桥涵结构选用对环境无污染或少污染的建筑材料，减少桥梁修建对生态环境与水土保持的影响。

（5）桥梁钻孔桩施工用泥浆应采取防止对环境污染的处理措施。尽量减少基坑开挖等临时工程对环境的影响，做到桥涵工程与环境景观的协调统一。

（6）桥涵工程弃渣及相关的防护工程，应统一调配和处理，弃渣场位置统一规划，尽量选择荒地或旱地，并远离河道、库塘，以免恶化河流水文条件；完工后弃渣场应复垦或种草植树，防止水土流失。

6.1.4 工程材料

桥涵工程用混凝土强度等级采用 B20、B22.5、B25、B27.5、B30、B35、

B40、B45、B50、B55、B60。钢筋混凝土桥跨结构的混凝土强度等级不低于B30，预应力混凝土桥跨结构的混凝土强度等级不低于B40，钢筋混凝土墩台的混凝土强度等级不低于B30，其他钢筋混凝土结构混凝土强度等级不低于B25，管道压浆用水泥浆强度等级不低于B35并掺入阻锈剂。对腐蚀性环境、水位变动区、极寒地区，混凝土性强度等相应提高，并满足俄罗斯国家标准中混凝土防腐性和抗寒要求。

桥涵工程用钢筋型号及技术条件满足俄罗斯国家标准，普通钢筋型号采用A240、A300、Ac300、A400，预应力钢筋型号采用A600、A800，预应力钢绞线型号采用K7，预应力光滑钢丝采用B、Bp。

混凝土、钢筋、钢材等建筑材料满足俄罗斯现行相关建筑材料国家标准、规范要求，使用俄罗斯规范汇编《桥梁与涵洞》（CП35.13330.2011）未规定的建筑材料和结构时，符合2009年12月3日第№384号俄罗斯《建筑物和构筑物安全技术规定》。

6.2 桥梁设计

莫斯科—喀山高速铁路正线桥梁共计259座，总长158.045km，占路线总长的20.58%。公路及人行跨线桥67座，排洪涵洞398座，立交框架29座。全线人工构筑物分布见表6.2-1。与俄罗斯前期编制的《投资论证报告》相比，桥梁增加46座，长度增加40.281km。

全线人工构筑物分布表　　　　　　　　　　表6.2-1

项　目	合　计	投资论证阶段	增　减
桥梁数量（座）	259	213	+46
桥梁长度（km）	158.045	117.764	+40.281
公路及人行桥（座）	67	128	−61
排水涵洞（个）	398	237	+161
立交框架（个）	29	—	+29

6.2.1 标准跨度简支梁桥

1) 桥跨布置

莫斯科—喀山高速铁路标准跨度简支梁桥以长度 34.2m 简支梁为主，长度 23.6m 简支梁作为调整跨度使用的原则，既满足实际工程需要，又符合俄罗斯《特殊技术条款》要求。桥墩和桥台也采用标准化结构，保证了全线桥跨技术方案的统一性，标准跨度简支梁桥效果图如图 6.2-1 所示。

图 6.2-2 所示为较典型的采用标准跨度简支梁的桥梁立面图、平面图及断面图，中心里程 PK3348+74，孔跨布置为（3×34.2+1×23.6+4×34.2）m，跨越既有公路采用长度 34.2m 的标准跨度简支梁。

图 6.2-1 标准跨度简支梁桥效果图

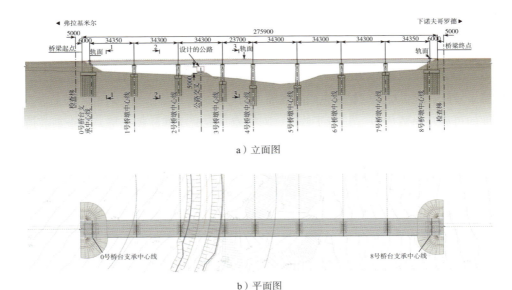

a）立面图

b）平面图

图 6.2-2

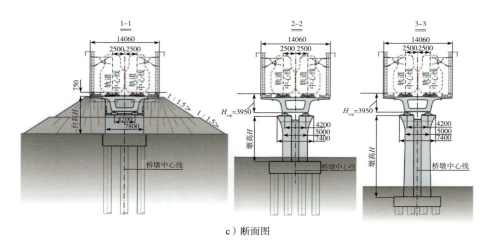

c）断面图

图 6.2-2　中心里程 PK3348+74 桥梁立面、平面及断面图（尺寸单位：mm）

$H_{\text{стр}}$ – 轨面至梁底距离

2）扩孔桩设计

桥墩和桥台的基础采用钻孔灌注桩，灌注桩的直径为 1.5m。在俄罗斯的桥梁桩基础设计中，根据工程地质条件，可以选用桩尖扩孔的形式或不扩孔的形式。在项目设计之初，分别按照桩尖扩孔的形式和不扩孔的形式进行了技术经济分析比较。分析表明，采用桩尖扩孔的形式可以有效提高桩基承载力，减小桩长。因此，桩基设计大量采用了桩尖扩孔的形式，如图 6.2-3 所示。

但是在项目设计的过程中，俄罗斯颁布了《桩基础》（СП24.13330.2011）第 1 号修订版，对测定扩孔桩的承载能力的要求做了重要修改。对桩底部土壤强度的可靠性系数值 $\gamma_{R,R}$ 进行了修改，对于水下混凝土灌注扩孔桩，这个系数值从原来规定的 $\gamma_{C,R}=0.9$ 降低到 $\gamma_{C,R}=0.3$。因此，根据《桩基础》（СП24.13330.2011）修订版，当桥梁黏土层较厚时，采用桩尖扩孔的形式对提高桩基承载力的作用明显降低，故改为桩尖不扩孔的直桩形式。这一改变虽然使桥梁下部结构工程量和成本增加，但充分考虑了实际工程施工条件，提高了工程设计的可靠性。

3）岩溶区桩基设计

莫斯科—喀山高速铁路岩溶作用显著的地段较长。在工程地质调查过程中，完成了岩溶—潜蚀的地区划分，通过调整线路平面绕避岩溶潜蚀等级较高的区域，降低工程风险。岩溶潜蚀等级较低的区域，或线路无法绕避时，采取地质工程措施进行局部区域岩溶整治的同时，对桥梁基础采取结构加强措施。

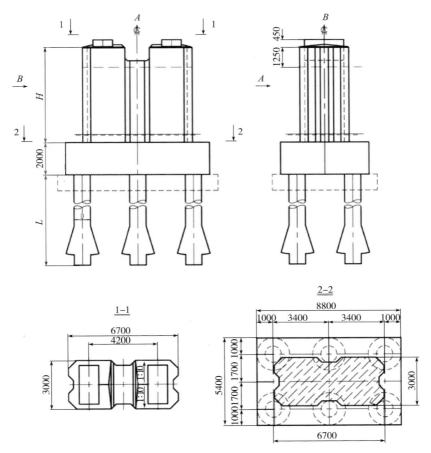

图 6.2-3 钻孔灌注桩桩尖扩底构造（尺寸单位：mm）
H- 墩高；L- 桩长

岩溶塌陷导致地基弱化区域的计算面积 S_d 是桥梁基础结构加强设计中需要考虑的主要参数，采用概率统计法根据施工场地的岩溶潜蚀区划数据确定。参照俄罗斯规范，在 S_d 不超过 $7m^2$ 的地段，允许按照该地段内最不利地质条件控制桩基设计，以达到结构性防护的目的。这种方法既有利于提高桥梁结构的可靠性，与耗资巨大的灌注水泥砂浆等地质工程治理措施相比，又显著地减少了整治范围和工程规模。

4）桥台锥体加固

位于河流浸没区以外的桥台，在水流容许流速（不冲刷流速）和流冰较弱（冰厚度不超过 20cm)的情况下，需要加固锥体边坡和底部。其中，计算洪水位上 0.5m 及以下的锥体边坡采用厚度为 120mm 整体式加筋混凝土砌体加固，计算洪水位上 0.5m 以上的锥体边坡采用厚度为 80mm 整体式加筋混凝土加固。

在其他情况下，桥台锥体边坡加固和底部需要单独设计。

洪水位计算时，需要考虑流冰、漂浮木材、波浪的影响和水流的速度。

5）耐久性设计对钢筋的要求

考虑到莫斯科—喀山段高速铁路极端寒冷季节的平均气温在 $-40 \sim -30℃$，根据《特殊技术条款》之四"人工构筑物"中第 6.5.4、第 7.2.1 条和《桥梁和涵洞》（СП35.13330.2011）规范中第 7.18、第 7.33 条规定，结构耐久性设计要求桥墩采用钢筋混凝土，平均密度为 $2200 \sim 2500 kg/m^3$，钢筋采用满足俄罗斯国家标准规定的 A240（A-Ⅰ）St3sp、St3ps 钢筋和 A400（A-Ⅲ）25G2S 钢筋。

6.2.2 跨越联邦公路的桥梁

莫斯科—喀山高速铁路地处俄罗斯经济相对发达的地区，各类、各等级的公路网密集，其中最重要的道路是 M-7 伏尔加联邦公路（以下简称"M-7 公路"）。

M-7 公路是莫斯科—弗拉基米尔—下诺夫哥罗德—喀山—乌法的国家公路，是莫斯科与东部地区之间最顺直的通道，是连接俄罗斯欧洲部分与西伯利亚和远东的主干道，公路总长度为 1351km。根据俄罗斯规范《公路》（СП34.13330.2012），M-7 公路的等级为 IБ。M-7 公路的走向与莫斯科—喀山高速铁路线路走向相同，很多地段并行，也不可避免出现交叉。除 M-7 公路外，与 M-7 公路连通的等级稍低的快速公路和普通公路也与莫斯科—喀山高速铁路交叉。全线与 M-7 公路和其他等级稍低的公路共计有 10 处交叉，见表 6.2-2。

莫斯科—喀山高速铁路与主要公路交叉一览表　　　　表 6.2-2

高速铁路里程	公路里程（km）	公路等级
PK2572+45	250+00	IБ
PK 3750+09	369+92	IБ
PK 3880+99	382+70	IБ
PK 4043+32	398+73	IБ
PK 4314+57	24+000（Р-158）	II

续上表

高速铁路里程	公路里程（km）	公 路 等 级
PK 4781+40	326+59.64（规划）	IБ
PK 5769+72	5760+00	Ⅲ
PK 7342+06	8+620（A-295）	Ⅱ
PK 7365+59	0+126（A-295/P-175）	IБ
PK 7497+12	783+50	IБ

在充分借鉴中国高速铁路设计和建设经验的基础上，按照俄罗斯法律和工程建设制度体系，设计中注重根据每个工点的环境条件和工程特点，制定安全、实用、经济、美观的个性化桥梁结构解决方案。具体包括以下五点：

（1）满足俄罗斯现行工程建设规范，满足《特殊技术条款》的要求，满足铺设无砟轨道条件，有助于有效地控制线路高程和优化平面线位。

（2）满足桥梁技术指标，综合考虑结构与地基的变形，严格控制工后沉降。桥梁结构物必须具有良好的整体性，较强的竖向、横向和扭转刚度，满足对桥梁刚度和变形提出的限值要求。

（3）结构物须满足"车—线—桥"耦合动力响应指标要求。通过列车、轨道和桥梁的动态响应，来评判列车通过桥梁结构物时车辆运行安全性、乘客乘坐舒适性、车辆运行稳定性、桥梁结构的稳定性。

（4）便于施工及施工过程中减少对既有公路的干扰，必要时，进行交通安全及临时交通管制措施的专项设计。注重经济性指标，综合考虑建设成本，确定合理方案。

（5）考虑俄罗斯公路相关的新旧规范更新的影响，并根据可能的远期规划行车强度（流量）、车道数目，确定立交方案的规模。

基于上述原则，采用高速铁路上跨公路的形式，结构除选用标准跨度的简支梁、连续梁、小跨度连续刚构等结构外，还采用异形刚架桥、系杆拱桥等。

1）斜交刚架桥

立交桥的跨度及结构形式选择除考虑 M-7 公路目前为 4 车道外，还考虑了规划增加到 6 车道。由于莫斯科—喀山高速铁路与 M-7 公路小角度相交，不仅相交区域范围较长，而且桥梁长度与交叉处轨面高程密切相关。莫斯科—喀山高速铁路 PK3880+99 处 M-7 公路现状如图 6.2-4 所示。

跨越 M-7 公路的桥梁结构选用大跨度预应力混凝土连续梁、钢筋混凝土门式墩连续结构和钢筋混凝土斜交刚架 3 种方案进行技术经济比较。

大跨度预应力混凝土连续梁梁体结构高,由于轨面高程较高,使引桥长度增加,进而增大工程规模和投资,经济性相对较差,景观效果也较差。通过公路中间设墩(图 6.2-5),虽可减小连续梁跨度,但梁体结构依然较高,且恶化了公路线形,对公路行车安全不利,相应对高速铁路桥梁安全也不利。

图 6.2-4　莫斯科—喀山高速铁路 PK3880+99 处 M-7 公路现状

图 6.2-5　在跨 M-7 公路中央分隔带设墩减小跨度的连续梁方案效果图

因斜交角度较小,采用钢筋混凝土门式墩连续结构且路中不设墩,可以有效降低轨面至公路面高度,减少桥梁长度,如图 6.2-6 所示。但由于门式墩跨度过大,结构设计和受力不合理。

图 6.2-6　跨 M-7 公路门式墩连续结构方案效果图

钢筋混凝土斜交刚架方案结构高度低,轨面至公路面高度最低,桥梁长度最短。由于刚架中墙尺寸不大,可以考虑道路分幅。结合公路管理部门的协商意见,经综合比较分析决定采用斜交斜做的钢筋混凝土刚架桥方案,如图 6.2-7 所示。

a) 正面图　　　　　　　　　　　　b) 鸟瞰图

图 6.2-7　跨 M-7 公路斜交刚架方案效果图

考虑道路规划的路幅宽度要求,莫斯科—喀山高速铁路 PK3880+99 处跨越 M-7 公路采用双孔 17.4m 钢筋混凝土刚架。桥梁孔跨布置为 [5×34.2+1×23.6+2×34.2+303.47（2×17.4 刚架）+3×34.2] m,全桥长 682.49m。

桥下净空高度不小于 5m,刚架横断面为 2×18.9m（墙的中心距）,顶板厚 1.5m,中墙和边墙厚均为 1.5m,并开洞用于透光和通风。刚架两端设异形刚架转正作为桥台,用于放置简支箱梁。桩基础采用钻孔灌注摩擦桩,桩直径 1.5m,承台顶部在规划公路路面高程下方 0.5m 处,承台的底部置于季节性冻土层下方。全桥立面、平面及断面图如图 6.2-8 所示,刚架桥计算模型如图 6.2-9、图 6.2-10 所示。

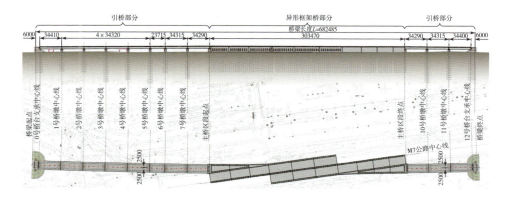

a) 全桥立面和平面图

图　6.2-8

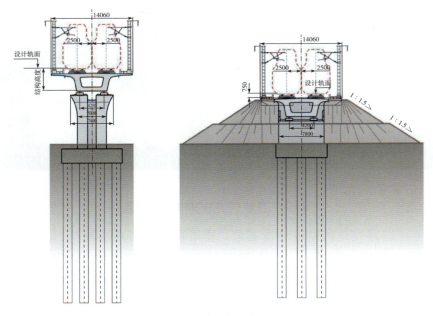

b）墩台处断面图

图 6.2-8　PK3880+99 刚架桥立面、平面及断面图（尺寸单位：mm）

图 6.2-9　2×17.4m 刚架桥静力计算模型

莫斯科—喀山高速铁路 PK3750+09 处跨越 M-7 公路桥梁采用相同结构形式，孔跨布置为［8×34.2+195.48（2×17.4 刚架）+25×34.2］m，全桥长 1339.55m。

图 6.2-10　2×17.4m 刚架桥车桥动力计算模型

2）大跨度系杆拱桥

在跨越道路时，有时尽管不是跨越主干道，但由于斜交角度小，同时受桥下净空限制，需要采用跨度大且桥面高程较低的下承式桥梁结构。

在 PK7365+59 处，线路与公路的斜交角度为 33.9°，位于既有互通立交匝道上，路面为变宽度，最小路肩宽度 18m，道路两侧为水沟，如图 6.2-11 所示。

图 6.2-11　PK7365+59 桥跨越公路处现状

进行多方案比选后，根据与公路管理部门的协商意见，采用 1×110m 下承式系杆拱桥跨越既有道路，系梁为预应力混凝土单箱三室箱形截面，箱宽 18.4m，箱高 2.5m，拱肋为钢管混凝土拱，矢高 22m，矢高与跨度比为 1/5，吊杆为尼尔森体系。该桥平面、立面、断面及三维效果图如图 6.2-12 所示。

a）平面图

图　6.2-12

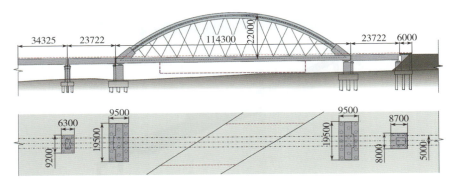

b）立面图

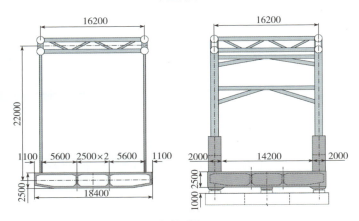

c）断面图

d）三维效果图

图 6.2-12　PK7365+59 桥平面、立面、断面及三维效果图（尺寸单位：mm）

6.2.3　跨越既有铁路的桥梁

莫斯科—喀山高速铁路线路起点从既有库尔斯克站以路基方式引出，终点以路基方式接入既有喀山站，中间以联络线高架桥梁方式引入既有下诺夫哥罗德站。既有库尔斯克站枢纽、既有下诺夫哥罗德站枢纽、既有喀山站现状如图 6.2-13～图 6.2-15 所示。由于既有下诺夫哥罗德站是采用双进双出共四线方式引入的，且该站位于城市，周边建筑物密集，拆迁困难，因此采用高架桥梁方式沿既有铁路枢纽引入，高架桥大量采用了门式桥墩、钢混结合梁的结构形式跨越。线路多次跨越了其他区间既有铁路，优先采用 34.2m 或 23.6m 预应力混凝土简支箱梁跨越，当不具备条件时，采用大跨度混凝土连续梁跨越。

图 6.2-13　既有库尔斯克站枢纽照片

图 6.2-14　既有莫斯科—喀山高速铁路引入下诺夫哥罗德站枢纽

图 6.2-15　既有喀山站

如 PK4115+31 立交桥，高速铁路线路跨越既有莫斯科—喀山高速铁路及既有下诺夫哥罗德枢纽铁路，共七条铁路线，高速铁路线路与既有铁路的斜交角度最小为 60.5°，桥址现状照片如图 6.2-16 所示。结合各既有铁路平面关系，充分利用既有莫斯科—喀山高速铁路分线处较大线间距可设置桥墩的有利条件，采用（40+66+40）m 混凝土连续梁跨越五线铁路，大里程边跨跨越两线既有莫斯科—喀山高速铁路，引桥采用 34.2m 和 23.6m 混凝土简支梁，桥梁全长 3317.8m。该立交桥方案效果图如图 6.2-17 所示。

图 6.2-16　PK4115+31 立交桥桥位

图 6.2-17　PK4115+31 立交桥方案效果图

6.3　重点跨河桥梁工程

莫斯科—喀山高速铁路共跨越 4 条主要河流，分别是克利亚济马河、奥卡河、苏拉河和伏尔加河，其中克利亚济马河为两次跨越。为了满足航道要求，跨越航道采用了大跨度桥梁，5 座跨河桥梁的总长度为 21417m，约占全线 259 座桥梁总长度的 13.6%。5 座重点跨河桥梁位置如图 6.3-1 所示。

图 6.3-1　重点跨河桥位置示意图

为了满足不同河流的通航要求，需要从跨度、结构形式等多方面进行技术经济比选。按照俄罗斯城市建设规划法规规定，这些桥梁属于跨越障碍地段，当桥梁长度超过100m时，属于特别危险、技术复杂或特殊类型的工程项目，对其重要性、可靠性参数提出更高的要求。这类桥梁工程的桥位往往会决定线路走向，对整个项目的建设成本和工期都有显著影响。

与普速铁路相比，高速铁路对桥梁设计提出了更高、更严苛的要求，并带来更多挑战。对于跨度超过100m的桥梁，为保证高速列车平稳运行，桥梁的挠度、梁端转角、车桥共振效应等需要满足容许限值要求，这些限值条件限制了桥梁结构形式的选择范围。桥梁结构既要保证强度和耐久性要求，又要满足"车—线—桥"耦合动态相互作用要求，以确保高速列车轮轨接触的安全可靠性和乘客乘坐的舒适性，因而需要严格限制车辆的振动加速度。钢轨伸缩调节器的设置有利于调整钢轨的温度应力，但从舒适性和养护维修考虑，则需要严格控制钢轨伸缩调节器的使用，因而也限制了桥梁跨度和结构形式的选择。比如，传统的钢桁梁就不能算是理想的选择，这种结构的轨道承重结构与不断在构筑物上通过的高速列车转向架之间可能会产生局部共振，并且桁式结构对车辆带来附加的空气动力学影响。

6.3.1 克利亚济马河桥

莫斯科—喀山高速铁路两次跨越通航河流克利亚济马河。克利亚济马河1号桥中心里程为PK2262+48，克利亚济马河2号桥中心里程为PK3465+20。克利亚济马河1号桥位实景如图6.3-2所示。

a）秋季　　　　　　　　　　　　b）冬季

图 6.3-2　克利亚济马河 1 号桥位实景

克利亚济马河 1 号桥和克利亚济马河 2 号桥桥位河道属于 7 级通航水道。根据《内河通航桥梁桥下限界规定和技术要求》（ГOCT 26775—1997），通航桥孔的桥下净空应满足以下三点要求：一是计算通航水位（RSU）之上的高度不低于 7m；二是沿航道轴线的法线宽度（净值）不低于 40m；三是桥梁基准线的位置得到俄联邦预算机构（FGBU）"莫斯科运河管理局"的同意。经协商，跨越河道的主桥跨度为（58.6+110+58.6）m。

克利亚济马河 1 号桥分别研究了预应力混凝土连续梁、预应力混凝土连续刚构和拱加劲预应力混凝土连续梁桥式方案。桥式方案三维效果图如图 6.3-3 所示。

a）预应力混凝土连续梁方案

b）预应力混凝土连续刚构方案

c）拱加劲预应力混凝土连续梁方案

图 6.3-3　克利亚济马河 1 号桥主桥桥式方案效果图

经技术经济比选，采用预应力混凝土连续梁桥式。克利亚济马河 1 号桥孔跨布置采用 43×34.2m +（58.6+110+58.6）m 预应力混凝土连续梁 +3×34.2m，全桥长 1817.5m，如图 6.3-4 所示。

图 6.3-4　克利亚济马河 1 号桥桥跨布置图（尺寸单位：m）

简支梁和连续梁均采用标准跨度梁。简支梁均采用梁场预制，运架梁设备运至桥位架设的方法施工。连续梁采用悬臂灌注法施工。

水中主墩为钢筋混凝土实体墩，基础采用直径1.5m钻孔灌注桩基础，低桩承台。基础设计要求桩底基本位于以坚固的砂质黏土为代表的地层，在萨克马尔阶硫酸盐沉积层顶层不低于5m。这个解决方案是基于对多个方案进行比选分析而制定的，优化了桥墩的桩基础长度，并使其获得很高的经济效益。桥台为混凝土矩形空心桥台，直径1m钻孔灌注桩基础，低桩承台。桥墩及基础构造图如图6.3-5所示。

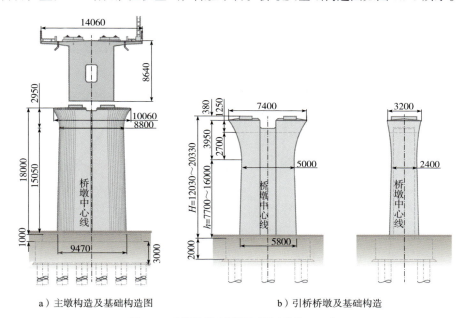

a）主墩构造及基础构造图　　　　　　b）引桥桥墩及基础构造

图6.3-5　桥墩及基础构造图（尺寸单位：mm）

克利亚济马河2号桥桥址区域河道宽度140～160m，是弗拉基米尔州最重要的河流。起点位于克利亚济马河第二级河漫滩阶地，穿过克利亚济马河右岸的第一级河漫滩阶地、河漫滩，通向左岸第一级河漫滩阶地后结束，这一区段属于河流部分淹没地区。克利亚济马河2号桥位现场踏勘如图6.3-6所示。

图6.3-6　克利亚济马河2号桥位现场踏勘

桥梁位于两个半径为 12000m 的平面曲线上，中间为直线，线路纵坡分别为 9.8‰、7.8‰、7.7‰，凸竖形曲线半径为 42000m，凹竖形曲线半径为 31000m，主桥位于平坡上。

线路跨河流后顺河岸行走，投资论证阶段线路中心线距离河岸最近距离 56m，设计中补充进行了线路中心线距离河岸最近距离 176m 和 253m 两个方案的比选。

投资论证阶段线路与河流左岸交叉角度约 54°，交叉角度小，不利于行洪，且距离河岸较近，桥墩及基础容易受河流冲刷，影响线路安全。

将投资论证阶段线路向上游移动约 122m，避开河流弯道，与河流交叉角度加大至约 76°，有利于行洪。线路除跨河流外，其余地段均远离河岸，有利于线路安全。桥梁地理位置如图 6.3-7 所示。

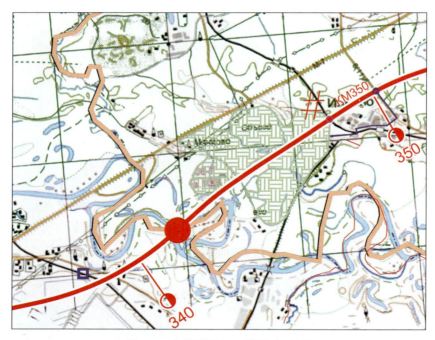

图 6.3-7　克利亚济马河 2 号桥位地理位置

进一步将投资论证阶段线路向上游移动约 189m，避开河流弯道，与河流正交，有利于行洪。但桥梁主跨置于曲线上，设计和施工均较为困难。

三个线路方案在线路里程 K3350+00～K3600+00 长 25km 范围进行了综合比选，无论线路、桥梁和路基长度以及房屋拆迁均无明显变化，且得到了地方航道管理部门的认可，设计采用线路中心线距离河岸最近距离 176m 方案。

同样，克利亚济马河 2 号桥分别研究了预应力混凝土连续梁、预应力混凝土连续刚构和拱加劲预应力混凝土连续梁桥式方案。3 种桥式方案三维效果图如图 6.3-8 所示。

a）预应力混凝土连续梁方案

b）预应力混凝土连续刚构方案

c）拱加劲预应力混凝土连续梁方案

图 6.3-8　克利亚济马河 2 号桥主桥桥式方案效果图

经技术经济比选，采用预应力混凝土连续梁桥式。克利亚济马河 2 号桥孔跨布置采用 60×34.2m+（58.6+110+58.6）m 预应力混凝土连续梁+（186×34.2+23.6+21×34.2）m，主桥孔跨布置图如图 6.3-9 所示，三维效果图如图 6.3-10 所示。全桥长 9421.2m，是全线最长的桥梁。其施工方法与克利亚济马河 1 号桥相同。

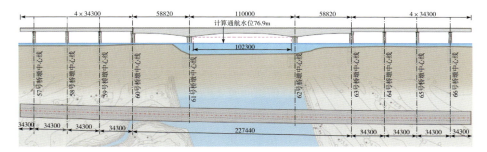

图 6.3-9　克利亚济马河 2 号桥主桥桥跨布置图（尺寸单位：mm）

图 6.3-10 克利亚济马河 2 号桥效果图

桥墩及基础设计与克利亚济马河 1 号桥相同，特别需要说明的是，克利亚济马河 2 号桥桥墩有 270 多个，优化桩基础长度获得的经济效益更加显著。

6.3.2 奥卡河桥

奥卡河桥位于下诺夫哥罗德市和下诺夫哥罗德州博戈罗茨克区。起讫里程为 PK4185+95 ～ PK4212+72，跨越伏尔加河右岸最大的支流——奥卡河。线路跨河处与既有单线铁路平行，桥址位于既有萨尔塔科夫斯基单线铁路桥下游方向 80m 左右。既有萨尔塔科夫斯基单线铁路桥现状如图 6.3-11 所示。

a）　　　　　　　　　　　　　　b）

图 6.3-11　既有萨尔塔科夫斯基单线铁路桥现状

平面图上，奥卡河桥部分位于直线上，部分位于 R=5000m 的曲线上。坡度为 3‰～ 17.4‰。桥址处奥卡河航道等级为二级。按照俄联邦预算机构"伏尔加河流域管理局"的技术规范要求，航道净宽 140m，净高 15m。

桥梁位置受既有铁路、住宅区（萨尔塔科沃村、诺沃帕夫洛夫卡村、科马罗沃村）、自然保护区（马雷舍夫斯基耶格里维、斯特里金斯基博尔）和其他既有工程和新建工程的影响。在进行桥梁孔跨布置时，需要考虑施工对既有桥梁的影响，新旧桥梁对行洪、通航的影响，以及保证新旧桥梁景观效果和谐美观。

奥卡河桥位陆地钻探和水上钻探现场如图 6.3-12 所示。

a）陆地钻探　　　　　　　　　　　　b）水上钻探

图 6.3-12　奥卡河桥现场钻探

跨河主桥研究了预应力混凝土连续梁桥、钢桁结合梁桥和钢筋混凝土无铰接拱桥 3 种桥式。

主桥预应力混凝土连续梁桥跨度为（76.8+148+158+173+2×158+85.6）m，梁体为变高度箱梁，跨中梁高 6m，主墩处梁高 12m，其实景效果如图 6.3-13 所示。

图 6.3-13　桥位实景预应力混凝土连续梁桥效果图

主桥钢桁结合梁桥跨度为（98.75+118.5+158+177.75+2×158+118.5）m，连续钢桁腹杆为斜腹杆，下缘由多折线组成，并设有横向联系，钢筋混凝土桥面板与桁架之间通过剪力键连接。桥位实景钢桁结合梁桥效果图如图 6.3-14 所示。

主桥钢筋混凝土无铰接拱桥跨度为（2×109+158+180+2×158+110）m，箱形拱，拱高 3m、宽 11m 至 6.5m，拱上梁为预应力箱形连续梁，梁高 3m，最大跨度 30m，由拱上立柱支承。桥位实景钢筋混凝土无铰接拱桥效果如图 6.3-15 所示。

图 6.3-14 桥位实景钢桁结合梁桥效果图

图 6.3-15 桥位实景钢筋混凝土无铰接拱桥效果图

技术经济指标对比见表 6.3-1。

桥梁方案技术经济比较表　　　　　　　　　表 6.3-1

主 桥 名 称	预应力混凝土连续梁桥	钢桁结合梁桥	钢筋混凝土无铰接拱桥
桥长（m）	2631.4	2637.6	2648.1
孔跨布置（m）	34.2+50+17×34.2+（39.85+55+39.85）+34.2+15×50+（76.8+148+158+173+2×158+85.6）+50+23.6	34.2+50+17×34.2+（39.85+55+39.85）+16×50+（98.75+118.5+158+177.75+2×158+118.5）+34.2	34.2+50+17×34.2+（39.85+55+39.85）+16×50+（2×109+158+180+2×158+110）+50
钢材（t）	1481	17818	1480
混凝土（m³）	108643	73609	123690
相对造价（%）	100	131	112

从表 6.3-1 可以发现，主桥预应力混凝土连续梁桥经济性最好，主桥钢桁结合梁桥最贵。由于奥卡河桥位于下诺夫哥罗德市，比邻萨尔塔科夫斯基既有铁路拱桥，从图 6.3-13～图 6.3-15 可以发现，从既有铁路桥和拟新建的高速铁路

桥的整体视觉和景观角度来看，拱桥方案较为合适。从经济性和施工角度考虑，设计采用主桥预应力混凝土连续梁桥方案，主桥立面、平面和断面如图 6.3-16 所示。

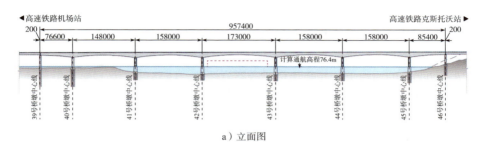

a）立面图

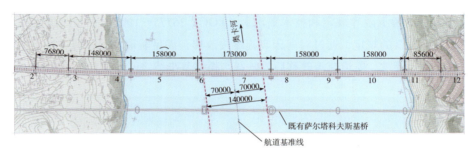

b）平面图

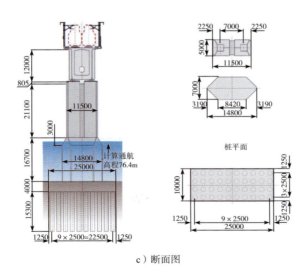

c）断面图

图 6.3-16 奥卡河桥主桥立面、平面和断面图（尺寸单位：mm）

6.3.3 苏拉河桥

苏拉河桥位于距苏拉河河口 36.8km 处，桥位河段航道等级为 1 级，按照《内河通航桥梁桥下限界规定和技术要求》（ГОСТ 26775—1997）的规定，通航孔的净空高度应不低于计算通航水位（RSU）之上 17m，宽度不少于 140m，按伏尔加河流域管理局的技术条件要求，设置 1 个通航孔。桥梁除小里程引桥部分位于 $R=10000m$ 的曲线上，其余均位于线路直线段，线路纵坡为 12‰。桥梁地理位置及桥位实景照如图 6.3-17 所示。

苏拉河桥梁基准线的选择根据莫斯科—喀山高速铁路线路走向和受下游石油管线位置控制确定。该段河道位于曲线上，现有的航道和桥梁主墩位置，不符合《内河通航桥梁桥下限界规定和技术要求》（ГОСТ 26775—1997）中"航道直线段的必要长度"的规定，通过对河床实施疏浚改移，满足航道水深和通过桥梁所需的直线距离要求。航道疏浚改移后的轴线与桥梁基准线之间斜交角度为 75.9°。

a）桥梁地理位置图

图 6.3-17

b）桥位实景

图 6.3-17　苏拉河桥地理位置及桥位实景

桥位地质结构中，包括二叠系的比阿尔米亚统（瓜德鲁普统）、冲积的和坡积的第四纪沉积物。根据工程地质调查的结果，采用二叠系类似泥板岩（Argillite-Like Clay）作为桥梁桩基础的持力层。桥位现场踏勘及钻探照片如图 6.3-18 所示。

a）中俄工程师桥位踏勘合影

图　6.3-18

b）桥位静力触探和钻探

图 6.3-18　桥位现场踏勘及钻探

图 6.3-19　预应力混凝土连续刚构方案效果图

根据伏尔加河流域管理局提供的技术条件，必须保证通航桥孔主墩中心距离不小于192m。跨河主桥研究了中心里程为 PK5846+54 的预应力混凝土连续刚构、钢管混凝土拱加劲连续梁组合结构和拱加劲钢桁连续结构3种桥式方案。

主桥预应力混凝土连续刚构桥跨度为（100+192+100）m。其三维效果图如图 6.3-19 所示。

主桥钢管混凝土拱加劲连续梁组合结构桥跨度为（100+192+100）m。其三维效果图如图 6.3-20 所示。

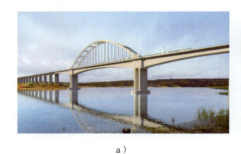

a）　　　　　　　　　　　　　　b）

图 6.3-20　钢管混凝土拱加劲连续梁方案效果图

主桥拱加劲钢桁连续结构桥跨度为（96+192+96）m。其三维效果图如图 6.3-21 所示。

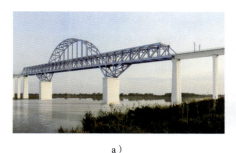

a)　　　　　　　　　　　　　　　b)

图 6.3-21　拱加劲钢桁连续梁方案效果图

通过技术经济性论证，以主桥预应力混凝土连续刚构方案工程投资为基准，钢管混凝土拱加劲连续梁方案工程投资增加20%，拱加劲钢桁连续梁方案工程投资为增加39%。

结构计算表明，苏拉河桥采用无砟轨道时，主桥跨结构的混凝土长期徐变变形可能对运营的安全可靠性产生一定的风险。鉴于俄罗斯尚缺乏在高纬度寒冷地区建设和运营高速铁路大跨度混凝土桥梁的技术标准和经验，俄罗斯铁路部门认为苏拉河桥梁铺设有砟轨道既符合《特殊技术条款》，也更为妥当。综合安全可靠性及其经济性、施工难易程度等因素，设计采用主桥铺设有砟轨道的（100+192+100）m 钢筋混凝土连续梁方案。

设计完成后，为有效控制工程投资，减小由于局部区段铺设有砟轨道增加长期维修养护费用，经俄罗斯铁路公司强力协调，伏尔加河流域管理部门同意在制定航道疏浚改移措施的前提下，将主桥主跨由192m减小至162m。

根据新的技术条件，通过对主桥（85+162+85）m 预应力混凝土连续刚构方案和（85+162+85）m 钢管混凝土拱加劲连续梁方案经济技术比选，最终采用铺设无砟轨道的（85+162+85）m 预应力混凝土连续刚构方案。

引桥采用标准桥跨结构。其中，在河流最高水位淹没区域采用50m长度的简支箱梁，以减少桥墩阻碍水流和流冰，移动模架施工；位于最高水位淹没区域以外的桥梁，采用34.2m长度的简支箱梁。苏拉河桥引桥三维效果图如图6.3-22所示。

图 6.3-22　苏拉河桥引桥效果图

全桥孔跨布置为 36×34.2m+15×50m+（85.6+162+85.6）m 预应力混凝土连续刚构+10×50m+4×34.2m，桥长 2970.2m，全桥及主桥立面布置如图 6.3-23 所示。

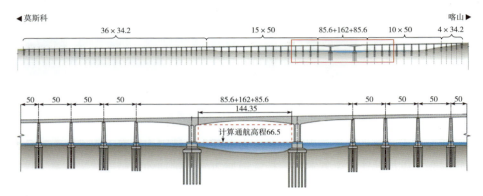

图 6.3-23　苏拉河桥立面布置图（尺寸单位：m）

主跨（85.6+162+85.6）m 混凝土连续刚构为箱形截面，桥面板宽度为 13.8m，箱宽 8m，梁高 6～12m。梁部采用混凝土等级为 B55，抗冻等级 F300，抗渗等级 W8。纵向预应力钢束依照《七芯钢丝绳》（ГОСТ Р 53772—2010）采用 19×K7-15.2-1860 钢绞线。苏拉河桥（85.6+162+85.6）m 预应力混凝土连续刚构构造如图 6.3-24 所示。

主墩处墩梁固结，边跨设活动支座。主墩采用双薄壁墩，墩底水位变化段采用实体圆形墩，防止流冰及船只撞击。基础采用 φ2m 群桩基础，桩长 50m。苏拉河桥（85.6+162+85.6）m 混凝土连续刚构主墩构造如图 6.3-25 所示。

50m 简支梁引桥范围，桥墩位于河滩，受水流、流冰和船撞影响，以及考虑到桥墩较高，采用特殊设计的矩形空心墩，墩身边坡 35∶1，墩内边坡 50∶1。高水位时位于水中的桥墩底部采用加大尺寸的圆端形实体截面，抵抗流冰和船舶的撞击力。基础采用 φ1.5m 的群桩基础。50m 跨度桥墩构造如图 6.3-26 所示。

34.2m 简支梁引桥范围，桥墩位于岸上，不受水流、流冰和船撞影响，且桥墩不高，采用标准结构的双向流线型实体墩，基础采用群桩基础，桩径为 1m 和 1.2m。

伸缩调节器安装位置根据《特殊技术条款》要求和无缝轨道与桥梁结构相互作用的计算结果确定，安装在喀山侧桥台后的路基处，以及莫斯科侧紧邻通航孔的桥跨结构处。

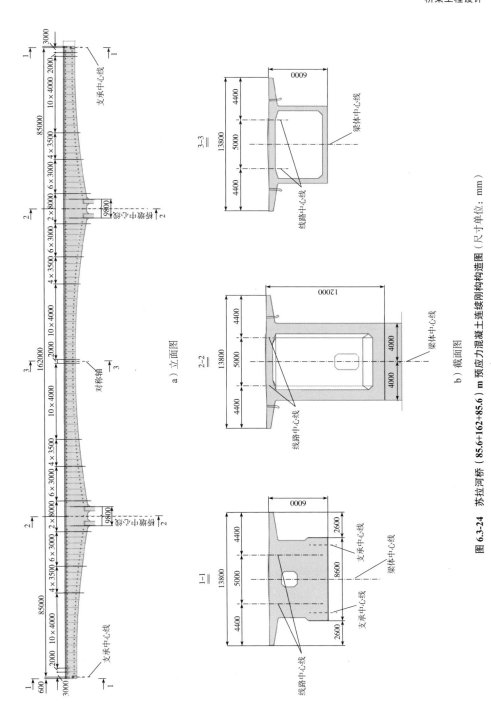

图 6.3-24 苏拉河桥（85.6+162+85.6）m 预应力混凝土连续刚构构造图（尺寸单位：mm）

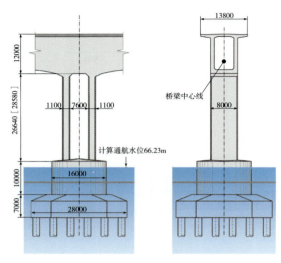

图 6.3-25　苏拉河桥（85.6+162+85.6）m 混凝土连续刚构主墩构造图（尺寸单位：mm）

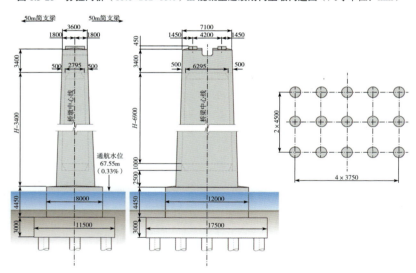

图 6.3-26　苏拉河桥引桥空心墩及桩基构造图（尺寸单位：mm）
H– 墩高

6.3.4　伏尔加河桥

跨越伏尔加河的桥梁位于古比雪夫水库，在大马拉马斯村附近切博克萨雷水电站大坝下游约 37km 处，桥梁里程范围为 PK6840～PK6890 处。桥梁位于直线上，河道范围线路纵坡为 8‰。伏尔加河桥桥梁地理位置及桥位实景照如图 6.3-27 所示。

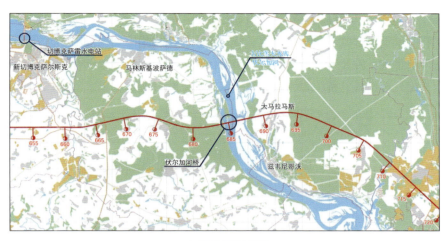

a）桥梁地理位置图

b）桥位实景

图 6.3-27　伏尔加河桥桥梁地理位置及桥位实景

伏尔加河位于俄罗斯的西南部，全长 3692km，是欧洲最长的河流，也是世界最长的内流河，注入里海。伏尔加河在俄罗斯国民经济和人民生活中起着非常重要的作用，被称为俄罗斯人的"母亲河"。伏尔加河桥河段通航等级为 1 级，桥梁中心位于航道里程约 1222km 处，桥梁中心线与航道中心线的夹角为 59°。根据《内河航通桥梁桥下限界规定和技术要求》（ГОСТ 26775—1997）的要求，需要预留 2 个通航孔，双孔单向通航，净空高度不低于计算通航水位之上 17m，宽度不小于 140m。为满足通航要求，通航孔跨度应不小于 2 孔 190m。

桥位区域地貌、地质、水文地质和工程地质条件复杂。桥梁跨穿越伏尔加河右河岸、河道、河漫滩和河漫滩阶地。伏尔加河右岸坡地，沿桥梁中线长达

100m，岸边地带受滑坡影响，斜坡植被茂盛，为保证工程运营和施工安全，制定了铲土削坡、去除不稳固的土壤、修建排水设施和加固挖掘范围内河岸等综合性防滑坡措施。左岸不良地质为岩溶潜蚀区域，在设计中考虑了位于岩溶地段的墩台基础处理措施。桥位现场踏勘及钻探如图 6.3-28 所示。

a）

b）

c）

图 6.3-28　桥位现场踏勘及钻探照片

桥梁基准线位置、桥梁方案、通航孔的位置和净空尺寸，以及航标的设计均取得伏尔加河流域内河航运管理部门和国防部同意。在桥梁方案研究阶段，进行了多桥式方案研究比选。

主桥（110+2×190+110）m 预应力混凝土连续梁方案，其三维效果图如图 6.3-29 所示。

图 6.3-29　预应力混凝土连续梁方案三维效果图

主桥（64.2+134+2×190+134+64.2）m 钢箱—混凝土结合连续梁方案，其三维效果图如图 6.3-30 所示。

通航孔主桥 2 孔 190m 钢箱拱加劲简支桁梁方案，其三维效果图如图 6.3-31 所示。

图 6.3-30　钢箱—混凝土结合连续梁三维效果图　　图 6.3-31　钢箱拱加劲简支桁梁桥方案三维效果图

设计采用主桥钢箱—混凝土结合连续梁方案。为了增大过水断面，位于河道内的引桥水中段采用长 50m 的混凝土简支箱梁，采用移动模架现浇施工。其余无水或无常年水流地段的引桥为 34.2m 长预应力混凝土简支梁，工厂预制，运输至现场架设。

全桥孔跨布置为 27×50m+（64.2+134+2×190+134+64.2）m+35×50m+20×34.2m，桥全长 4595.8m，全桥铺设无砟轨道。伏尔加河桥立面布置及效果图如图 6.3-32 所示。

主桥钢箱—混凝土结合连续梁采用单箱三室截面，箱宽 11m，钢箱顶现浇混凝土桥面。梁高一般为 8.5m，主墩处呈 V 形构造，高 17m。主桥钢箱—混凝土结合连续梁主桥构造如图 6.3-33 所示。

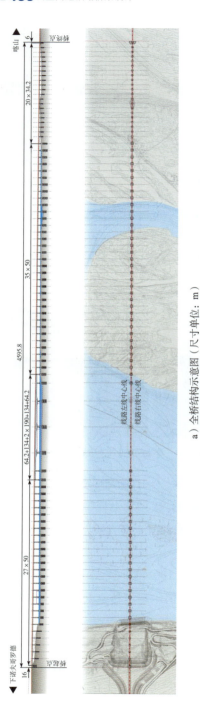

a）全桥结构示意图（尺寸单位：m）

b）效果图

图 6.3-32　伏尔加河桥结构示意图及效果图

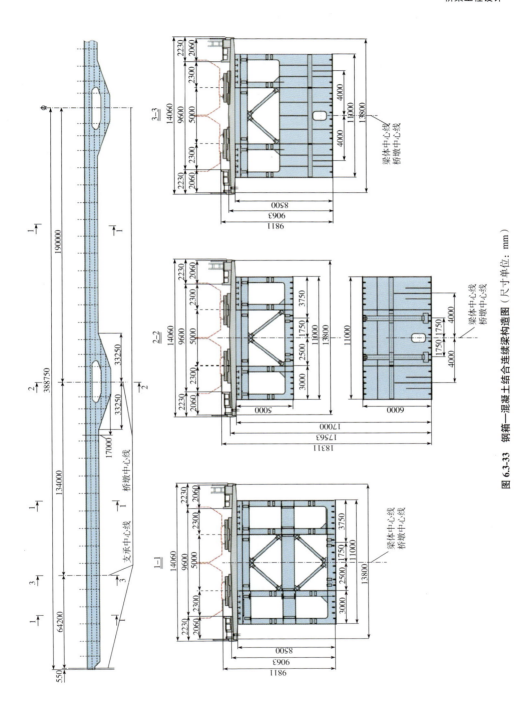

图 6.3-33 钢箱—混凝土结合连续梁构造图（尺寸单位：mm）

桥墩为钢筋混凝土墩。考虑到水流、流冰的流向可变，以及航道与铁路夹角，受水流、流冰和船舶撞击的影响，高程以下部分为圆形实体结构，高程以上部分有双柱式、空心和实体结构等形式。主桥桥墩及引桥桥墩构造如图 6.3-34 所示。

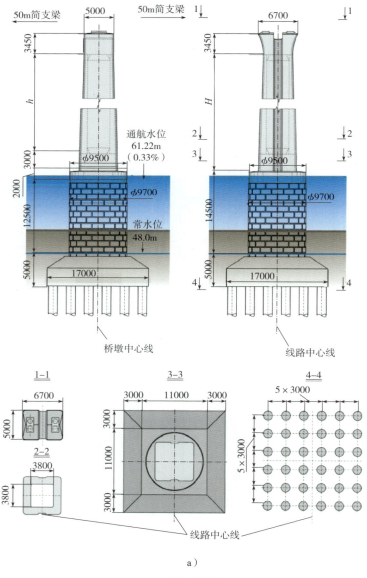

a）

图 6.3-34

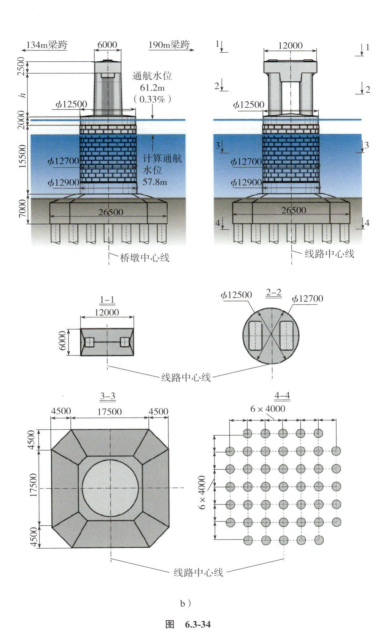

b)

图 6.3-34

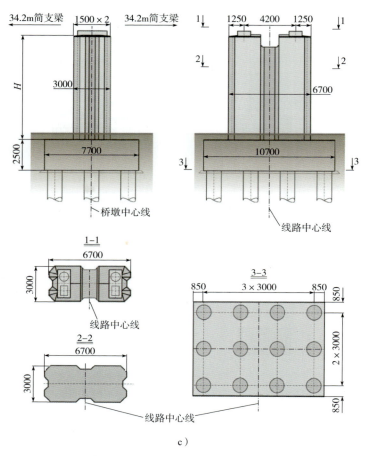

图 6.3-34　桥墩构造图（尺寸单位：mm）

　　根据桥墩类型和地质条件，全桥的桥墩基础为直径 1.2～2.0m 钻孔灌注桩。

　　钢轨伸缩调节器根据无缝线路与桥梁结构相互作用计算分析确定，安装在台后路基上。

CHAPTER 7
| 第 7 章 |
标准跨度梁动力参数分析

7.1 列车荷载图示

高速铁路竖向荷载是桥梁设计的基础，也是最重要的参数之一，荷载标准的制定历来为各国所重视。荷载标准应满足运输能力的需要，满足机车车辆发展的需要，并保证据此确定的承重结构具有足够的可靠性，能确保运输安全。对于高速铁路，还要考虑较高的旅客乘坐舒适度要求。荷载图式的选定不单单是一个技术问题，更是一个经济政策的问题，同时也反映一个国家的技术发展水平和综合国力。

7.1.1 中国规范列车荷载图示

中国高速铁路桥涵设计用列车荷载为 ZK 荷载，相当于 0.8UIC，如图 7.1-1 和图 7.1-2 所示。

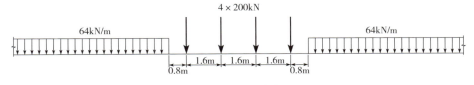

图 7.1-1　ZK 标准荷载图示

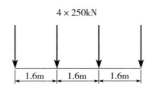

图 7.1-2　ZK 特种荷载图示

7.1.2　欧盟规范列车荷载图示

欧盟国家高速铁路桥涵设计用列车荷载为 UIC71 荷载，如图 7.1-3 所示。

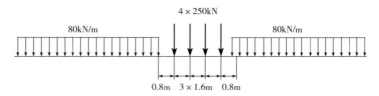

图 7.1-3　UIC71 标准荷载图示

7.1.3　日本规范列车荷载图示

日本铁路桥涵设计用列车荷载为 N-P 荷载图示，N 荷载对应于货车，P 荷载对应于客车，共分 4 级。如图 7.1-4 所示。

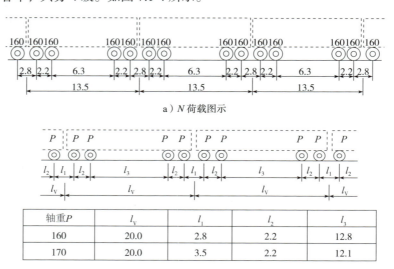

轴重 P	l_V	l_1	l_2	l_3
160	20.0	2.8	2.2	12.8
170	20.0	3.5	2.2	12.1

b）P 荷载图示

图 7.1-4　N-P 荷载（轴重单位：kN；尺寸单位：m）

7.1.4 俄罗斯规范列车荷载模式

根据俄罗斯《特殊技术条款》规定，莫斯科—喀山高速铁路桥涵设计用列车荷载采用实际运营列车的车辆荷载或相应车辆荷载的等效荷载。实际运营列车有 10 种 A1～A10 列车、7 种欧洲真实列车、5 种俄罗斯现行列车，拟采用的中国高速列车，或者上述列车的等效荷载，以及养护列车（荷载等级为 CK8）。其中，A1～A10 列车模型如图 2.5-2 所示，列车轴距轴重见表 7.1-1；欧洲真实列车模型如图 2.5-3 所示，列车轴距轴重及参数见表 7.1-2 和表 7.1-3；俄罗斯现行列车模型如图 2.5-3 所示，列车轴距轴重及参数见表 7.1-4 和表 7.1-5。

A1～A10 列车轴距轴重表　　　　　　　　　　表 7.1-1

列车型式	中间车厢			轴向载荷值
	车厢数量 N (节)	车厢长度 D (m)	转向架轴距 d (m)	P (kN)
A1	18	18	2	170
A2	17	19	3.5	200
A3	16	20	2	180
A4	15	21	3	190
A5	14	22	2	170
A6	13	23	2	180
A7	13	24	2	190
A8	12	25	2.5	190
A9	11	26	2	210
A10	11	27	2	210

欧洲真实列车轴距轴重表　　　　　　　　　　表 7.1-2

ICE2		ETC–Y		EUCOSTAC 373–1		AVE		TALGOAV		VICGIN		THALYS	
X_i (m)	P_i (kN)	X_i (m)	P_i (kN)	X_i (m)	P_i (kN)	X_i (m)	P_i (kN)	X_i (m)	P_i (kN)	X_i (m)	P_i (kN)	X_i (m)	P_i (kN)
0	195	0	187	0	170	0	172.1	0	170	0	170	0	170

续上表

ICE2		ETC-Y		EUCOSTAC 373-1		AVE		TALGOAV		VICGIN		THALYS	
X_i (m)	P_i (kN)	X_i (m)	P_i (kN)	X_i (m)	P_i (kN)	X_i (m)	P_i (kN)	X_i (m)	P_i (kN)	X_i (m)	P_i (kN)	X_i (m)	P_i (kN)
3	195	3	187	3	170	3	172.1	2.65	170	2.7	170	3	170
11.46	195	12	187	14	170	14	170.7	11	170	17	170	14	170
14.46	195	15	187	17	170	17	170.7	13.65	170	19.7	170	17	170
19.31	112	19.4	120	20.275	170	20.28	131.6	19.13	170	23.9	170	20.275	163
21.81	112	22.4	120	23.275	170	23.28	131.6	28.1	170	26.6	170	23.275	163
38.31	112	38.4	120	38.975	170	38.98	161.9	41.24	170	40.9	170	38.975	170
40.81	112	41.4	120	41.975	170	41.98	161.9	54.38	170	43.6	170	41.975	170
45.71	112	45.5	120	57.675	170	57.68	169.2	67.52	170	47.8	170	57.675	170
48.21	112	48.5	120	60.675	170	60.68	169.2	80.66	170	50.5	170	60.675	170
64.71	112	64.5	120	76.375	170	76.38	167.9	93.8	170	64.8	170	76.375	170
67.21	112	67.5	120	79.375	170	79.38	167.9	106.94	170	67.5	170	79.375	170
72.11	112	71.6	120	95.075	170	95.08	160.5	120.08	170	71.7	170	95.075	170
74.61	112	74.6	120	98.075	170	98.08	160.5	133.22	170	74.4	170	98.075	170
91.11	112	90.6	120	113.775	170	113.78	167.9	146.36	170	88.7	170	113.775	170
93.61	112	93.6	120	116.775	170	116.78	167.9	155.33	170	91.4	170	116.775	170
98.51	112	97.7	120	132.475	170	132.48	169.2	160.8	170	95.6	170	132.475	170
101.01	112	100.7	120	135.475	170	135.48	169.2	163.45	170	98.3	170	135.475	170
117.51	112	116.7	120	151.175	170	151.18	161.9	171.8	170	112.6	170	151.175	170
120.01	112	119.7	120	154.175	170	154.18	161.9	174.45	170	115.3	170	154.175	170
124.91	112	123.8	120	169.875	170	169.88	131.6	183.49	170	119.5	170	169.875	163
127.41	112	126.8	120	172.875	170	172.88	131.6	186.14	170	122.2	170	172.875	163
143.91	112	142.8	120	188.575	170	176.16	170.7	194.49	170	136.5	170	176.15	170
146.41	112	145.8	120	191.575	170	179.16	170.7	197.14	170	139.2	170	179.15	170
151.31	112	149.9	120	195.095	170	190.16	172.1	202.62	170	143.4	170	190.15	170
153.81	112	152.9	120	198.095	170	193.16	172.1	211.59	170	146.1	170	193.15	170
170.31	112	168.9	120	213.795	170	200.15	172.1	224.73	170	160.4	170	200.19	170
172.81	112	171.9	120	216.795	170	203.15	172.1	237.87	170	163.1	170	203.19	170

续上表

ICE2		ETC–Y		EUCOSTAC 373–1		AVE		TALGOAV		VICGIN		THALYS	
X_i (m)	P_i (kN)	X_i (m)	P_i (kN)	X_i (m)	P_i (kN)	X_i (m)	P_i (kN)	X_i (m)	P_i (kN)	X_i (m)	P_i (kN)	X_i (m)	P_i (kN)
177.71	112	176	120	232.495	170	214.15	170.7	251.01	170	167.3	170	214.19	170
180.21	112	179	120	235.495	170	217.15	170.7	264.15	170	170	170	217.19	170
196.71	112	195	120	251.195	170	220.43	131.6	277.29	170	184.3	170	220.465	163
199.21	112	198	120	254.195	170	223.43	131.6	290.43	170	187	170	223.465	163
204.11	112	202.1	120	269.895	170	239.13	161.9	303.57	170	191.2	170	239.165	170
206.61	112	205.1	120	272.895	170	242.13	161.9	316.71	170	193.9	170	242.165	170
223.11	112	221.1	120	288.595	170	257.83	169.2	329.85	170	208.2	170	257.865	170
225.61	112	224.1	120	291.595	170	260.83	169.2	338.82	170	210.9	170	260.865	170
230.51	112	228.2	120	307.295	170	276.53	167.9	344.29	170	215.1	170	276.565	170
233.01	112	231.2	120	310.295	170	279.53	167.9	346.94	170	217.8	170	279.565	170
249.51	112	247.2	120	325.995	170	295.23	160.5	355.29	170	232.1	170	295.265	170
252.01	112	250.2	120	328.995	170	298.23	160.5	357.94	170	234.8	170	298.265	170
256.91	112	254.3	120	344.695	170	313.93	167.9	—	—	239	170	313.965	170
259.41	112	257.3	120	347.695	170	316.93	167.9	—	—	241.7	170	316.965	170
275.91	112	273.3	120	363.395	170	332.63	169.2	—	—	256	170	332.665	170
278.41	112	276.3	120	366.395	170	335.63	169.2	—	—	258.7	170	335.665	170
283.31	112	280.7	187	369.67	170	351.33	161.9	—	—	—	—	351.365	170
285.81	112	283.7	187	372.67	170	354.33	161.9	—	—	—	—	354.365	170
302.31	112	292.7	187	383.67	170	370.03	131.6	—	—	—	—	370.065	163
304.81	112	295.7	187	386.67	170	373.03	131.6	—	—	—	—	373.065	163
309.71	112	—	—	—	—	376.31	170.7	—	—	—	—	376.34	170
312.21	112	—	—	—	—	379.31	170.7	—	—	—	—	379.34	170
328.71	112	—	—	—	—	390.31	172.1	—	—	—	—	390.34	170
331.21	112	—	—	—	—	393.31	172.1	—	—	—	—	393.34	170
336.06	195	—	—	—	—	—	—	—	—	—	—	—	—
339.06	195	—	—	—	—	—	—	—	—	—	—	—	—
347.52	195	—	—	—	—	—	—	—	—	—	—	—	—
350.52	195	—	—	—	—	—	—	—	—	—	—	—	—

欧洲真实列车参数表　　　　　　　　　　　　　　　　表 7.1-3

参　　数	ICE2	ETC–Y	EUCOSTAC 373–1	AVE	TALGO AV	VICGIN	THALYS
车厢（个）	12	10	18	16	22	11	16
火车头（个）	2	2	2	4	4	0	4
车厢轴数（个）	4	4	2	2	1	4	2
车厢长度（m）	26.4	26.1	18.7	18.8	13	23.9	18.7
列车长度（m）	350.52	295.7	386.67	373.03	357.94	258.7	393.34
列车重量（kN）	6741	6296	8160	8429.2	6800	7480	8784
最大轴力（kN）	195	187	170	172.1	170	170	170
平均荷载（kN/m）	19.23	21.29	21.10	22.60	19.00	28.91	22.33

俄罗斯现行列车轴距轴重表　　　　　　　　　　　　　表 7.1-4

э Р200 列车		э ВС1 列车		э ВС2 列车		э ВС1×2 列车		э ВС2×2 列车	
X_i（m）	P_i（kN）	X_i（m）	P_i（kN）	X_i（m）	P_i（kN）	X_i（m）	P_i（kN）	X_i（m）	P_i（kN）
2.65	126	3.73	159	3.73	159	3.73	159	3.73	159
5.15	126	6.33	159	6.33	159	6.33	159	6.33	159
21.45	126	21.10	159	21.10	159	21.10	159	21.10	159
23.95	126	23.70	159	23.70	159	23.70	159	23.70	159
29.25	155	28.46	164	28.46	164	28.46	164	28.46	164
31.75	155	31.06	164	31.06	164	31.06	164	31.06	164
48.05	155	45.83	164	45.83	164	45.83	164	45.83	164
50.55	155	48.43	164	48.43	164	48.43	164	48.43	164
55.85	158	53.19	142	53.19	166	53.19	142	53.19	166
74.65	158	55.79	142	55.79	166	55.79	142	55.79	166
77.15	158	70.56	142	70.56	166	70.56	142	70.56	166
82.45	158	73.16	142	73.16	166	73.16	142	73.16	166
84.95	155	77.92	165	77.92	165	77.92	165	77.92	165
101.25	155	80.52	165	80.52	165	80.52	165	80.52	165
103.75	155	95.29	165	95.29	165	95.29	165	95.29	165
109.05	155	97.89	165	97.89	165	97.89	165	97.89	165
111.55	158	102.65	147	102.65	147	102.65	147	102.65	147
127.85	158	105.25	147	105.25	147	105.25	147	105.25	147

续上表

э P200 列车		э BC1 列车		э BC2 列车		э BC1×2 列车		э BC2×2 列车	
X_i（m）	P_i（kN）	X_i（m）	P_i（kN）	X_i（m）	P_i（kN）	X_i（m）	P_i（kN）	X_i（m）	P_i（kN）
130.35	158	120.02	147	120.02	147	120.02	147	120.02	147
135.65	158	122.62	147	122.62	147	122.62	147	122.62	147
138.15	155	127.38	147	127.38	147	127.38	147	127.38	147
154.45	155	129.98	147	129.98	147	129.98	147	129.98	147
156.95	155	144.75	147	144.75	147	144.75	147	144.75	147
162.25	155	147.35	147	147.35	147	147.35	147	147.35	147
164.75	158	152.11	165	152.11	165	152.11	165	152.11	165
181.05	158	154.71	165	154.71	165	154.71	165	154.71	165
183.55	158	169.48	165	169.48	165	169.48	165	169.48	165
188.85	155	172.08	165	172.08	165	172.08	165	172.08	165
191.35	155	176.84	142	176.84	166	176.84	142	176.84	166
207.65	155	179.44	142	179.44	166	179.44	142	179.44	166
210.15	155	194.21	142	194.21	166	194.21	142	194.21	166
215.45	158	196.81	142	196.81	166	196.81	142	196.81	166
217.95	158	201.57	164	201.57	164	201.57	164	201.57	164
234.25	158	204.17	164	204.17	164	204.17	164	204.17	164
236.75	158	218.94	164	218.94	164	218.94	164	218.94	164
242.05	155	221.54	164	221.54	164	221.54	164	221.54	164
244.55	155	226.30	159	226.30	159	226.30	159	226.30	159
260.85	155	228.90	159	228.90	159	228.90	159	228.90	159
263.35	155	243.67	159	243.67	159	243.67	159	243.67	159
268.65	158	246.27	159	246.27	159	246.27	159	246.27	159
271.15	158	—	—	—	—	253.73	159	253.73	159
287.45	158	—	—	—	—	256.33	159	256.33	159
289.95	158	—	—	—	—	271.10	159	271.10	159
295.25	155	—	—	—	—	273.70	159	273.70	159
297.75	155	—	—	—	—	278.46	164	278.46	164
314.05	155	—	—	—	—	281.06	164	281.06	164
316.55	155	—	—	—	—	295.83	164	295.83	164
321.85	158	—	—	—	—	298.43	164	298.43	164

续上表

э P200 列车		э BC1 列车		э BC2 列车		э BC1×2 列车		э BC2×2 列车	
X_i（m）	P_i（kN）	X_i（m）	P_i（kN）	X_i（m）	P_i（kN）	X_i（m）	P_i（kN）	X_i（m）	P_i（kN）
324.35	158	—	—	—	—	303.19	142	303.19	166
340.65	158	—	—	—	—	305.79	142	305.79	166
343.15	158	—	—	—	—	320.56	142	320.56	166
348.45	126	—	—	—	—	323.16	142	323.16	166
350.95	126	—	—	—	—	327.92	165	327.92	165
367.25	126	—	—	—	—	330.52	165	330.52	165
369.75	126	—	—	—	—	345.29	165	345.29	165
—	—	—	—	—	—	347.89	165	347.89	165
—	—	—	—	—	—	352.65	147	352.65	147
—	—	—	—	—	—	355.25	147	355.25	147
—	—	—	—	—	—	370.02	147	370.02	147
—	—	—	—	—	—	372.62	147	372.62	147
—	—	—	—	—	—	377.38	147	377.38	147
—	—	—	—	—	—	379.98	147	379.98	147
—	—	—	—	—	—	394.75	147	394.75	147
—	—	—	—	—	—	397.35	147	397.35	147
—	—	—	—	—	—	402.11	165	402.11	165
—	—	—	—	—	—	404.71	165	404.71	165
—	—	—	—	—	—	419.48	165	419.48	165
—	—	—	—	—	—	422.08	165	422.08	165
—	—	—	—	—	—	426.84	142	426.84	166
—	—	—	—	—	—	429.44	142	429.44	166
—	—	—	—	—	—	444.21	142	444.21	166
—	—	—	—	—	—	446.81	142	446.81	166
—	—	—	—	—	—	451.57	164	451.57	164
—	—	—	—	—	—	454.17	164	454.17	164
—	—	—	—	—	—	468.94	164	468.94	164
—	—	—	—	—	—	471.54	164	471.54	164
—	—	—	—	—	—	476.30	159	476.30	159
—	—	—	—	—	—	478.90	159	478.90	159
—	—	—	—	—	—	493.67	159	493.67	159
—	—	—	—	—	—	496.27	159	496.27	159

俄罗斯现行列车参数表 表 7.1-5

项　　目	ЭР200 列车	ЭВС1 列车	ЭВС2 列车	ЭВС1×2 列车	ЭВС2×2 列车
车厢（节）	14	10	10	20	20
火车头（辆）	2	2	2	4	4
火车轴数（个）	4	4	4	4	4
车厢长度（m）	26.6	24.73	24.73	24.73	24.73
列车长度（m）	369.75	246.27	246.27	496.27	496.27
列车重量（kN）	8520	6222	6412	12443	12824
最大轴重（kN）	158	165	166	165	166
平均荷载（kN/m）	23.04	25.26	26.04	25.07	25.84

7.2　简支梁竖向基频和挠度限值

高速铁路桥梁的主要功能是为高速列车提供平顺、稳定的桥上线路，确保列车运营安全和乘客乘坐舒适。与普通铁路相比，高速铁路对桥梁刚度要求提高，以使结构的各种变形很小，同时避免列车通过时结构出现共振或过大振动。

长期以来，世界各国对铁路桥梁的静、动力性能开展了大量研究工作，特别是随着高速铁路发展，德国、日本等国家针对高速铁路桥梁性能与特点，通过对"车—线—桥"耦合振动体系进行动力响应分析及室内、外动力试验验证，提出了高速铁路桥梁的设计原则和控制指标。

影响桥梁动力作用的因素有桥梁结构的竖向固有频率（自振频率）、列车轮对的间距、列车通过桥梁的运行速度、桥梁结构的阻尼、桥梁及桥面系均匀分布的支撑和结构（如横梁、轨枕等）、车轮的缺陷（轮缘扁疤）、轨道的垂直缺陷等。其中，桥梁的竖向固有频率是促使桥梁动力系数出现峰值的根本原因。随着列车速度的提高，乘坐舒适度要求桥梁有较大的刚度，动力效应也要求客运专线铁路桥梁较之普通铁路线上的桥梁有更大的刚度。为了避免桥梁出现激烈的振动，保证高速列车运行的安全性和乘坐的舒适性，对桥梁的最小自振频率加以限制是十分必要的。

铁路桥梁应该具有足够的竖向刚度和横向刚度，以保证桥上列车通过时桥梁结构不出现剧烈振动，防止车辆脱轨以及保证旅客列车过桥的舒适性和货物列车过桥的平稳性。对桥梁振动性能的评价一般包括桥梁自振频率、振幅和加速度等方面。其中，安全限值定义为保证列车以规定的速度安全通过时，桥梁结构必须满足的限值指标，即桥梁在正常运营中的挠度或振幅实测值的上限、频率实测值的下限。桥梁在正常运营中，若超过此值，应仔细检查桥梁结构是否存在隐患，同时调查列车是否产生异常的激烈振动。

限制桥梁竖向振动加速度的目的是避免出现过大的轮轨接触力，使道床不致失稳，以保证列车运行的安全。桥面板在20Hz及以下强振频率作用下竖向振动加速度限值，有砟轨道桥面时不大于$3.5m/s^2$，无砟轨道桥面时不大于$5.0m/s^2$。

车辆在线路上运行时，由于各种因素的作用，在最不利的组合情况下，可能破坏车辆正常运行的条件，使轮轨分离，造成车辆脱轨或倾覆事故，即车辆失去运行安全性。在机车车辆动力学上，一般用脱轨系数Q/P、轮重减载率$\Delta P/P$等几个重要的参数来评定的。其中，Q为车轮作用于钢轨上的横向力（单位：kN），ΔP为轮重减载量（单位：kN），P为车轮作用于钢轨上的垂直力（单位：kN）。

脱轨系数定义为车辆脱轨，指车轮脱离钢轨最终导致车辆不能继续在轨道上正常运行的现象，脱轨系数应小于或等于0.8。轮重减载率实际指的是稳态减载率，它是利用轮重减载率判定车辆运行安全性时有必要将稳态和动态减载率区分开并分别加以限制，轮重减载率应小于或等于0.6。

车辆运行平稳性往往用于表示机车车辆的振动性能，是衡量机车车辆运行性能的一项重要指标。它一般包括货车运营平稳性和客车旅客乘坐舒适性两个方面。货车运营平稳性是评定车辆振动对货物的损坏程度；客车旅客乘坐舒适性是评定旅客舒适度的主要依据，它反映了车辆振动对于旅客舒适度的影响。

在车—桥耦合振动系统中，车辆运行平稳性是判定桥梁竖向和横向刚度是否满足要求的一个重要指标，通常用列车车体加速度指标和舒适度指标来评定。高速列车车体振动竖向加速度a_z应小于或等于$1.3m/s^2$，横向加速度a_y应小于或等于$1.0m/s^2$。

旅客舒适度是反映乘客疲劳程度的综合性生理指标，是一个统计标准，影响旅客舒适度的因素很多，而振动对车辆运行过程中的舒适度的影响是始终存在的、起主要作用的因素。车—桥耦合振动分析时一般采用平稳性指标来评价列车过桥时旅客乘坐的舒适性。对于列车运营平稳性的评价，德国铁路车辆试验所斯佩林（Sperling）等人早在第二次世界大战以前就进行了大量的振动对人体生理感觉的试验。高速铁路设计的斯佩林舒适度指标为：$W \leq 2.50$为优，$2.50 < W \leq 2.75$

为良好，$2.75 < W \leqslant 3.00$ 为合格。

目前，国外高速铁路常用跨度桥梁设计时，其规范对梁体基频、挠跨比等指标提出明确限值，以保证桥梁动力性能满足行车安全及乘坐舒适度要求，而仅在特殊情况下才需进行"车—线—桥"动力仿真分析。

我国现行铁路桥涵设计规范是在借鉴国外经验并结合我国国情基础上制订的，在对常用跨度桥梁的梁体竖向挠度、简支梁竖向自振频率等多项指标进行规定的同时，还要求按实际运营列车对桥梁结构进行"车—线—桥"耦合动力响应分析，并规定了脱轨系数、舒适度指标等限值。

我国高速铁路中桥梁约占线路总长的50%左右，常用跨度桥梁设计时，一般先进行动力仿真计算，在确定结构刚度后再进行静力计算，计算工作量大，设计周期相对较长。对大量的桥梁结构进行"车—线—桥"耦合动力响应分析，增加了大量复杂、耗时的计算，力学概念也不明晰。因此，有必要对常用跨度桥梁刚度和基频有关设计限值进行讨论分析。

7.2.1 各国关于桥梁动力性能参数的相关规定

对于设计不当的桥梁，列车通过桥梁时可能发生桥梁结构损坏、桥上线路结构损坏、列车脱轨等严重后果。为避免此类情况发生，桥梁的行车动力性能评估应考虑是否存在车桥共振危险、桥梁结构动强度、桥上线路结构的稳定性、列车过桥的安全性及平稳性等。

车桥共振危险主要与车速、桥梁跨度及桥梁基本固有频率有关，桥梁结构动强度一般用冲击系数的方法来进行评估，桥上线路结构的稳定性则取决于桥面振动加速度的大小，列车过桥的行车安全性主要考虑列车在桥上脱轨与跳轨的可能性，列车过桥的平稳性影响旅客的乘坐舒适度及货物的破损率，它与车体振动加速度及振动频率密切相关。

如何对车桥系统的动力性能进行评估，目前仍是一个还没有完全解决的问题。由于受各种具体条件的影响及不同理论的差异，世界各国现行的有关车桥系统动力性能评估的标准多有不同。

1）动力系数

动力系数是桥梁设计过程中一项非常重要的参数。列车对桥梁结构的动力作用，不仅和桥梁结构本身的振动特性有关，还取决于运行列车的车辆类型、振动特性以及行车速度，同时和桥上线路的状态有关。动力系数是以上各种因素的综合反映。

中国规范规定桥涵结构计算应考虑列车活载竖向动力作用，可按竖向静活载乘以动力系数（$1+\mu$）确定。桥梁结构动力系数应按下式计算，且（$1+\mu$）值小于1.0 时取 1.0。

$$1+\mu = 1 + \frac{1.44}{\sqrt{L_\phi - 0.2}} - 0.18 \quad (7.2\text{-}1)$$

式中：L_ϕ——与桥面构造、桥梁结构形式和构件有关的影响线加载长度，m。

当加载长度小于 3.61m 时，应取 3.61m。简支梁取梁的跨度；连续梁可按平均跨度乘以跨度调整系数（表 7.2-1）确定，且不应小于最大跨度。

连续梁跨度调整系数　　　　表 7.2-1

跨数	2	3	4	≥5
跨度调整系数	1.2	1.3	1.4	1.5

欧洲一些国家（如英国、法国）的桥梁设计规范的动力系数表达式在形式上基本与国际铁路联盟的规定相似，只是常数上有大小差别。欧盟和德国桥梁采用 UIC 荷载作为设计活载图示，并认为单线运营活载作用下，其实际的动力效应可能超过设计效应（单线 UIC × Φ），但对于多线桥梁，虽然会车是不可避免的，但不同线路上列车同时以共振速度通过的概率非常小。对于双线桥梁，当单线运营活载效应大于单线设计效应时，其设计荷载效应按下述原则计算：

双线设计荷载效应 = 单线运营静活载 ×（$1+\phi$）+ 单线 UIC × Φ　　（7.2-2）

式中：（$1+\phi$）——实际运营列车的动力系数；

Φ——设计采用的动力系数。

欧盟与德国对动力系数的规定相同，均根据铁路等级选用不同的动力系数公式：

（1）对于精心养护的轨道：

$$\Phi_2 = \frac{1.44}{\sqrt{L_\phi - 0.2}} + 0.82 \quad (7.2\text{-}3)$$

式中：$1.00 \leq \Phi_2 \leq 1.67$。

（2）对于标准养护的轨道：

$$\Phi_3 = \frac{2.16}{\sqrt{L_\phi - 0.2}} + 0.73 \quad (7.2\text{-}4)$$

式中：$1.00 \leqslant \Phi_3 \leqslant 2.00$。

另外，对于桥上覆盖层高度超过 1.00m 的所有类型的拱桥和混凝土桥，Φ_2、Φ_3 可折减如下：

$$\Phi'_{2,3} = \Phi_{2,3} - \frac{h-1.00}{10} \geqslant 1.0 \qquad (7.2\text{-}5)$$

式中：h——包括道砟至轨枕顶覆盖层的高度，m。

在日本规范中，新干线动力系数的取值与桥梁跨度、速度、单（双）线等参数有关。对于混凝土结构及单线桥梁进行极限状态检算时设计冲击系数 i 见下式：

$$i = K_a - \alpha + \frac{10}{65+L} \leqslant 0.6 \qquad (7.2\text{-}6)$$

式中：K_a——根据列车荷载类别等确定的系数；

α——速度参数，见下式：

$$\alpha = \frac{V}{7.2n - L} \qquad (7.2\text{-}7)$$

式中：V——列车或车辆的最高速度，km/h；

n——结构基本自振频率，Hz；

L——结构跨度，m。

单线桥梁在进行使用极限状态及疲劳极限状态检算时，设计冲击系数可取上述破坏极限状态时设计冲击系数的 3/4。复线桥梁在进行使用极限状态及疲劳极限状态检算时，设计冲击系数可将上述破坏极限状态时设计冲击系数乘以折减系数 β_i，且 $L \leqslant 80\text{m}$ 时，$\beta_i = 1 - L/200$；$L > 80\text{m}$ 时，$\beta_i = 0.6$。

俄罗斯规范要求高速载荷下计算人工构筑物应增大高速铁路机车静载荷，由两个冲击系数相加导出动荷载系数：

$$1 + \mu = 1 + \mu_1 + \mu_2 \qquad (7.2\text{-}8)$$

式中：μ_1——反映列车、跨度动态相互作用；

μ_2——考虑列车轮轨缺陷引起的动力现象。

第一个动荷载系数 μ_1 应从列车类型 A1～A10、欧洲真实列车、俄罗斯现行列车中每列列车静态载荷和动态载荷最大值求得：

$$\mu_1 = \max_{i=1}^{n}\left[\left|\frac{\delta_{\text{din},i}}{\delta_{\text{stat},i}}\right| - 1\right] \quad (7.2\text{-}9)$$

式中：i——高速铁路列车类型；

　　　n——列车类型数量；

$\delta_{\text{din},i}$——i 类型列车在全部时速范围内运行时的最小动态响应；

$\delta_{\text{stat},i}$——i 类型列车相应的静态弯曲值。

第二个动荷载系数 μ_2 由下式求得：

$$\mu_2 = \frac{\alpha}{100}\left[56 \times e^{-\frac{L^2}{100}} + 50 \times \left(\frac{Lf_1}{80} - 1\right) \times e^{-\frac{L^2}{400}}\right] \quad (7.2\text{-}10)$$

式中：α——速度系数，当 $v \leq 22$（m/s）时 $\alpha = v/22$，当 $v > 22$（m/s）时 $\alpha = 1.0$；

　　　v——计算行车速度，m/s；

　　　L——桥跨结构计算长度，m；

　　　f_1——结构第一振动频率。

f_1 用于计算 μ_2 的适用范围，见表 7.2-2。如果这一条件不满足，必须进行考虑轮轨缺陷的车—桥耦合动力仿真分析。

不同跨度时最大频率范围的动荷载系数表 表 7.2-2

跨度 L（m）	最大自振频率 f_{1max}（Hz）	动态载荷系数 μ_2	图　示
10	16.9	0.641	
15	12.5	0.442	
18	10.9	0.345	
21	9.7	0.264	
24	8.8	0.196	
33	6.9	0.061	
44	5.6	0.008	
55	4.7	0.001	
66	4.1	0.000	
88	3.3	0.000	
100	3.0	0.000	

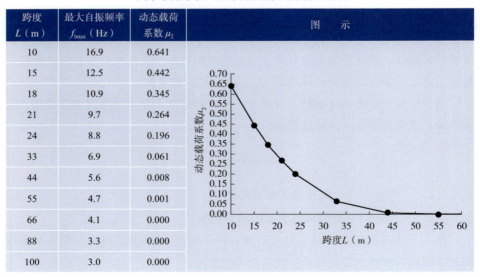

列车正常载荷状态（中吨位集装箱）和运行速度时，考虑列车与桥梁动力相互作用的动荷载系数（1+μ）见表 7.2-3。

中吨位集装箱动荷载系数　　　　　　表 7.2-3

结构类型		动态荷载系数值
钢—混凝土结合结构	开口梁	$1+\mu = 1 + \dfrac{14}{30+\lambda} \leq 1.15$
	其他	$1+\mu = 1 + \dfrac{18}{30+\lambda} \leq 1.15$
钢筋混凝土结构	空腹式拱	$1+\mu = 1 + \dfrac{12}{100+\lambda}\left(1+\dfrac{0.4l}{f}\right)$ （其中：f-拱矢高；l-拱的跨度）
	其他	$1+\mu = 1 + \dfrac{10}{20+\lambda} \leq 1.15$

注：λ—计算跨度

2）竖向刚度限值

挠跨比与桥梁刚度及其所承受的荷载有关，由于挠跨比计算简单，物理概念明确，长期以来一直被作为衡量桥梁刚度的指标。为保证桥上行车安全平顺，各国铁路桥梁设计规范对桥梁的挠跨比都有相应规定。由于挠跨比与所承受的荷载有关，所以对挠跨比的规定都是与特定荷载相关。虽然高速铁路荷载比普速铁路小，但对轨道的平顺性要求比普速铁路高，它对桥梁挠跨比的规定也比一般桥梁更为严格。

中国规范要求高速铁路桥梁梁体竖向变形、变位限值做了明确规定。

（1）《铁路桥涵设计规范》（TB 10002—2017）规定，在 ZK 竖向静活载作用下，梁体的竖向挠度不应大于表 7.2-4 规定的限值。表 7.2-4 中限值适用于 3 跨及以上的双线简支梁；对于 3 跨及以上一联的连续梁，梁体竖向挠度限值按表中数值的 1.1 倍取用；对于 2 跨一联的连续梁、2 跨及以下的双线简支梁，梁体竖向挠度限值按表中数值的 1.4 倍取用；对于单线简支或连续梁梁体竖向挠度限值按双线桥的 0.6 倍取用。

（2）拱桥、刚架及连续梁的竖向挠度，除应考虑列车竖向静活载作用外，尚应计入温度的影响。梁体竖向挠度应按下列情况之不利者取值，并满足

表 7.2.4 限值要求。列车竖向静活载作用下产生的挠度值与 0.5 倍温度引起的挠度值之和；0.63 倍列车竖向静活载作用下产生的挠度值与全部温度引起的挠度值之和。

梁体的竖向挠度限值　　　　　　　　　　　　　　表 7.2-4

设计速度（km/h）	跨度范围（m）		
	$L \leqslant 40$	$40 < L \leqslant 80$	$L > 80$
250	L/1400	L/1400	L/1000
300	L/1500	L/1600	L/1100
350	L/1600	L/1900	L/1500

（3）桥面附属设施宜在轨道铺设前完成。轨道铺设完成后，预应力混凝土梁的竖向残余徐变变形应符合下列规定：有砟桥面梁体的竖向变形不应大于 20mm；跨度小于等于 50m 的无砟桥面竖向变形不应大于 10mm，跨度大于 50m 的无砟桥面竖向变形不应大于 $L/5000$，且不应大于 20mm。

（4）设有纵向坡度的无砟轨道桥梁，应考虑梁体纵向伸缩引起的梁缝两侧钢轨支承点竖向相对位移对轨道结构的影响。

德国铁路桥梁竖向刚度设计采用随不同速度、不同跨度而异的挠跨比控制指标；由欧盟 UIC71 荷载引起的竖向挠度限值参见表 7.2-5。除静力设计外，德国 DS804 规范规定在一定情况下还需进行桥梁动力设计。

梁体的竖向挠度限值　　　　　　　　　　　　　　表 7.2-5

跨度范围（m）	设计速度（km/h）			
	$v \leqslant 200$		$v > 200$	
	跨数≤2	跨数≥3	跨数≤2	跨数≥3
$L \leqslant 25$	L/500	L/1000	L/800	L/1200
$L \geqslant 30$	L/800	L/1700	L/1000	L/1700

欧洲规范按乘坐舒适度标准规定的铁路桥梁不同跨度、不同速度与容许跨挠比（L/δ）曲线关系如图 7.2-1 所示，不同跨度、不同速度，容许最大挠跨比限值（δ/L）见表 7.2-6。

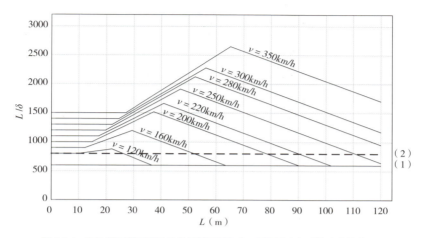

图 7.2-1 UIC 满足舒适度为优的桥梁不同跨度、不同速度与跨挠比曲线关系图

满足舒适度为优的三跨及以上连续简支结构的挠跨比限值 δ/L 表 7.2-6

设计速度 v (km/h)	跨度范围 L (m)				
	$L \leqslant 15$	$15 < L \leqslant 30$	$30 < L \leqslant 50$	$50 < L \leqslant 90$	$90 < L \leqslant 120$
$v \leqslant 120$	1/800	1/900	1/800	1/600	1/600
$120 < v \leqslant 160$	1/900	1/1200	1/1200	1/800	1/600
$160 < v \leqslant 200$	1/1000	1/1400	1/1500	1/1300	1/600
$200 < v \leqslant 280$	1/1200	1/1500	1/2100	1/2100	1/1400
$280 < v \leqslant 350$	1/1500	1/1600	1/2100	1/2400	1/2200

从图 7.2-1 可以看出，铁路桥梁的最大允许挠度 δ 取决于桥梁跨度 L（m）、桥梁跨数、结构形式（简支或连续）及列车速度 v（km/h）。图中 L/δ 的限值是基于乘坐舒适度为"优"，也就是车体加速度 1.0m/s^2 给出的值，其他等级的舒适度的限值可通过加速度限值标准按比例换算。图中 L/δ 的限值是对于 3 孔及 3 孔以上的双线简支梁桥；对于单跨双线简支梁桥以及 2 跨双线简支或连续梁桥，L/δ 的限值可以乘 0.7；对于 3 跨及 3 跨以上的连续梁桥，L/δ 的限值可以乘 0.9。图中 L/δ 的限值仅对跨度不大于 120m 的桥梁有效，更大跨度的桥梁应进行特别研究。在特别情况下，如在跨度差别大的连续梁桥或刚度相差大的多跨桥梁，应进行车桥耦合的动力检算。对于所有的静力计算，最大竖向挠度不应超过 $L/600$。

乘客舒适度取决于运行中客车的垂直加速度 b_v，舒适度分类见表 7.2-7。

舒 适 度 分 类　　　　　　　　　　　表 7.2-7

舒适程度	优秀	良好	可接受的
垂直加速度 b_v（m/s^2）	1.0	1.3	2.0

当计算的垂直加速度 $b_v' \neq b_v$（1m/s^2）时，表 7.2.7 中应乘以 b_v'，但最大挠度不能超过 $L/600$，且承载结构上的轨道垂向曲率半径不能小于线路规定值。

2006 年 2 月，日本铁道综合技术研究所在《铁道构造物等设计标准》中按乘坐舒适度确定的桥梁挠度限值见表 7.2-8，按走行安全性确定的桥梁挠度限值见表 7.2-9。

按乘坐舒适度确定的桥梁挠度限值　　　　　　　表 7.2-8

孔数	最高速度（km/h）	跨度 L_b（m）									
		10	20	30	40	50	60	70	80	90	≥100
单孔	260	$L_b/2200$	$L_b/1700$	$L_b/1200$		$L_b/1000$					
	300	$L_b/2800$	$L_b/2000$	$L_b/1700$	$L_b/1300$		$L_b/1100$				
	360	$L_b/3500$	$L_b/3000$	$L_b/2200$	$L_b/1800$			$L_b/1500$			
多孔	260	$L_b/2200$				$L_b/1700$					
	300	$L_b/2800$				$L_b/2000$					
	360	$L_b/3500$		$L_b/2800$				$L_b/2200$			

按走行安全性确定的桥梁挠度限值　　　　　　　表 7.2-9

孔数	最高速度（km/h）	跨度 L_b（m）									
		10	20	30	40	50	60	70	80	90	≥100
单孔	260					$L_b/700$					
	300					$L_b/900$					
	360					$L_b/1100$					
多孔	260			$L_b/1200$					$L_b/1400$		
	300			$L_b/1500$					$L_b/1700$		
	360			$L_b/1900$					$L_b/2000$		

俄罗斯莫斯科—喀山高速铁路《特殊技术条款》（2016 版）规定，在 22 种

车列车竖向静活载下竖向挠度限值见表 7.2-10。《特殊技术条款》（2016 版）虽然适用于速度 400km/h 高速铁路，但条款中并没有提出速度 400km/h 时的竖向挠度限值参数，项目设计时结合标准跨度类型及结构形式，按照 7.2.4 节研究成果执行。

俄罗斯莫斯科—喀山高速铁路《特殊技术条款》
（2016 版）规定的挠度限值表　　　表 7.2-10

设计速度（km/h）	挠跨比限值
200	$L \leqslant 15\text{m}, \delta \leqslant L/1000$
	$L=38\text{m}, \delta \leqslant L/1500$
	$L \geqslant 75\text{m}, \delta \leqslant L/800$
250	$L \leqslant 20\text{m}, \delta \leqslant L/1200$
	$L=48\text{m}, \delta \leqslant L/1900$
	$L \geqslant 110\text{m}, \delta \leqslant L/800$
350	$L \leqslant 28\text{m}, \delta \leqslant L/1500$
	$L=65\text{m}, \delta \leqslant L/2600$
	$L \geqslant 160\text{m}, \delta \leqslant L/800$

3）自振频率

从桥梁动力设计的角度出发，首要的问题是在所考虑的行车速度范围内要避免车桥之间发生共振。共振发生的机理就是车辆的激振频率与桥梁的自振频率相重合，导致车桥系统的动力响应急剧增大。车辆的激振频率取决于桥梁跨度、车速及车辆的轴距。在桥跨及车辆已确定的情况下，车速与桥梁自振频率的关系就成了问题的关键。列车对桥梁竖向动力作用的最主要部分是等间距的转向架对桥梁的作用，当列车荷载对桥梁作用力的频率与桥梁的固有频率相等时，列车的速度称为"临界速度"，此时会发生共振现象，即

$$v_C = n_i \times L_v$$

式中：n_i——桥梁第 i 阶自振频率，i=1，2，3…n；
　　　L_v——列车主要周期荷载间距。

中国《铁路桥涵设计规范》（TB 10002—2017）要求简支梁竖向自振频率限值不应小于表 7.2-11 规定的限值。对于运行车长 24～26m 的动车组，$L \leqslant 32$m 混凝土及预应力混凝土双线简支箱梁，当梁体自振频率不低于表 7.2-12 规定的限

值要求时，梁部结构设计可不再进行车—桥耦合动力响应分析。也就是说，只要梁体设计时自振频率满足了表 7.2-12 规定的限值要求，实际运营列车动力效应就不会超过设计动力效应，结构检算时采用规范规定的动力系数即可，不需要再通过车—桥耦合动力响应分析实际运营列车动力效应是否会超过设计动力效应的工况。

简支梁竖向自振频率限值　　　　　表 7.2-11

跨度（m）	$L \leqslant 20$	$20 < L \leqslant 128$
限值（Hz）	$80/L$	$23.58L^{-0.592}$

常用跨度双线箱形简支梁不需进行动力检算的
竖向自振频率限值（单位：Hz）　　　　　表 7.2-12

跨度（m）	设计速度（km/h）		
	250	300	350
20	$100/L$	$100/L$	$120/L$
24	$100/L$	$120/L$	$140/L$
32	$120/L$	$130/L$	$150/L$

欧洲及俄罗斯借鉴欧盟（UIC）规范，对梁体竖向基频规定基本一致，梁体竖向基频都规定了上、下限，基频上限用于保证高速列车通过时桥梁不出现共振或较大振动，基频下限用于防止桥上轨道不平顺引起的动力响应过大。

UIC 规范对车速不大于 220km/h 的高速铁路桥，当其第一恒载挠曲自振频率符合下列公式计算限值要求，即在图 7.2-2 阴影范围内时，可按该规范的规定取用桥梁冲击系数值。

上限　　　　　　$n_0 \leqslant 94.76L^{-0.748}$　　　（$4m \leqslant L \leqslant 100m$）

下限　　　　　　$n_0 \geqslant 80/L$　　　　　　　（$4m \leqslant L \leqslant 20m$）

　　　　　　　　$n_0 \geqslant 23.58L^{-0.592}$　　　（$20m \leqslant L \leqslant 100m$）

UIC 规范还按桥梁跨度、质量及容许的桥梁振动加速度值对设计最高车速 v_{max} 与桥梁竖向自振频率 n_0 的比值（速频比 v_{max}/n_0）做了规定。当桥梁振动加速度限值 a 为 0.50g 时，速频比 v_{max}/n_0 的允许值见表 7.2-13；当桥梁振动加速度限值 a 为 0.35g 时，速频比 v_{max}/n_0 的容许值见表 7.2-14，并规定可不进行车桥动力分析的条件：①行车速度不高于 200km/h，且桥梁挠度或自振频率满足规定要求；

②行车速度虽高于200km/h，但桥梁为跨度大于或等于40m的简支结构（简支梁或简支板），且自振频率在规定范围内；③行车速度高于200km/h，桥梁为跨度小于40m的简支结构，但桥梁扭转频率大于或等于1.2倍弯曲容许频率，且速频比 v_{max}/n_0 小于或等于规定值。

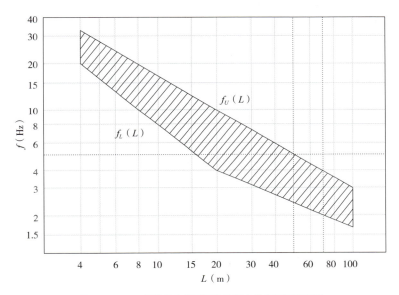

图 7.2-2　UIC 规范规定的不同跨度简支梁自振频率限值

容许速频比 $[v_{max}/n_0]$（$a < 0.5g$）　　　　　表 7.2-13

桥梁质量 $\overline{m}$ (t/m)	跨度范围 L（m）					
	$15.0 \leqslant L < 17.5$	$17.5 \leqslant L < 20.0$	$20.0 \leqslant L < 25.0$	$25.0 \leqslant L < 30.0$	$30.0 \leqslant L < 40.0$	$40.0 \leqslant L$
$10 \leqslant \overline{m} < 13$	6.33	6.50	7.50	10.42	18.33	15.00
$13 \leqslant \overline{m} < 15$	6.50	7.17	13.54	10.63	18.61	15.56
$15 \leqslant \overline{m} < 18$	6.50	10.67	13.75	10.63	18.89	15.83
$18 \leqslant \overline{m} < 20$	6.50	10.67	13.96	12.75	18.89	18.33
$20 \leqslant \overline{m} < 25$	7.80	12.8	14.17	12.75	19.17	18.33
$25 \leqslant \overline{m}$	7.80	12.8	14.38	12.75	19.17	18.33

容许速频比 $[v_{max}/n_0]$（$a < 0.35g$）　　　　表 7.2-14

桥梁质量 $\overline{m}$ (t/m)	跨度范围 L（m）					
	$15.0 \leq L < 17.5$	$17.5 \leq L < 20.0$	$20.0 \leq L < 25.0$	$25.0 \leq L < 30.0$	$30.0 \leq L < 40.0$	$40.0 \leq L$
$10 \leq \overline{m} < 13$	5.33	6.33	7.08	10.21	10.56	14.73
$13 \leq \overline{m} < 15$	6.33	6.5	7.5	10.21	18.33	15.00
$15 \leq \overline{m} < 18$	6.33	6.5	7.5	10.21	18.33	15.56
$18 \leq \overline{m} < 20$	6.5	7.17	13.54	10.63	18.61	15.56
$20 \leq \overline{m} < 25$	6.5	7.17	13.54	10.63	18.61	15.83
$25 \leq \overline{m} < 30$	6.5	10.67	13.96	12.75	18.89	18.33
$30 \leq \overline{m} < 40$	7.8	12.8	14.17	12.75	19.17	18.33
$40 \leq \overline{m}$	7.8	12.8	14.38	12.75	19.17	18.33

1992 年日本铁道综合技术研究所编的《铁道构造物等设计标准》中列出了不同荷载下桥梁的设计冲击系数值。而这些值应与桥梁一定的自振频率限值相对应。

对于跨度 L 为 5～100m 的混凝土桥梁，在新干线荷载下，桥梁自振频率 n_0 的下限值为：

$$n_0 \geq 55L^{-0.8}, \quad v_{max}=210（km/h）$$

$$n_0 \geq 70L^{-0.8}, \quad v_{max}=260（km/h）$$

$$n_0 \geq 80L^{-0.8}, \quad v_{max}=300（km/h）$$

对于钢桥，与规范规定冲击系数相应的桥梁自振频率为：

$$n_0 \geq 70L^{-0.8}, \quad v_{max}=300（km/h）$$

日本国铁研究所对桥梁横向自振频率给出的限值为：

$$f \geq 110/L \sim 120/L（Hz）（货车：v \leq 80km/h；客车：v \leq 160km/h）$$

7.2.2　梁体竖向基频限值分析

当列车以一定速度通过简支梁时，对桥梁的作用类似于频率固定的激振源。列车速度改变时，相应的激振频率亦发生变化。当结构固有频率与激振频率接近时，将会导致共振现象，进而引发道床不稳定、钢轨损伤、混凝土开裂问题，甚至危及桥梁的安全。因此，确定简支梁合理自振频率取值对保证列车的运营安全及乘坐舒适度尤为重要。

1）移动荷载列动力分析模型

根据大量的计算结果对比分析发现，车—桥耦合动力分析模型和移动荷载列动力分析模型在各种计算工况下冲击系数计算结果吻合良好，就梁体竖向加速度而言，车—桥耦合动力分析模型计算结果略大于移动荷载列动力分析模型，因此，采用移动荷载列模型分析结果研究确定梁体基频限值是适宜的。

基于移动荷载列建立动力分析模型，即建立间距、大小均任意的移动荷载列模型，推导其通过简支梁引起的梁体的竖向动力响应解析解。解析解可以考虑车辆移动速度、荷载间距、系统的阻尼比、梁体自身质量及刚度等因素对桥梁动力响应的影响。目的是在进行详细的数值研究之前，使用简单的解析工具对列车荷载引起的动力放大时程效应以及与之相关的桥梁设计参数进行评估。

选择不同基频的桥梁模型，通过计算列车以不同速度（140～480km/h）通过时桥梁的动力响应，在综合分析桥梁动力响应与列车类型（轴重、轴距和车长）、运行速度、桥梁基频的关系基础上，确定梁体基频合理限值。

2）结构参数

根据俄罗斯莫斯科—喀山高速铁路推荐的桥式方案，选取跨度为33.1m混凝土简支梁、跨度为33.1m钢—混结合简支梁、跨度为48.9m钢—混结合简支梁3种类型进行研究。其余结构尺寸见第5章相关内容。

（1）结构阻尼比。按俄罗斯规范规定取值，普通钢筋混凝土梁采用0.015，预应力混凝土梁采用0.01，钢或钢—混结合梁采用0.005。按中国规范规定取值，预应力混凝土梁采用0.02，钢梁采用0.01，钢—混结合梁采用0.005。

（2）梁体频率取值。借鉴UIC规范对梁体频率下限表达方法，采用K/L形式，其中K为与速度有关的系数，L为桥梁跨度。不同跨度梁体竖向基频取值分别按K为80、90、100、120、130、140、150、160、170、180、190、200、210和220共14级进行计算。具体方法为通过调节梁体的高度，改变梁体的梁体刚度，进而改变梁体的自振频率，系数K称为频率系数、基频系数或刚度系数。

（3）建模时材料特性中容重参数的取值。按照整片梁所用材料的总重量（包括二期恒载）平均分配到整片梁来取值。钢—混结合梁结构考虑截面的换算，以换算后的截面来计算简支梁的材料重度。各类梁型主要计算参数如图7.2-3和图7.2-4所示。

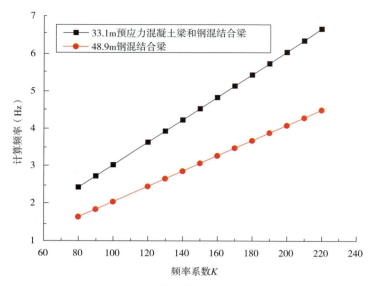

图 7.2-3　双线简支梁频率系数与计算频率的关系

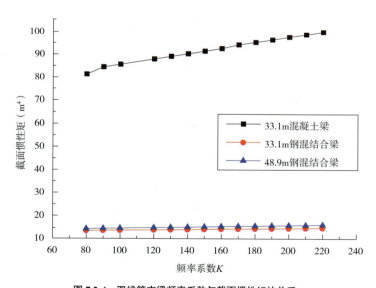

图 7.2-4　双线简支梁频率系数与截面惯性矩的关系

3）车辆参数

（1）欧洲高速列车荷载模式：HSLM A1～A10 车长变化为 18～27m，详见图 2.5-2 和表 7.1-1。

（2）欧洲真实列车：ICE2、ETC–Y、EUCOSTAC、AVE、TALGOAV、VICGIN、THALYS，详见图 2.5-3 和表 7.1-2、表 7.1-3。

（3）俄罗斯现行列车：ЭР200 号列车、ЭВС1 游隼号列车、ЭВС2 游隼号列车、ЭВС1×2 号列车、ЭВС2×2 号列车，详见图 2.5-3 和表 7.1-4、表 7.1-5。

（4）中国高速列车：CRH2、CRH3，其中 CRH2、CRH3 列车编组按 8 节计。设计列车编组为 12 节，计划用于在莫斯科—喀山段运行的真正高速列车。

（5）计算速度：140～480km/h，每 10km/h 为一挡。值得注意的是，这些实际列车中的某些车辆在运营中可能远达不到模型中的假定计算速度工况，考虑到未来高速列车的动力性能更优，计算结果偏于安全，能够一定程度上反映梁体基频与不同列车及不同速度之间的关系。

4）评判标准

梁体竖向振动加速度是衡量高速铁路桥梁动力效应的指标之一，德国和欧盟规范均规定，当行车速度大于 200km/h、梁体自振频率不在规定范围、结构动力系数不能确定时，应检算上部结构的垂直加速度。同时，欧盟新版规范中以梁体竖向加速度作为速频比"v/n_0"的限值标准。中国《高速铁路设计规范》（TB 10621—2014）规定，桥梁结构除进行静力分析应满足有关规定的要求外，尚应按实际运营客车通过桥梁的情况进行车—桥耦合动力响应分析，并提出桥面在强振频率 20Hz 及以下时的竖向振动加速度限值为有砟轨道桥面 $\leq 3.5 \text{m/s}^2$、无砟轨道桥面 $\leq 5.0 \text{m/s}^2$，与欧盟相关规定一致。《特殊技术条款》编制时也借鉴了欧盟规范及中国规范。因此，梁体竖向加速度限值分别按有砟轨道 3.5m/s^2 和无砟轨道 5.0m/s^2 取用。

欧盟和德国桥梁采用 UIC 荷载作为设计活载图示。欧盟和德国认为，单线运营活载作用下，其实际的动力效应可能超过设计效应（单线 UIC×Φ）；对于多线桥梁，不同线路上列车同时以共振速度通过的概率非常小，但多线会车是不可避免的；对于双线桥梁，当单线运营活载效应大于单线设计效应时，其设计荷载效应按下述原则执行：

双线桥梁设计荷载效应 = 单线运营静活载 ×(1+ϕ)+ 单线 UIC×Φ （7.2-11）

鉴于我国客运专线桥梁设计活载图示和动力系数是在欧盟规范基础上制定的，且《高速铁路设计规范》（TB 10621—2014）中关于梁体设计时并没有要求检算运营活载效应的规定，故进行研究时容许动力系数（1+ϕ）（含单、双线桥梁）按以下原则确定：

$$运营静活载效应 \times (1+\phi) < ZK 静活载效应 \times (1+\mu) \quad (7.2-12)$$

考虑列车活载竖向动力作用时，列车竖向活载等于 ZK 活载竖向静活载乘以动力系数（$1+\mu$），其中（$1+\mu$）按式（7.2-1）计算。

表 7.2-15 和表 7.2-16 分别列出了跨度为 33.1m、48.9m 的简支梁在不同运营列车模式作用下最大容许动力系数统计表。

跨度为 33.1m 简支梁在各个列车模式作用下的最大容许动力系数统计表　　表 7.2-15

ZK 活载			各列车模式活载		
跨中静弯矩（kN·m）	动力系数（$1+\mu$）	设计弯矩（kN·m）	类型	跨中静弯矩（kN·m）	容许动力系数（$1+\phi$）
11703.60	1.08	12631.78	A1	4914.46	2.57
11703.60	1.08	12631.78	A2	5612.97	2.25
11703.60	1.08	12631.78	A3	5203.55	2.43
11703.60	1.08	12631.78	A4	5385.76	2.35
11703.60	1.08	12631.78	A5	4914.46	2.57
11703.60	1.08	12631.78	A6	5203.55	2.43
11703.60	1.08	12631.78	A7	5492.63	2.30
11703.60	1.08	12631.78	A8	5439.20	2.32
11703.60	1.08	12631.78	A9	6070.80	2.08
11703.60	1.08	12631.78	A10	6070.80	2.08
11703.60	1.08	12631.78	设计列车	4242.48	2.98
11703.60	1.08	12631.78	CRH2	3538.22	3.57
11703.60	1.08	12631.78	CRH3	4304.12	2.93
11703.60	1.08	12631.78	ЭВС2×2 号列车	4290.34	2.94
11703.60	1.08	12631.78	ЭВС1×2 号列车	4195.12	3.01
11703.60	1.08	12631.78	ЭВС2 "游隼号" 列车	4290.34	2.94
11703.60	1.08	12631.78	ЭВС1 "游隼号" 列车	4195.12	3.01
11703.60	1.08	12631.78	ЭР200 号列车	3999.59	3.16

续上表

跨中静弯矩（kN·m）	动力系数（1+μ）	设计弯矩（kN·m）	类型	跨中静弯矩（kN·m）	容许动力系数（1+φ）
11703.60	1.08	12631.78	ICE2	5064.95	2.49
11703.60	1.08	12631.78	ETC–Y	4874.01	2.59
11703.60	1.08	12631.78	EUCOSTAC	4866.65	2.60
11703.60	1.08	12631.78	AVE	4466.20	2.83
11703.60	1.08	12631.78	TALGOAV	4492.43	2.81
11703.60	1.08	12631.78	VICGIN	4475.90	2.82
11703.60	1.08	12631.78	THALYS	4790.21	2.64

跨度为 48.9m 简支梁在各个列车模式作用下的最大容许动力系数统计表　　表 7.2-16

跨中静弯矩（kN·m）	动力系数（1+μ）	设计弯矩（kN·m）	类型	跨中静弯矩（kN·m）	容许动力系数（1+φ）
23610.50	1.03	24365.74	A1	9627.71	2.53
23610.50	1.03	24365.74	A2	10994.00	2.22
23610.50	1.03	24365.74	A3	9851.83	2.47
23610.50	1.03	24365.74	A4	10128.40	2.41
23610.50	1.03	24365.74	A5	8981.50	2.71
23610.50	1.03	24365.74	A6	9422.65	2.59
23610.50	1.03	24365.74	A7	9946.13	2.45
23610.50	1.03	24365.74	A8	9895.06	2.46
23610.50	1.03	24365.74	A9	10993.10	2.22
23610.50	1.03	24365.74	A10	10993.10	2.22
23610.50	1.03	24365.74	设计列车	8144.99	2.99
23610.50	1.03	24365.74	CRH2	6873.65	3.54
23610.50	1.03	24365.74	CRH3	8398.64	2.90
23610.50	1.03	24365.74	ЭBC2×2 号列车	8372.79	2.91

续上表

ZK 活载			各列车模式活载		
跨中静弯矩 （kN·m）	动力系数 （1+μ）	设计弯矩 （kN·m）	类型	跨中静弯矩 （kN·m）	容许动力系数 （1+φ）
23610.50	1.03	24365.74	ЭВС1×2 号列车	8136.20	2.99
23610.50	1.03	24365.74	ЭВС2 "游隼号" 列车	8372.79	2.91
23610.50	1.03	24365.74	ЭВС1 "游隼号" 列车	8136.20	2.99
23610.50	1.03	24365.74	ЭР200 号列车	7427.40	3.28
23610.50	1.03	24365.74	ICE2	9028.09	2.70
23610.50	1.03	24365.74	ETC–Y	8774.13	2.78
23610.50	1.03	24365.74	EUCOSTAC	8987.56	2.71
23610.50	1.03	24365.74	AVE	9054.96	2.69
23610.50	1.03	24365.74	TALGOAV	9390.11	2.59
23610.50	1.03	24365.74	VICGIN	8855.22	2.75
23610.50	1.03	24365.74	THALYS	9272.93	2.63

5）梁体动力响应

3 种梁型抗弯刚度与基频系数的关系如图 7.2-5 所示。

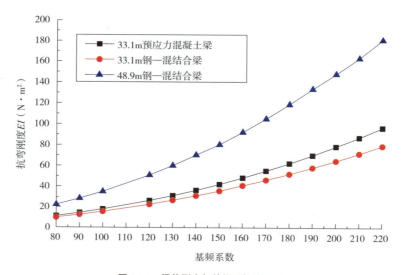

图 7.2-5　梁体刚度与基频系数关系图

15种运营列车作用下,3种梁型最大动力响应特征如图7.2-6～图7.2-8所示。

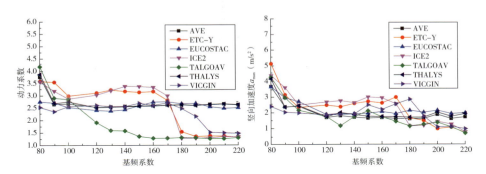

a)欧洲真实列车作用

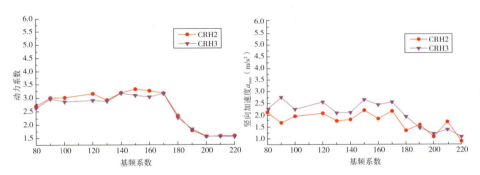

b)中国高速列车作用

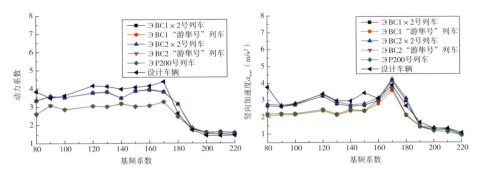

c)俄罗斯现行及设计列车作用(含设计列车——拟采用的中国车辆)

图7.2-6 跨度为33.1m预应力混凝土简支箱梁最大动力响应特征

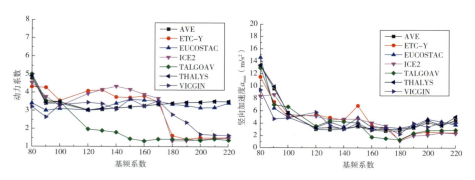

a）欧洲真实列车作用

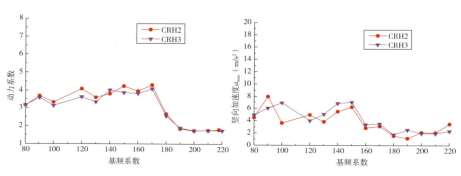

b）中国高速列车作用

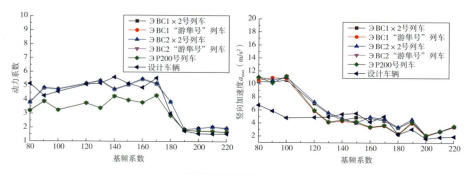

c）俄罗斯现行及设计列车作用

图 7.2-7　跨度为 33.1m 钢—混结合简支箱梁最大动力响应特征

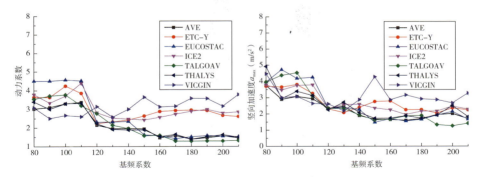

a）欧洲真实列车作用

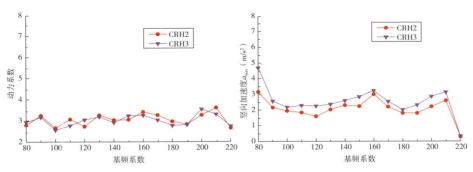

b）中国高速列车作用

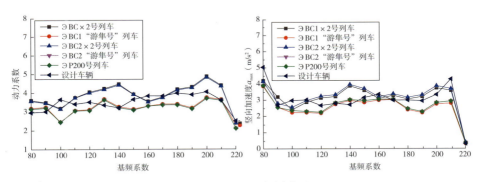

c）俄罗斯现行及设计列车作用

图 7.2-8　跨度为 48.9m 钢—混结合简支箱梁最大动力响应特征

从图 7.2-6～图 7.2-8 所示不同跨度和刚度梁体在运营列车作用下（140～480km/h）最大动力效应可以发现，梁体竖向最大振动加速度与最大动力系数变化规律基本一致，且随着梁体刚度的增大，梁体动力效应呈下降趋势。

以车长 25m 的 CRH2 型列车为例，列车作用于竖向自振基频为 120/L 的梁体，动力响应如图 7.2-9 所示。

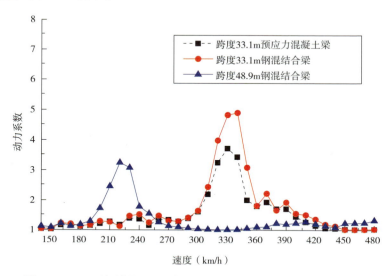

图 7.2-9　CRH2 型列车作用下三种梁型动力系数对比图（基频均为 120/L 时）

从图 7.2-9 中可以发现，对于确定竖向自振基频的简支梁，当列车接近某一速度时，将引起结构很大的动力响应；相同竖向自振基频、相同跨度不同结构形式的简支梁动力响应峰值均发生在相同列车速度处。竖向自振基频相同的跨度为 33.1m 钢—混结合简支梁与跨度为 48.9m 钢—混结合简支梁相比，跨度为 33.1m 钢—混结合简支梁的共振速度和动力系数较大。

理论研究表明，当列车以速度 v 通过桥梁时，由于列车荷载的规则性排列，会对桥梁产生周期性的动力作用。对于常用中小跨度简支梁，列车对桥梁的竖向激振频率主要取决于列车的速度 v（km/h）和列车长度 d_v（m），其激振频率为 $f_{激振}=v/(3.6d_v)$；而当激振频率等于桥梁竖向振动频率 f_b 的 $1/i$（i=1，2，3…）时，即 $v_{br,i}=3.6f_b d_v/i$（i=1，2，3…）时，会使桥梁结构发生共振或超谐共振。当列车激振频率为结构自振频率的 1、1/2 和 1/3 时可能发生共振或较大振动。1 阶振动波可能有 2、3 次共振现象。对于 1 阶共振波出现 1 阶共振现象，是由于列车激振频率与梁体的自振频率完全一致，且个别荷载引起梁的残余振动与下一个荷载的振动频率完全一致，造成明显的共振振幅；对 1 阶振动波出现 2 阶振动现象，是由于个别荷载与下一个荷载间加入 1 阶梁的自由振动。

由于高速列车车长并不统一，如 HSLM A1 ～ A10 车长为 18 ～ 27m，所以相同的运营速度下，不同列车的激振频率并不相同。图 7.2-10 ～ 图 7.2-12 为 HSLM A1 ～ A10 作用下（速度 480km/h 及以下）梁体最大动力响应特征。

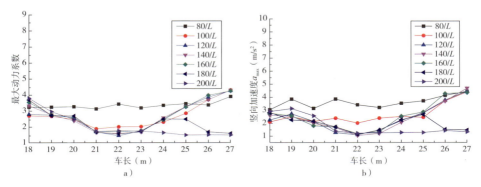

图 7.2-10 跨度为 33.1m 预应力混凝土简支箱梁最大动力响应特征

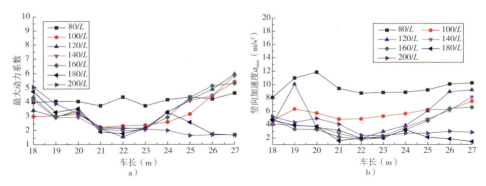

图 7.2-11 跨度为 33.1m 钢—混结合简支箱梁最大动力响应特征

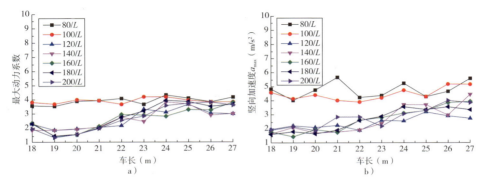

图 7.2-12 跨度为 48.9m 钢—混结合简支箱梁最大动力响应特征

从图 7.2-10～图 7.2-12 可以发现，梁体最大动力系数与竖向最大振动加速度的变化规律大体一致。对于所有跨度而言，随着梁体竖向基频的增大，梁体动力效应整体呈下降趋势。同样跨度时，梁体最大动力系数与竖向最大振动加速度值，刚度较大的预应力混凝土梁明显小于刚度较小的钢—混结合梁。当车长与梁体长度较为接近时，梁体最大动力系数与竖向最大振动加速度均呈增长趋势。究其原因，可以参考日本规范关于跨度/车长比（L_b/L_v）对共振响应的影响说明，即当桥梁跨度为车长的 1.5 倍或 2.5 倍时，梁体不存在 1 阶共振点，即铁路桥动力响应最小时梁跨与车长比可表示为：跨度/车长=k+0.5（k=1、2、3…），相反，当跨度/车长为整数时，动力响应倍率增大；当跨度/车长=0.75 时，梁体不存在 2 阶共振点，即跨度/车长=1/2（k+0.5）（k=1、2、3…）；由于跨度大于车长时，梁体挠度是有限长列荷载引起的，荷载产生的突变效应将减弱，当跨度/车长=2.0 及以上时，共振波峰的动力响应倍率会变小。研究中 CRH2、CRH3、CRH380B、CR400A 列车的车长均 25m 左右，1.5 倍车长和 2.5 倍车长分别为 37.5m 和 62.5m，接近于研究选取的跨度 40m 和 64m，因此这两个跨度简支梁的动力响应较小。

理论计算结果表明，为保证运营活载动力效应不超过设计值，梁体应满足一定的刚度要求。为量化刚度对冲击系数的影响，将不同跨度梁体基频限值由 120/L 提高至 160/L，计算得 4 种典型运营列车的动力系数如图 7.2-13～图 7.2-15 所示。

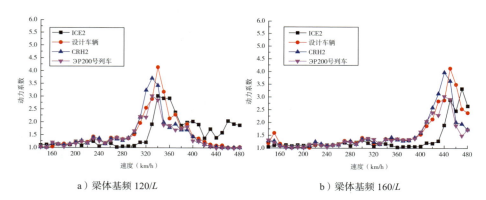

图 7.2-13　跨度为 33.1m 预应力混凝土简支箱梁动力系数响应特征

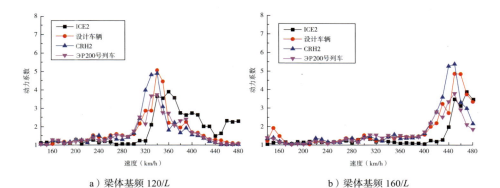

图 7.2-14 跨度为 33.1m 钢—混结合简支箱梁动力系数响应特征

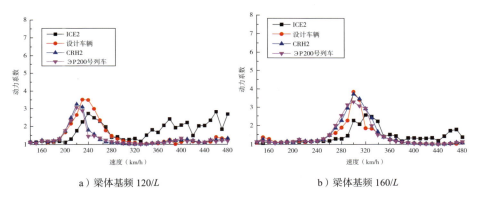

图 7.2-15 跨度为 48.9m 钢—混结合简支箱梁动力系数响应特征

从图 7.2.13～图 7.2.15 中可以发现，不同刚度的梁体在列车作用下的动力系数曲线特征较为相似，但动力系数最大值所对应的列车速度随着刚度的增大而增大。跨度为 33.1m 简支梁基频限值的提高可有效降低列车速度在 400km/h 及以下运行时的动力系数。跨度为 48.9m 简支梁基频限值的提高对于动力系数峰值无明显改善，但发生共振的速度有所提高。

7.2.3 适用于俄罗斯高速铁路标准跨简支梁的竖向基频限值

1）基于梁体竖向加速度的评判标准

当列车以速度 300km/h、350km/h、400km/h 运行时，3 种梁型竖向加速度满足限值要求的梁体最小刚度系数见表 7.2-17～表 7.2-19。其中，有砟轨道振动加速度限值为 3.5m/s^2，无砟轨道振动加速度限值为 5.0m/s^2。

跨度为 33.1m 预应力混凝土简支箱梁最小刚度系数　　表 7.2-17

列车分类	加速度限值（m/s²）	设计最高速度（km/h）	最小刚度系数
HSLM A1～A10 列车模式	3.5	300	120
		350	130
		400	150
	5.0	300	80
		350	80
		400	80
欧洲真实列车（RT）	3.5	300	80
		350	80
		400	100
	5.0	300	80
		350	80
		400	80
设计列车	3.5	300	90
		350	90
		400	90
	5.0	300	80
		350	80
		400	80
俄罗斯现行列车（RU）	3.5	300	80
		350	80
		400	80
	5.0	300	80
		350	80
		400	80
中国高速列车	3.5	300	80
		350	80
		400	80
	5.0	300	80
		350	80
		400	80

跨度为33.1m钢—混结合简支箱梁最小刚度系数　　　　表 7.2-18

列 车 分 类	加速度限值（m/s²）	设计最高速度（km/h）	最小刚度系数
HSLM A1～A10 列车模式	3.5	300	160
		350	190
		400	210
HSLM A1～A10 列车模式	5.0	300	160
		350	160
		400	210
欧洲真实列车（RT）	3.5	300	160
		350	160
		400	160
	5.0	300	160
		350	160
		400	160
设计列车	3.5	300	160
		350	160
		400	160
	5.0	300	160
		350	160
		400	160
俄罗斯现行列车（RU）	3.5	300	160
		350	160
		400	160
	5.0	300	160
		350	160
		400	160
中国高速列车	3.5	300	160
		350	160
		400	160
	5.0	300	160
		350	160
		400	160

跨度为 48.9m 钢—混结合简支箱梁最小刚度系数　　表 7.2-19

列车分类	加速度限值（m/s²）	设计最高速度（km/h）	最小刚度系数
HSLM A1～A10 列车模式	3.5	300	80
		350	80
		400	100
	5.0	300	80
		350	80
		400	80
欧洲真实列车（RT）	3.5	300	80
		350	90
		400	100
	5.0	300	80
		350	80
		400	80
设计列车	3.5	300	80
		350	80
		400	80
	5.0	300	80
		350	80
		400	80
俄罗斯现行列车（RU）	3.5	300	80
		350	80
		400	80
俄罗斯现行列车（RU）	5.0	300	80
		350	80
		400	80
中国高速列车	3.5	300	80
		350	80
		400	80
	5.0	300	80
		350	80
		400	80

从表 7.2-17 中可以发现，跨度为 33.1m 预应力混凝土简支箱梁梁体刚度限值采用欧洲 HSLM A1～A10 列车模式较采用其他列车模式时整体有所提高。采用欧洲 HSLM A1～A10 以外的列车模式以最高速度 300km/h、350km/h、400km/h 行驶时，跨度为 33.1m 预应力混凝土简支箱梁桥基频如不低于以下要求，均可满足梁体竖向加速度小于 3.5m/s² 的要求。

（1）当 300km/h 时，$n_0=90/L$；

（2）当 350km/h 时，$n_0=90/L$；

（3）当 400km/h 时，$n_0=100/L$。

在计算速度范围内，基频为 $n_0=80/L$ 的跨度 33.1m 预应力混凝土简支箱梁桥无论采用何种列车模式，均可满足梁体竖向加速度均小于 5.0km/s² 的要求。

从表 7.2-18 中可以发现，钢—混结合简支箱梁的刚度限值采用欧洲 HSLM A1～A10 较其他列车模式时整体有所提高。与相同跨度的预应力混凝土简支梁桥相比，相同速度下钢—混结合简支箱梁满足竖向振动加速度限值所需的刚度有所增加。采用欧洲 HSLM A1～A10 以外的列车模式以最高速度 300km/h、350km/h、400km/h 行驶时，跨度为 33.1m 钢—混简支箱梁桥基频如不低于 $n_0=160/L$，均可满足梁体竖向加速度小于 3.5m/s² 的要求。

从表 7.2-19 中可以发现，跨度为 48.9m 钢—混结合简支箱梁梁体刚度限值采用欧洲 HSLM A1～A10 列车模式较采用其他列车模式时整体有所提高。列车以最高速度 300km/h、350km/h、400km/h 行驶时，跨度 48.9m 钢—混简支箱梁桥基频如不低于以下要求，均可满足梁体竖向加速度小于 3.5m/s² 的要求。

（1）当 300km/h 时，$n_0=80/L$；

（2）当 350km/h 时，$n_0=90/L$；

（3）当 400km/h 时，$n_0=100/L$。

2）基于梁体动力系数的评判标准

列车以速度 300km/h、350km/h、400km/h 运行时，3 种梁型动力系数满足限值要求的梁体最小刚度系数见表 7.2-20～表 7.2-22。

跨度为 33.1m 预应力混凝土简支箱梁最大容许动力系数和最小刚度系数　　表 7.2-20

列 车 分 类	设计最高速度（km/h）	最大容许动力系数	最小刚度系数
HSLM A1～A10 列车模式	300	2.57	160
	350	2.57	190
	400	2.57	210
欧洲真实列车（RT）	300	2.83	120
	350	2.83	130
	400	2.83	150
设计列车	300	2.98	120
	350	2.98	130
	400	2.98	140
俄罗斯现行列车（RU）	300	3.16	120
	350	3.16	140
	400	3.16	160
中国高速列车	300	3.57	100
	350	3.57	100
	400	3.57	100

跨度为 33.1m 钢—混结合简支箱梁最大容许动力系数和最小刚度系数　　表 7.2-21

列 车 分 类	设计最高速度（km/h）	最大容许动力系数	最小刚度系数
HSLM A1～A10 列车模式	300	2.57	160
	350	2.57	190
	400	2.57	220
欧洲真实列车（RT）	300	2.83	160
	350	2.83	180
	400	2.83	210

续上表

列 车 分 类	设计最高速度（km/h）	最大容许动力系数	最小刚度系数
设计列车	300	2.98	120
	350	2.98	140
	400	2.98	160
俄罗斯现行列车（RU）	300	3.16	120
	350	3.16	140
	400	3.16	160
中国高速列车	300	3.57	120
	350	3.57	130
	400	3.57	150

跨度为 48.9m 钢—混结合简支箱梁最大容许动力系数和最小刚度系数　表 7.2-22

列 车 分 类	设计最高速度（km/h）	最大容许动力系数	最小刚度系数
HSLM A1～A10 列车模式	300	2.71	180
	350	2.71	210
	400	2.71	220
欧洲真实列车（RT）	300	2.78	120
	350	2.78	130
	400	2.78	130
设计列车	300	2.99	170
	350	2.99	190
	400	2.99	220
俄罗斯现行列车（RU）	300	3.28	170
	350	3.28	200
	400	3.28	220
中国高速列车	300	3.54	100
	350	3.54	100
	400	3.54	100

7.2.4 梁体竖向挠度限值

1）梁体刚度与车辆竖向振动加速度的关系

对于挠跨比的限值主要为满足车体的垂直加速度，从而保证旅客的乘坐舒适度，通过研究各速度工况下车体竖向振动加速度与桥梁刚度的关系，确定各简支梁刚度限值。

计算采用 MIDAS 通用软件以及西南交通大学 BDAPV2.0 桥梁结构动力分析软件，进行不同跨度、不同刚度、不同材料的简支梁"车—线—桥"耦合振动分析。按照德国标准，采用车体竖向加速度 $1.0m/s^2$ 限值（优秀）为判断准则，对上述 3 种简支梁桥建立 10 跨桥梁空间梁单元分析模型。梁体与桥墩墩顶采用主从约束来模拟桥墩对主梁的约束作用，以线性节点弹性支承模拟承台与地基的连接。其中，钢混箱形截面特性采用换算截面法将钢材换算为混凝土，并赋予梁体单元截面换算后的界面特性。桥面二期恒载以转化为自重的形式考虑。10 跨简支梁有限元模型如图 7.2-16 所示。其中，该模型共有节点 371 个，梁单元 248 个。

图 7.2-16　10 跨简支梁有限元模型

对于具有两级悬挂系统的铁路四轴车辆，由 1 个车体、2 个转向架和 4 个轮对构成，共 7 个刚体，建立车辆动力学模型。构架和轮对自由度的定义与车体自由度类似。转向架与轮对之间通过一系弹簧和阻尼连接，车体与转向架之间通过二系弹簧和阻尼连接，整个车辆模型为一个多刚体弹簧—阻尼系统。车体、转向架以及轮对均只考虑横移、沉浮、侧滚、点头和摇头自由度，忽略纵向自由度，则每辆车共有 35 个自由度，即

$$Y = \begin{pmatrix} \{y_c, z_c, \theta_c, \phi_c, \psi_c\}^T \\ \{y_{ti}, z_{ti}, \theta_{ti}, \phi_{ti}, \psi_{ti} \ (i=1,2)\}^T \\ \{y_{wi}, z_{wi}, \theta_{wi}, \phi_{wi}, \psi_{wi} \ (i=1,2,3,4)\}^T \end{pmatrix} \quad (7.2\text{-}13)$$

式中：y、z、θ、ϕ、ψ——分别为横移、沉浮、侧滚、点头和摇头自由度；

　　　　c——车体；

t——转向架；

w——轮对；

i——转向架或轮对的个数。

采用牛顿定律和动量矩定律，可以推导 35 个自由度的机车车辆动力学振动方程，详细可参见由翟婉明、夏禾等主编的《列车—轨道—桥梁动力相互作用理论与工程应用》。

模拟仿真机车车辆计算模型采用 ICE3 型列车。根据计算，ICE3 型列车以不同速度作用于不同类型简支梁时的车体动力响应曲线如图 7.2-17～图 7.2-19 所示。

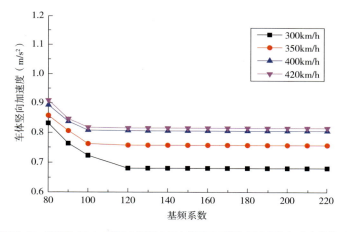

图 7.2-17　跨度为 33.1m 预应力混凝土简支梁刚度系数与列车竖向加速度的关系

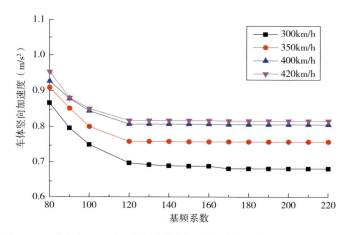

图 7.2-18　跨度为 33.1m 钢—混结合简支梁刚度系数与列车竖向加速度的关系

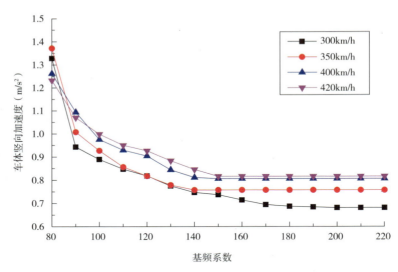

图 7.2-19　跨度为 48.9m 钢—混结合简支梁刚度系数与列车竖向加速度的关系

从图 7.2-17～图 7.2-19 中可以发现，当列车以某一速度通过时，机车的竖向加速度随刚度系数的增加而减小，超出某一刚度系数后，机车竖向加速度不再随刚度系数增加而减小。满足典型车速条件的不同类型简支梁梁体的刚度系数限值见表 7.2-23。

典型车速下 ICE3 型列车车体竖向加速度与刚度系数限值统计表　　表 7.2-23

速度（km/h）	简支梁类型	刚度系数限值	车体竖向加速度（m/s²）
300	33.1m 预应力混凝土梁	120	0.681
	33.1m 钢—混结合梁	170	0.681
	48.9m 钢—混结合梁	200	0.681
350	33.1m 预应力混凝土梁	120	0.757
	33.1m 钢—混结合梁	130	0.758
	48.9m 钢—混结合梁	140	0.757
400	33.1m 预应力混凝土梁	100	0.808
	33.1m 钢—混结合梁	120	0.807
	48.9m 钢—混结合梁	150	0.806

对于同一类型简支梁，机车竖向加速度随着速度的增加而增大。刚度系数限值范围内，当列车以同一速度通过相同跨度的预应力混凝土简支箱梁和钢—混结合简支箱梁时，通过预应力混凝土简支箱梁的机车竖向加速度较小。刚度系数限值范围内，当列车以同一速度通过不同跨度简支梁时，机车竖向加速度随着跨度增大而增大。超出刚度系数限值后，列车以同一速度通过不同跨度和不同类型的简支梁时，机车竖向加速度趋于一相同值，与梁体跨度和类型无关。

除 48.9m 钢—混结合简支箱梁在刚度系数为 80 和 90 时机车竖向加速度超过 $1.0m/s^2$ 外，其余所有类型的简支梁桥均满足舒适性优秀（机车竖向加速度小于 $1.0m/s^2$）的要求。

需要注意的是，机车竖向加速度受到车型、车辆悬挂参数、轨道不平顺等因素的影响，仅用某一特定车型难以反映实际情况。

2）梁体竖向挠度与轨道不平顺管理限值关系

轨道不平顺为轨道质量状态的集中体现，影响列车运行的舒适性和安全性，加剧车辆与轨道间的动力相互作用，缩短列车与轨道结构的维修周期和使用寿命。高速铁路尤其注重轨道的高平顺性。为使高速铁路能经常保持良好的技术状态，保证轨道高平顺性，必须建立一套科学合理的轨道不平顺管理体系。而建立一套科学合理的轨道不平顺管理体系的前提是制定合理的轨道不平顺管理标准。

在总结高速铁路无砟轨道相关研究成果和国内外养护维修技术基础上，中国《高速铁路无砟轨道线路维修规则（试行）》（铁运〔2012〕83 号）（以下简称《无砟轨道维修规则》）于 2012 年 4 月 19 日印发并施行。

《无砟轨道维修规则》规定了线路轨道静态几何尺寸容许偏差管理值、轨道动态不平顺管理值。线路动态不平顺是指线路不平顺的动态反映，主要通过综合检测列车进行检测。轨道动态不平顺的检查项目为轨距、水平、轨向、高低、扭曲、复合不平顺、车体垂向振动加速度、车体横向振动加速度、轨距变化率等。动态不平顺管理分为峰值管理和均值管理。峰值管理各项偏差等级划分四级：Ⅰ级为经常保养标准，Ⅱ级为舒适度标准，Ⅲ级为临时补修标准，Ⅳ级为限速标准。250（不含）～350km/h 线路轨道静态几何尺寸容许偏差管理值见表 7.2-24，250（不含）～350km/h 线路轨道动态质量容许偏差管理值见表 7.2-25。

250（不含）～350km/h 线路轨道静态几何尺寸容许偏差管理值　　表 7.2-24

项　目	作业验收	经常保养	临时补修	限速（200km/h）
轨距（mm）	+1 −1	+4 −2	+5 −3	+6 −4
水平（mm）	2	4	6	7
高低（mm）	2	4	7	8
轨向（直线）（mm）	2	4	5	6
扭曲（mm/3m）	2	3	5	6
轨距变化率	1/1500	1/1000	—	—

注：1. 高低和轨向偏差为 10m 及以下弦测量的最大矢度值。
　　2. 扭曲偏差不含曲线超高顺坡造成的扭曲量。

250（不含）～350km/h 线路轨道动态质量容许偏差管理值　　表 7.2-25

项　目		经常保养	舒适度	临时补修	限速（200km/h）
偏差等级		Ⅰ级	Ⅱ级	Ⅲ级	Ⅳ级
轨距（mm）		+4 −3	+6 −4	+7 −5	+8 −6
水平（mm）		5	6	7	8
扭曲（基长 3m）（mm）		4	6	7	8
高低（mm）	波长 1.5～42m	4	6	8	10
轨向（mm）	波长 1.5～42m	4	5	6	7
高低（mm）	波长 1.5～120m	7	9	12	15
轨向（mm）	波长 1.5～120m	6	8	10	12
复合不平顺（mm）		6	8	—	—
车体垂向加速度（m/s²）		1.0	1.5	2.0	2.5
车体横向加速度（m/s²）		0.6	0.9	1.5	2.0
轨距变化率（基长 3m）（‰）		1.0	1.2		

注：1. 表中管理值为轨道不平顺实际幅值的半峰值。
　　2. 水平限值不包含曲线按规定设置的超高值及超高顺坡量。
　　3. 扭曲限值包含缓和曲线超高顺坡造成的扭曲量。
　　4. 车体垂向加速度采用 20Hz 低通滤波，车体横向加速度Ⅰ、Ⅱ级标准采用 0.5～10Hz 带通滤波处理的值进行评判，Ⅲ、Ⅳ级标准采用 10Hz 低通滤波处理的值进行评判。
　　5. 复合不平顺指水平和轨向逆向复合不平顺，按水平和 1.5～42m 轨向代数差计算。避免出现连续多波不平顺。

从表 7.2-24、表 7.2-25 中可以看出，250（不含）～350km/h 无砟线路轨道高低不平顺作业验收管理值为 2mm，波长 1.5～42m Ⅰ级～Ⅳ级管理值分别为 4mm、6mm、8mm、10mm，波长 1.5～120m Ⅰ级～Ⅳ级管理值分别为 7mm、9mm、12mm、15mm。

作业验收管理目标值是新线工程竣工或施工作业后应达到的质量目标值，通常称作初始不平顺控制标准。Ⅰ级～Ⅳ级管理目标值是考虑综合检测列车动活载作用下的动态容许偏差管理值，Ⅰ级管理值是为确保轨道经常处于良好状态，进行有计划的日常养护管理，在日常保养工作中希望达到的标准，通常称作日常养护维修控制标准。

由于高速列车在桥上运行时，对梁体产生的动挠度也是轨道高低不平顺的一部分，参照中国《无砟轨道维修规则》中 250（不含）～350km/h 无砟线路轨道高低不平顺作业验收管理值为 2mm，波长 1.5～42m Ⅰ级管理值为 4mm 的规定，按照作业验收管理值 3mm、Ⅰ级管理值 5mm，以不同跨度、不同梁型双线简支梁为例，分别选取不同的刚度（基频），用于对比分析运营列车作用下梁体的动挠度与轨道高低不平顺动态管理值的关系。

计算主要参数有移动荷载列模型、结构参数和车辆参数。

由于篇幅限制，以下仅列出欧洲车 ICE2、中国 CRH3 及俄罗斯 ЭР200 共 3 种列车在不同速度下跨中挠度与轨道高低不平顺管理限值对比见表 7.2.26～表 7.2.28。表中"设计挠度"为双线 ZK 静活载按影响线加载下的跨中挠度；"跨度/挠度（设计）"表示跨度与双线 ZK 静活载按影响线加载下的挠度比值；"运营动挠度"为各车型在相应速度下的跨中挠度；"作业验收值"与"Ⅰ级管理值"中的"×"表示运营动挠度大于管理值，"√"表示运营动挠度小于管理值。

3）俄罗斯高速铁路桥梁标准跨度简支梁挠度限值

根据上述数据对比分析，按照列车类型分类，莫斯科—喀山高速铁路桥梁 3 种标准跨度简支梁竖向挠度限值见表 7.2-29～表 7.2-33。

跨度 33.1m 预应力混凝土简支箱梁各列车作用下跨中挠度与轨道高低不平顺管理值对比表　　表 7.2-26

车型	速度(km/h)	项目	80/L	90/L	100/L	120/L	130/L	140/L	150/L	160/L	170/L	180/L	190/L	200/L	210/L	220/L
ZK活载	—	设计挠度(mm)	25.11	19.44	15.72	10.84	9.23	7.95	6.91	6.06	5.35	4.77	4.28	3.85	3.50	3.19
	—	跨度/挠度(设计)	1318	1703	2106	3054	3588	4162	4789	5458	6188	6937	7729	8595	9458	9458
	250	运营动挠度(mm)	15.89	8.85	4.12	2.68	2.25	1.88	1.65	1.33	1.17	1.04	0.96	0.86	0.78	0.7
		作业验收值(3mm)	×	×	×	√	√	√	√	√	√	√	√	√	√	√
		I级管理值(5mm)	×	√	√	√	√	√	√	√	√	√	√	√	√	√
	300	运营动挠度(mm)	15.89	11.73	9.02	2.68	2.25	1.98	1.75	1.54	1.26	1.1	0.96	0.86	0.78	0.7
		作业验收值(3mm)	×	×	×	√	√	√	√	√	√	√	√	√	√	√
		I级管理值(5mm)	×	×	×	√	√	√	√	√	√	√	√	√	√	√
ICE2	350	运营动挠度(mm)	15.89	11.73	9.02	6.49	2.4	1.98	1.75	1.54	1.33	1.14	1.02	0.88	0.78	0.7
		作业验收值(3mm)	×	×	×	×	√	√	√	√	√	√	√	√	√	√
		I级管理值(5mm)	×	×	×	×	√	√	√	√	√	√	√	√	√	√
	400	运营动挠度(mm)	15.89	11.73	9.02	6.49	5.8	4.33	1.75	1.54	1.33	1.14	1.02	0.93	0.85	0.73
		作业验收值(3mm)	×	×	×	×	×	×	√	√	√	√	√	√	√	√
		I级管理值(5mm)	×	×	×	×	×	×	√	√	√	√	√	√	√	√
CRH3(8节)	250	运营动挠度(mm)	11.02	9.62	4.32	2.41	2.11	1.67	1.4	1.29	1.22	1.12	1.03	0.92	0.83	0.74
		作业验收值(3mm)	×	×	×	√	√	√	√	√	√	√	√	√	√	√
		I级管理值(5mm)	×	×	√	√	√	√	√	√	√	√	√	√	√	√

续上表

车型	速度(km/h)	项目	80/L	90/L	100/L	120/L	130/L	140/L	150/L	160/L	170/L	180/L	190/L	200/L	210/L	220/L
CRH3(8节)	300	运营动挠度（mm）	11.02	9.62	7.43	2.9	2.13	1.83	1.61	1.3	1.22	1.12	1.03	0.92	0.83	0.74
		作业验收值（3mm）	×	×	×	√	√	√	√	√	√	√	√	√	√	√
		Ⅰ级管理值（5mm）	×	×	×	√	√	√	√	√	√	√	√	√	√	√
	350	运营动挠度（mm）	11.02	9.62	7.43	5.15	3.46	2.08	1.61	1.4	1.23	1.12	1.03	0.92	0.83	0.74
		作业验收值（3mm）	×	×	×	×	×	×	√	√	√	√	√	√	√	√
		Ⅰ级管理值（5mm）	×	×	×	×	√	√	√	√	√	√	√	√	√	√
	400	运营动挠度（mm）	11.02	9.62	7.43	5.15	4.3	4.06	2.54	1.57	1.23	1.12	1.03	0.92	0.83	0.74
		作业验收值（3mm）	×	×	×	×	×	×	√	√	√	√	√	√	√	√
ЭP200	250	运营动挠度（mm）	10.89	9.94	4.33	2.39	2.08	1.68	1.35	1.27	1.21	1.11	1.02	0.9	0.79	0.7
		作业验收值（3mm）	×	×	√	√	√	√	√	√	√	√	√	√	√	√
	300	运营动挠度（mm）	10.89	9.94	7.39	2.95	2.08	1.78	1.56	1.27	1.21	1.11	1.02	0.9	0.79	0.7
		作业验收值（3mm）	×	×	×	×	√	√	√	√	√	√	√	√	√	√
	350	运营动挠度（mm）	10.89	9.94	7.39	5.36	3.66	2.12	1.56	1.34	1.21	1.11	1.02	0.9	0.79	0.7
		作业验收值（3mm）	×	×	×	×	×	×	√	√	√	√	√	√	√	√
	400	运营动挠度（mm）	10.89	9.94	7.39	5.36	4.48	4.04	2.67	1.58	1.21	1.11	1.02	0.9	0.79	0.7
		作业验收值（3mm）	×	×	×	×	×	×	√	√	√	√	√	√	√	√
		Ⅰ级管理值（5mm）	×	×	×	×	√	√	√	√	√	√	√	√	√	√

表 7.2-27 跨度 33.1m 钢—混结合简支箱梁各列车作用下跨中挠度与轨道高低不平顺管理值对比表

车型	速度(km/h)	项目	80/L	90/L	100/L	120/L	130/L	140/L	150/L	160/L	170/L	180/L	190/L	200/L	210/L	220/L
ZK活载	—	设计挠度（mm）	30.73	24.61	20.26	14.58	12.50	10.89	9.60	7.80	6.98	6.28	5.69	5.18	4.73	4.35
	—	跨度/设计	1077	1345	1634	2270	2648	3040	3449	4244	4743	5273	5820	6393	6995	7615
ICE2	250	运营动挠度（mm）	24.04	10.82	5.04	3.23	2.59	2.32	2.01	1.63	1.46	1.36	1.26	1.17	1.07	0.98
		作业验收值（3mm）	×	×	×	×	√	√	√	√	√	√	√	√	√	√
		I级管理值（5mm）	×	×	×	√	√	√	√	√	√	√	√	√	√	√
	300	运营动挠度（mm）	24.04	16.71	11.67	3.23	2.59	2.43	2.12	1.98	1.58	1.36	1.26	1.17	1.07	0.98
		作业验收值（3mm）	×	×	×	×	√	√	√	√	√	√	√	√	√	√
		I级管理值（5mm）	×	×	×	√	√	√	√	√	√	√	√	√	√	√
	350	运营动挠度（mm）	24.04	16.71	11.67	9.12	2.87	2.43	2.12	1.98	1.71	1.41	1.26	1.17	1.07	0.98
		作业验收值（3mm）	×	×	×	×	×	√	√	√	√	√	√	√	√	√
		I级管理值（5mm）	×	×	×	×	√	√	√	√	√	√	√	√	√	√
	400	运营动挠度（mm）	24.04	16.71	11.67	9.73	8.71	5.91	2.12	1.98	1.71	1.41	1.26	1.2	1.11	0.98
		作业验收值（3mm）	×	×	×	×	×	×	√	√	√	√	√	√	√	√
		I级管理值（5mm）	×	×	×	×	×	√	√	√	√	√	√	√	√	√
CRH3（8节）	250	运营动挠度（mm）	14.77	13.24	5.14	2.81	2.61	2.08	1.72	1.58	1.56	1.49	1.38	1.24	1.12	1.01
		作业验收值（3mm）	×	×	×	×	√	√	√	√	√	√	√	√	√	√
		I级管理值（5mm）	×	×	×	√	√	√	√	√	√	√	√	√	√	√
	300	运营动挠度（mm）	14.77	13.24	9.31	3.51	2.66	2.22	2.09	1.62	1.56	1.49	1.38	1.24	1.12	1.01
		作业验收值（3mm）	×	×	×	×	√	√	√	√	√	√	√	√	√	√
		I级管理值（5mm）	×	×	×	√	√	√	√	√	√	√	√	√	√	√

续上表

车型	速度(km/h)	项目	80/L	90/L	100/L	120/L	130/L	140/L	150/L	160/L	170/L	180/L	190/L	200/L	210/L	220/L
CRH3(8节)	350	运营动挠度(mm)	14.77	13.24	9.31	7.44	4.55	2.4	2.09	1.88	1.6	1.49	1.38	1.24	1.12	1.01
	350	作业验收值(3mm)	×	×	×	×	×	√	√	√	√	√	√	√	√	√
	350	I级管理值(5mm)	×	×	×	√	√	√	√	√	√	√	√	√	√	√
	400	运营动挠度(mm)	14.77	13.24	9.31	7.44	5.8	6	3.3	1.88	1.62	1.49	1.38	1.24	1.12	1.01
	400	作业验收值(3mm)	×	×	×	×	×	×	×	√	√	√	√	√	√	√
	400	I级管理值(5mm)	×	×	×	×	√	×	√	√	√	√	√	√	√	√
ЭP200	250	运营动挠度(mm)	14.86	14.15	5.27	2.88	2.6	2.11	1.65	1.57	1.55	1.51	1.41	1.23	1.1	0.96
	250	作业验收值(3mm)	×	×	×	√	√	√	√	√	√	√	√	√	√	√
	250	I级管理值(5mm)	×	×	√	√	√	√	√	√	√	√	√	√	√	√
	300	运营动挠度(mm)	14.86	14.15	9.61	3.61	2.62	2.2	2.04	1.57	1.55	1.51	1.41	1.23	1.1	0.96
	300	作业验收值(3mm)	×	×	×	×	√	√	√	√	√	√	√	√	√	√
	300	I级管理值(5mm)	×	×	×	√	√	√	√	√	√	√	√	√	√	√
	350	运营动挠度(mm)	14.86	14.15	9.61	7.66	4.84	2.54	2.04	1.75	1.55	1.51	1.41	1.23	1.1	0.96
	350	作业验收值(3mm)	×	×	×	×	×	√	√	√	√	√	√	√	√	√
	350	I级管理值(5mm)	×	×	×	√	√	√	√	√	√	√	√	√	√	√
	400	运营动挠度(mm)	14.86	14.15	9.61	7.66	5.84	6.3	3.5	1.93	1.55	1.51	1.41	1.23	1.1	0.96
	400	作业验收值(3mm)	×	×	×	×	×	×	×	√	√	√	√	√	√	√
	400	I级管理值(5mm)	×	×	×	×	×	×	√	√	√	√	√	√	√	√

跨度48.9m 钢—混结合简支箱梁各列车作用下跨中挠度与轨道高低不平顺管理值对比表

表 7.2-28

车型	速度(km/h)	项目	80/L	90/L	100/L	110/L	120/L	130/L	140/L	150/L	160/L	170/L	180/L	190/L	200/L	210/L	220/L
ZK	—	设计挠度(mm)	73.28	55.20	43.89	35.69	29.59	24.93	21.29	18.40	16.25	14.29	12.68	11.32	10.19	9.29	8.52
活载	—	跨度/挠度(设计)	667	886	1114	1370	1652	1961	2297	2658	3009	3423	3855	4320	4798	5265	5740
ICE2	250	运营动挠度(mm)	24.98	21.64	17.64	14.47	11.35	6.95	3.9	3.39	2.7	2.53	2.15	1.78	1.64	1.48	2.25
		作业验收值(3mm)	×	×	×	×	×	×	√	√	√	√	√	√	√	√	√
		I级管理值(5mm)	×	×	×	×	×	×	√	√	√	√	√	√	√	√	√
	300	运营动挠度(mm)	24.98	21.64	17.64	14.47	11.35	8.91	7.49	6.41	5.22	2.63	2.29	1.88	1.66	1.59	2.49
		作业验收值(3mm)	×	×	×	×	×	×	×	×	√	√	√	√	√	√	√
		I级管理值(5mm)	×	×	×	×	×	×	×	×	×	√	√	√	√	√	√
	350	运营动挠度(mm)	36.16	21.64	17.64	14.47	11.35	8.91	7.49	6.41	5.91	5.53	4.42	2.88	1.87	1.61	3.33
		作业验收值(3mm)	×	×	×	×	×	×	×	×	×	×	×	√	√	√	√
		I级管理值(5mm)	×	×	×	×	×	×	×	×	×	√	×	√	√	√	√
	400	运营动挠度(mm)	36.16	25.12	17.64	14.47	11.35	8.91	7.49	6.41	5.91	5.53	5.17	4.76	4.01	2.67	3.33
		作业验收值(3mm)	×	×	×	×	×	×	×	×	×	×	×	×	×	×	×
		I级管理值(5mm)	×	×	×	×	×	×	×	×	×	√	×	√	×	√	√

续上表

车型	速度(km/h)	项目	80/L	90/L	100/L	110/L	120/L	130/L	140/L	150/L	160/L	170/L	180/L	190/L	200/L	210/L	220/L
CRH3 (8节)	250	运营动挠度(mm)	28.07	23.91	14.82	14.73	12.69	11.26	5.87	4.91	2.99	2.46	2.23	2.03	1.77	1.64	2.32
		作业验收值(3mm)	×	×	×	√	×	×	×	×	√	√	√	√	√	√	√
		I级管理值(5mm)	×	×	×	√	×	×	×	√	√	√	√	√	√	√	√
	300	运营动挠度(mm)	28.07	23.91	14.82	14.73	12.69	11.26	8.78	8.56	7.5	3.93	3.23	2.03	1.81	1.64	2.32
		作业验收值(3mm)	×	×	×	×	×	×	×	×	×	×	×	×	×	√	√
		I级管理值(5mm)	×	×	×	×	×	×	×	×	×	√	√	√	√	√	√
	350	运营动挠度(mm)	28.07	23.91	14.82	14.73	12.69	11.26	8.78	8.56	7.5	6.14	4.91	4.48	3.08	2.25	2.38
		作业验收值(3mm)	×	×	×	×	×	×	×	×	×	×	×	×	×	√	√
		I级管理值(5mm)	×	×	×	×	×	×	×	×	×	×	×	×	×	√	√
	400	运营动挠度(mm)	28.07	23.91	14.82	14.73	12.69	11.26	8.78	8.56	7.5	6.14	4.95	4.48	5.11	4.32	2.38
		作业验收值(3mm)	×	×	×	×	×	×	×	×	×	×	×	×	×	×	×
		I级管理值(5mm)	×	×	×	×	×	×	×	×	×	×	√	√	×	√	√

续上表

车型	速度（km/h）	项目	80/L	90/L	100/L	110/L	120/L	130/L	140/L	150/L	160/L	170/L	180/L	190/L	200/L	210/L	220/L
ЭP200	250	运营动挠度（mm）	29.92	23.95	14.85	16.19	12.76	12.83	6.18	4.77	2.98	2.43	2.12	2	1.79	1.65	2.38
		作业验收值（3mm）	×	×	×	×	×	×	×	×	√	√	√	√	√	√	√
		I级管理值（5mm）	×	×	×	×	×	×	×	√	√	√	√	√	√	√	√
	300	运营动挠度（mm）	29.92	23.95	14.85	16.19	12.76	12.83	9.68	8.16	7.58	4.33	3.22	2.05	1.81	1.65	2.38
		作业验收值（3mm）	×	×	×	×	×	×	×	×	×	×	×	√	√	√	√
		I级管理值（5mm）	×	×	×	×	×	×	×	×	×	√	√	√	√	√	√
	350	运营动挠度（mm）	29.92	23.95	14.85	16.19	12.76	12.83	9.68	8.16	7.58	6.78	6.2	5.4	3.29	2.49	2.38
		作业验收值（3mm）	×	×	×	×	×	×	×	×	×	×	×	×	×	√	√
		I级管理值（5mm）	×	×	×	×	×	×	×	×	×	×	×	×	√	√	√
	400	运营动挠度（mm）	29.92	23.95	14.85	16.19	12.76	12.83	9.68	8.16	7.58	6.78	6.2	5.4	5.32	4.69	2.38
		作业验收值（3mm）	×	×	×	×	×	×	×	×	×	×	×	×	×	×	√
		I级管理值（5mm）	×	×	×	×	×	×	×	×	×	×	×	×	×	√	√

HSLM A1～A10型列车不同速度运营条件下梁体的竖向挠度限值　　　表7.2-29

速度（km/h）	评判标准	33.1m 预应力混凝土箱形简支梁	33.1m 钢—混结合箱形简支梁	48.9m 钢—混结合箱形简支梁
250	作业验收值（3mm）	L/2081	L/2122	—
250	Ⅰ级管理值（5mm）	L/2081	L/1520	L/1712
300	作业验收值（3mm）	L/2729	L/2122	—
300	Ⅰ级管理值（5mm）	L/2081	L/2122	L/2160
350	作业验收值（3mm）	L/3865	L/2910	—
350	Ⅰ级管理值（5mm）	L/2080	L/2637	L/2399
400	作业验收值（3mm）	L/3865	L/3498	—
400	Ⅰ级管理值（5mm）	L/2395	L/2637	L/2870

欧洲真实列车（RT）不同速度运营条件下梁体的竖向挠度限值　　　表7.2-30

速度（km/h）	评判标准	33.1m 预应力混凝土箱形简支梁	33.1m 钢—混结合箱形简支梁	48.9m 钢—混结合箱形简支梁
250	作业验收值（3mm）	L/2081	L/1520	L/1928
250	Ⅰ级管理值（5mm）	L/1523	L/1324	L/1505
300	作业验收值（3mm）	L/2729	L/2122	L/1928
300	Ⅰ级管理值（5mm）	L/1527	L/1725	L/1928
350	作业验收值（3mm）	L/2729	L/2637	—
350	Ⅰ级管理值（5mm）	L/1794	L/2122	L/2399
400	作业验收值（3mm）	L/2729	L/3197	—
400	Ⅰ级管理值（5mm）	L/2081	L/2122	L/2870

俄罗斯现行列车（RU）不同速度运营条件下梁体的竖向挠度限值　　　表7.2-31

速度（km/h）	评判标准	33.1m 预应力混凝土箱形简支梁	33.1m 钢—混结合箱形简支梁	48.9m 钢—混结合箱形简支梁
250	作业验收值（3mm）	L/1527	L/1324	L/1172
250	Ⅰ级管理值（5mm）	L/1053	L/1135	L/1329
300	作业验收值（3mm）	L/1527	L/1324	L/2160
300	Ⅰ级管理值（5mm）	L/1527	L/1135	L/1712
350	作业验收值（3mm）	L/2081	L/2081	L/2634
350	Ⅰ级管理值（5mm）	L/2081	L/1520	L/2399
400	作业验收值（3mm）	L/2729	L/2122	L/2870
400	Ⅰ级管理值（5mm）	L/2081	L/2122	L/2870

中国高速列车不同速度运营条件下梁体的竖向挠度限值　　表 7.2-32

速度（km/h）	评判标准	33.1m 预应力混凝土箱形简支梁	33.1m 钢—混结合箱形简支梁	48.9m 钢—混结合箱形简支梁
250	作业验收值（3mm）	L/1527	L/1135	L/1505
250	I 级管理值（5mm）	L/1053	L/1135	L/1329
300	作业验收值（3mm）	L/1527	L/1324	L/2160
300	I 级管理值（5mm）	L/1527	L/1135	L/1711
350	作业验收值（3mm）	L/2082	L/1520	L/2632
350	I 级管理值（5mm）	L/1793	L/1324	L/1928
400	作业验收值（3mm）	L/2395	L/2122	L/2870
400	I 级管理值（5mm）	L/1793	L/1724	L/1928

设计列车不同速度运营条件下梁体的竖向挠度限值　　表 7.2-33

速度（km/h）	评判标准	33.1m 预应力混凝土箱形简支梁	33.1m 钢—混结合箱形简支梁	48.9m 钢—混结合箱形简支梁
250	作业验收值（3mm）	L/1527	L/1324	L/1172
250	I 级管理值（5mm）	L/1053	L/1135	L/1329
300	作业验收值（3mm）	L/1527	L/1324	L/2160
300	I 级管理值（5mm）	L/1527	L/1135	L/1712
350	作业验收值（3mm）	L/2082	L/2081	L/2634
350	I 级管理值（5mm）	L/1793	L/1520	L/2399
400	作业验收值（3mm）	L/2395	L/2122	L/2870
400	I 级管理值（5mm）	L/2395	L/2122	L/2870

上表适用双线简支梁，对于单线简支梁，梁体跨中轮轨中心处竖向挠度限值按双线桥的 0.6 倍取用，跨中截面形心处竖向挠度限值按双线桥的 0.5 倍取用。

俄罗斯《特殊技术条款》虽然是针对设计速度 400km/h 高速铁路所制定的，但条款中并没有提出速度 400km/h 高速铁路竖向挠度的限值。仅对设计速度 350km/h 高速铁路竖向挠度提出如下限值：$L \leqslant 28m$，$\delta \leqslant L/1500$；$L=65m$，$\delta \leqslant L/2600$；$L \geqslant 160m$，$\delta \leqslant L/800$。

根据上述竖向挠度限值，可推算出，跨度 33.1m 简支梁竖向挠度限值为 $L/1706$；跨度 48.9m 简支梁竖向挠度限值为 $L/2201$。

根据研究成果，由表 7.2-29 ~ 表 7.2-33 可以得出，跨度 33.1m 混凝土简支箱梁竖向挠度限值为 $L/2395$；跨度 33.1m 钢—混结合简支箱梁竖向挠度限值为 $L/2637$；跨度 48.9m 钢—混结合简支箱梁竖向挠度限值为 $L/2870$。

上述竖向挠度限值与俄罗斯《特殊技术条款》、欧洲规范和中国规范相比，较设计速度 350km/h 高速铁路的要求有所提高。

7.3 标准跨构桥梁车—桥耦合动力计算

车—桥耦合动力分析研究涉及桥梁工程学、车辆动力学、轨道力学等多个工程学科。桥梁结构在运行列车作用下的动力响应分析中，要采用车—桥耦合动力分析模型，计算得到各类桥梁结构在不同运行速度列车作用下的动力响应，包括桥梁梁跨的动挠度、竖向和横向振幅、自振特性分析、动力冲击系数、墩台的动位移和振幅以及桥梁振动与桥上运行车辆动力响应的相关关系等。在桥上车辆的动力响应分析中，采用车—桥耦合动力分析模型，计算得到车辆的加速度、脱轨系数、轮重减载率和列车运行舒适度等，进一步为桥梁设计提供必要的参数依据。车—桥耦合系统在地震作用下的动力响应分析中，将地震波输入车—桥耦合系统，得到地震作用时桥梁和桥上运行车辆的动力响应，从而为车辆运行安全性评估以及地震控制的阈值确定提供参考。车—桥耦合系统在风荷载作用下的动力响应分析中，将风速（风力）时程输入到车—桥耦合系统，得到风荷载作用时桥梁和桥上运行车辆的动力响应，从而为列车运行安全的桥梁振动控制阈值和交通控制的风速阈值确定提供参考。

7.3.1 计算分析方法

列车—轨道—桥梁耦合振动分析主要分析桥梁的动力响应，包括位移、加速度、动力系数；车辆的运行安全性包括脱轨系数、轮重减载率、轮轴横向力；乘坐舒适性包括车体加速度、平稳性指标。车辆悬挂系统参数根据 CRH3 选取。

根据俄罗斯《特殊技术条款》规定，列车荷载采用实际运营列车的车辆荷载或相应车辆荷载的等效荷载。因此，需要对《特殊技术条款》中规定的所有车辆进行分析，选取典型车辆建立多个移动常量力分析模型，模型考虑车辆真实的轴距及轴重，忽略车辆悬挂系统。车辆选取 HSLM-A、ЭР200。振动分析模型示意如图 7.3-1 所示。值得注意的是，这些实际列车中的某些车辆在运营中可能远达不到模型中的假定计算速度工况，考虑到未来高速列车的动力性能更优，计算结果偏于安全，能够一定程度上反映桥梁、轨道与不同列车及不同速度之间的内在关系。

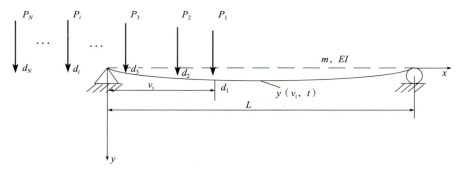

图 7.3-1　多个移动常量力分析模型示意图
注：图中符号含义同前。

7.3.2　动力响应评价指标

根据俄罗斯《特殊技术条款》，并结合中国《高速铁路设计规范》（TB 10621—2014）规定，动力响应评价指标如下：桥面板竖向振动加速度（无砟轨道）不应大于 5.0m/s²。

车辆安全性指标：脱轨系数 $Q/P \leqslant 0.8$；轮重减载率 $\Delta P/P \leqslant 0.6$；轮对横向力 $Q \leqslant 10+P_0/3$（P_0 为静轴重，单位为 kN）。

车辆乘坐舒适性：

（1）车体振动加速度：竖向 $a_z \leqslant 1.3\text{m/s}^2$，横向 $a_y \leqslant 1\text{m/s}^2$；

（2）舒适性评价指标：优 $W \leqslant 2.5$；良 $2.5 < W \leqslant 2.75$；合格 $2.75 < W \leqslant 3$。

7.3.3　车—线—桥耦合动力仿真分析模型建立

以车辆、轨道、桥梁三大子系统按照一定的轮轨、桥轨作用关系相联系组成的耦合大系统称之为车—线—桥耦合振动系统，其动力学模型如图 7.3-2 所示。

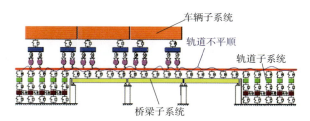

图 7.3-2　车—线—桥动力学模型（含路桥过渡段）

1）机车车辆计算模型

采用的车辆为二系悬挂四轴车辆（35 个自由度的质量—弹簧—阻尼系统），包括 1 个车体、2 个转向架和 4 个轮对共 7 个刚体，每个刚体均考虑横移、沉浮、侧滚、点头和摇头 5 个自由度，刚体与刚体之间通过弹簧—阻尼元件连接。模型考虑轮轨之间的弹性接触变形，并且允许轮轨间相互脱离，并可考虑阻尼器、止挡等构件的非线性特性。四轴机车车辆动力模型如图 7.3-3 所示。

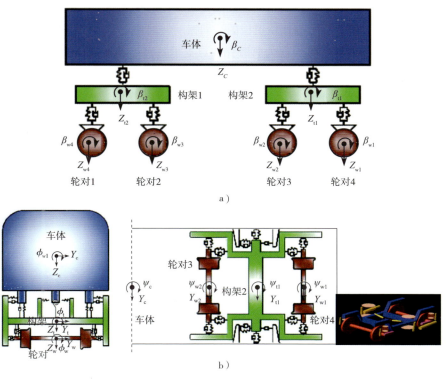

图　7.3-3

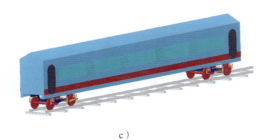

c)

图 7.3-3　四轴机车车辆动力学模型

2）轨道计算模型

随着现代铁路不同轨道结构的广泛应用，以及在高速行车条件下，轨距动态扩大等现象使轮轨关系日趋复杂化，为了更加准确地评价桥上列车脱轨安全性及运行平稳性，模型中有必要考虑桥梁上轨道结构的参振影响。

莫斯科—喀山高速铁路简支箱梁上轨道结构类型为板式无砟轨道，轨道的振动主要体现在钢轨和轨道板的振动上，混凝土底座的作用通过参振质量的形式在桥梁的动力学模型加以考虑；轨道板的垂向振动按弹性地基上的等厚度矩形薄板考虑，横向视为刚体；钢轨视为离散弹性点支承基础上的无限长的 Euler 梁，考虑其横向、垂向和扭转自由度。板式无砟轨道动力学模型如图 7.3-4 所示。

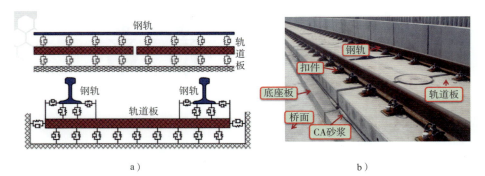

a)　　　　　　　　　　　　　　　　b)

图 7.3-4　板式无砟轨道动力学模型

3）桥梁动力分析模型

桥梁采用空间梁—杆系有限元分析模型。对空间梁单元模型，每个节点考虑 3 个线位移与 3 个转角位移；对空间杆单元模型，每个节点考虑 3 个线位移；梁与墩之间的联结根据实际约束条件采用主从关系来处理；采用一致质量矩阵，阻尼为比例阻尼。俄罗斯规范规定的阻尼比取值为：预应力混凝土梁 0.01，钢或钢—

混结合梁 0.005；中国规范规定的阻尼比取值为：预应力混凝土梁 0.02，钢梁 0.01，钢—混结合梁采用 0.005，计算时按中国规范规定的阻尼比取值。对桥面二期恒载，将其作为均布质量分配到相应的桥梁单元中。针对具体的不同形式的桥梁，采用不同的计算分析模型。

4）轮轨、桥轨相互作用关系

轮轨关系是车辆、轨道子系统的联系纽带，包括轮轨接触几何关系和轮轨间力的关系。计算中，假设轮轨刚性接触，并允许发生脱离，其径向接触力采用 Hertz 非线性弹性接触理论求解，切向作用力采用 Kalker 线性蠕滑理论求解，并通过 Johnson-Vermeulen 理论进行非线性修正。轮轨空间接触示意图如图 7.3-5 所示。

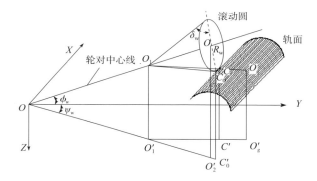

图 7.3-5　轮轨空间接触示意图

ϕ_w – 轮对侧滚角；ψ_w – 摇头角；δ_w – 车轮踏面接触角；R_w – 车轮滚动圆半径

桥轨关系是轨道、桥梁子系统的联系纽带，包括桥枕间的几何相容以及静力平衡条件。计算中，轨道板位移通过桥梁节点位移插值得到，并由轨道板位移求出作用在轨道板上的横向力和垂向力。桥轨关系示意图如图 7.3-6 所示。

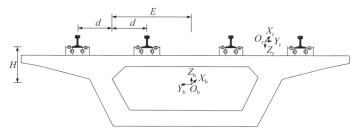

图 7.3-6　桥轨关系示意图

E – 轨道中心线与桥梁单元形心的横向偏心距；d – 两轨横向间距的 1/2；H – 轨枕与桥梁单元形心的垂向距离；X_b，Y_b，Z_b – 桥梁坐标系；X_r，Y_r，Z_r – 轨道坐标系

7.3.4 标准跨构桥梁车桥耦合动力分析

桥跨选用跨度为22.5m和33.1m预应力混凝土双线简支箱梁、(16+22+16)m钢筋混凝土双线连续刚构、(58+110+58)m预应力混凝土双线连续梁。桥墩按流线型实体墩，简支梁墩高取15m，连续结构桥按实际墩高计算。其结构尺寸详见第5章相关内容。

1）跨度22.5m/33.1m预应力混凝土简支箱梁

预应力混凝土简支箱梁桥有限元模型如图7.3-7所示，动力系数、竖向加速度分析结果如图7.3-8～图7.3-11所示，动力响应评价见表7.3-1。

图7.3-7 跨度22.5/33.1m混凝土简支箱梁桥有限元模型

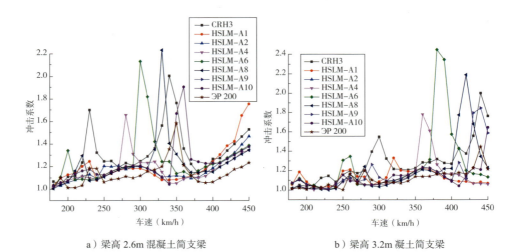

a）梁高2.6m混凝土简支梁　　　　b）梁高3.2m凝土简支梁

图7.3-8 跨度22.5m桥梁动力系数

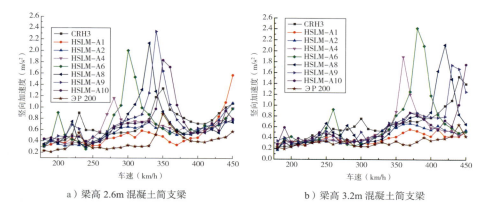

a）梁高 2.6m 混凝土简支梁　　　　　b）梁高 3.2m 混凝土简支梁

图 7.3-9　跨度 22.5m 桥梁竖向加速度计算结果

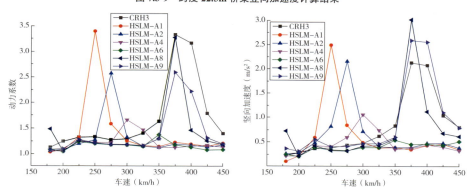

图 7.3-10　跨度 33.1m 桥梁动力系数　　图 7.3-11　跨度 33.1m 桥梁竖向加速度

从图 7.3.8 和图 7.3.9 可以发现，对于跨度 22.5m 简支梁桥，当梁高为 2.6m，CRH3 动车组以速度 340km/h 通过时，桥梁动力系数达到最大值 2.0；HSLM-A 移动荷载列作用下，当 A8 车以速度 330km/h 通过时，桥梁动力系数达到最大值 2.23。当 CRH3 动车组以速度 350km/h 通过时，桥梁加速度达到最大值 1.34 m/s^2；HSLM-A 移动荷载列作用下，当 A9 车以速度 340km/h 通过时，桥梁竖向加速度达到最大值 2.34 m/s^2。当梁高为 3.2m，CRH3 动车组以速度 440km/h 通过时，桥梁动力系数达到最大值 2.0，以速度 300km/h 通过时，桥梁动力系数为 1.55；HSLM-A 移动荷载列作用下，当 A6 车以速度 380km/h 通过时，桥梁动力系数达到最大值 2.45。当 CRH3 动车组以速度 440km/h 通过时，桥梁加速度达到最大值 1.53m/s^2，以速度 400km/h 通过时，桥梁加速度为 0.77m/s^2；HSLM-A 移动荷载列作用下，当 A6 车以速度 380km/h 通过时，桥梁加速度达到最大值 2.42m/s^2。

207

从图 7.3-10 和图 7.3-11 中可以发现，对于跨度 33.1m 简支梁桥，CRH3 动车组以速度 375km/h 通过时，桥梁动力系数达到最大值 3.33；HSLM-A 移动荷载列作用下，当 A1 车以速度 250km/h 通过时，桥梁动力系数达到最大值 3.40。当 CRH3 动车组以速度 375km/h 通过时，桥梁竖向加速度达到最大值 2.13m/s^2；HSLM-A 移动荷载列作用下，当 A8 车以车速为 375km/h 通过时，桥梁竖向加速度最大值为 3.04m/s^2。

跨度 22.5m 和 33.1m 简支梁桥车辆动力响应评价　　　表 7.3-1

跨度/梁高(m)	列车类型	列车速度（km/h）	桥梁动力性能	行车安全性			运行平稳性			
							动车		拖车	
				脱轨系数	减载率	轮轴横向力	竖向	横向	竖向	横向
22.5/2.6	CRH3	180～450	满足	满足	满足	满足	优	优	优	优
22.5/3.2	CRH3	180～450	满足	满足	满足	满足	优	优	优	优
33.1/3.2	CRH3	180～450	满足	满足	满足	满足	优	优	优	优

从表 7.3-1 中可以发现，跨度为 22.5m 和 33.1m 简支梁桥，在设计速度范围内，桥梁的竖向和横向加速度均小于规范限值。设计速度范围内，CRH3 动车组的脱轨系数、轮重减载率和轮轴横向力满足安全限值，乘坐舒适性达到"优"。

2）跨度（16+22+16）m 钢筋混凝土双线连续刚构

跨度（16+22+16）m 钢筋混凝土双线连续刚构有限元模型如图 7.3.12 所示，其结构尺寸详见第 5 章相关内容，动力数、竖向加速度分析结果如图 7.3.13～图 7.3.14 所示，动力响应评价见表 7.3-2。

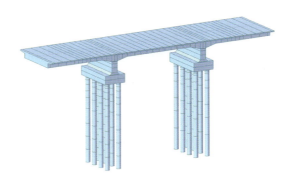

图 7.3-12　跨度（16+22+16）m 钢筋混凝土连续刚构桥有限元模型

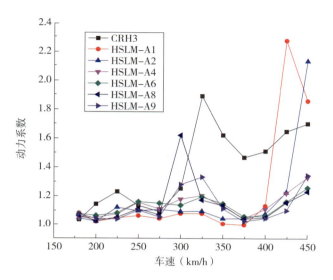

图 7.3-13　跨度（16+22+16）m 刚构桥动力系数

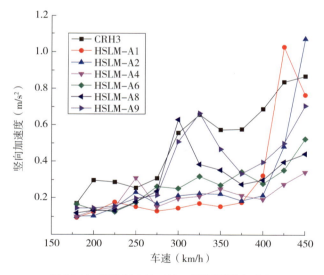

图 7.3-14　跨度（16+22+16）m 刚构桥竖向加速度

从图 7.3-13 和图 7.3-14 中可以发现，对于跨度（16+22+16）m 钢筋混凝土连续刚构桥，当 CRH3 动车组以速度 325km/h 通过时，桥梁动力系数达到最大值 1.89；HSLM-A 移动荷载列作用下，当 A1 车以速度 425km/h 通过时，桥梁动力系数达到最大值 2.28。当 CRH3 动车组以速度 450km/h 时，桥梁加速度达到最大值 0.87m/s^2；HSLM-A 移动荷载列作用下，当 A1 车以速度 425km/h 通过时，桥梁加速度达到最大值 1.07m/s^2。

跨度（16+22+16）m 刚构桥车辆动力响应评价　　表 7.3-2

列车类型	列车速度（km/h）	桥梁动力性能	行车安全性			运行平稳性			
			脱轨系数	减载率	轮轴横向力	动车		拖车	
						竖向	横向	竖向	横向
CRH3	180～300	满足	满足	满足	满足	优	优	优	优
CRH3	325～375	满足	满足	满足	满足	良	优	优	优
CRH3	400～450	满足	满足	满足	满足	良	优	良	优

从表 7.3-2 中可以发现，跨度（16+22+16）m 钢筋混凝土连续刚构桥，在设计速度范围内，桥梁的竖向和横向加速度均小于规范限值。设计速度范围内，CRH3 动车组的脱轨系数、轮重减载率、轮轴横向力均满足安全限值。车速不大于 300km/h 时，乘坐舒适性达到"优"，当车行速度大于或等于 325km/h 时，乘坐舒适性达到"良"。

3）跨度（58+110+58）m 预应力混凝土双线连续梁

预应力混凝土连续梁标准跨度主要有（40+66+40）m、（48+88+48）m、（58+110+58）m 预应力混凝土连续梁。以克利亚济马河大桥主桥（58+110+58）m 连续梁为例进行计算分析。主墩高 18m，桥面宽 13.8m，箱宽 6.2m，梁高 5.14～8.64m，其余结构尺寸详见第 5 章相关内容。（58+110+58）m 预应力混凝土连续梁桥有限元模型如图 7.3-15 所示。

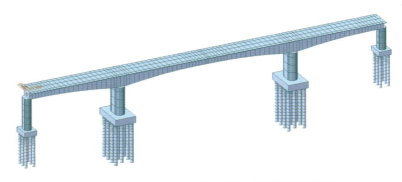

图 7.3-15　（58+110+58）m 预应力混凝土连续梁桥有限元模型

（58+110+58）m预应力混凝土连续梁桥有限元模型的动力系数、竖向加速度分析结果如图7.3-16、图7.3-17所示，动力响应评价见表7.3-3。

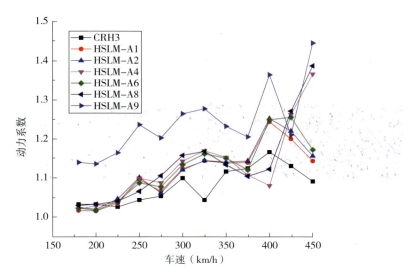

图7.3-16 （58+110+58）m 连续梁桥动力系数

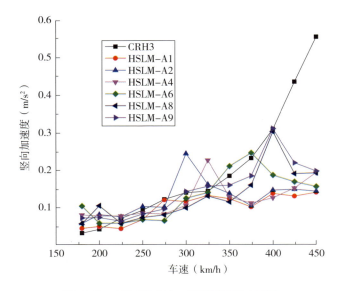

图7.3-17 （58+110+58）m 连续梁桥竖向加速度

从图 7.3-16 和图 7.3-17 中可以发现，对于（58+110+58）m 预应力混凝土连续梁桥，当 CRH3 动车组以速度 400km/h 通过时，桥梁动力系数达到最大值 1.17；HSLM-A 移动荷载列作用下，当 A9 车以速度 450km/h 通过时，桥梁动力系数达到最大值 1.45。当 CRH3 动车组以速度 450km/h 通过时，桥梁加速度达到最大值 0.56m/s^2；HSLM-A 移动荷载列作用下，当 A9 车以速度 400km/h 通过时，桥梁加速度达到最大值 0.31m/s^2。

（58+110+58）m 连续梁桥车辆动力响应评价　　表 7.3-3

列车类型	列车速度（km/h）	桥梁动力性能	行车安全性			运行平稳性			
			脱轨系数	减载率	轮轴横向力	动车		拖车	
						竖向	横向	竖向	横向
CRH3	180～425	满足	满足	满足	满足	优	优	优	优
CRH3	425～450	满足	满足	满足	满足	优	优	优	良

从表 7.3-3 中可以发现，（58+110+58）m 连续梁桥在设计速度范围内，桥梁的竖向、横向加速度均小于限值。设计速度范围内，CRH3 动车组的脱轨系数、轮重减载率和轮轴横向力均满足安全限值，乘坐舒适性达到"优"；当车速大于 425km/h 时，乘坐舒适性达到"良"。

CHAPTER 8
第 8 章
施工组织设计

8.1 概述

桥梁的施工方案在很大程度上会影响桥梁结构形式的选择、工程投资和施工工期，因此，在选择桥梁结构方案时，应充分考虑施工工艺，做到技术可行、经济合理，并满足工期要求。

根据俄罗斯标准编制的基建项目文件，"施工组织设计"是设计文件的重要组成部分。"施工组织设计"除了对施工方案、场地规划、辅助设施布置、材料运输方案、安全保证措施、环境保护措施及施工进度等进行论述和图表表达外，还必须列出工程量清单和分析工程投资预算。

详细研究桥梁结构的施工方案，并考虑工程项目所处的自然环境和特点，编制合理、可行的施工组织，可以最大限度地减少对环境的破坏，降低施工的预算费用，减少施工期间对当地居民的负面影响。

本章简要列举了部分桥梁工程的施工组织设计，使读者对俄罗斯铁路桥梁工程项目的施工组织设计有所了解。

8.2 施工组织设计主要内容

"施工组织设计"是初步设计文件的重要组成部分，它以工艺流程图为依据，确定主要结构建造的工程量。同时，综合规划好辅助设施和设备的数量也很重要，它对于项目的实施和确定建设成本也是必不可少的。在编制这一章节的文件时，不仅要分析主要结构的设计方案，还要分析从业主（建设单位）、其他组织和管理机构得到的相关资料，以便确定主材来源和定额标准。

俄罗斯政府于 2008 年 2 月 16 日颁布的第 87 号政府决议《关于项目文件各章节构成及其内容要求的条例》明确规定了基建项目施工组织设计的构成、范围和内容。

编制施工组织设计文件时，需要考虑对主要工程设计方案、成本和建设周期有重大影响的因素，主要工作内容包括如下：

（1）对建设条件、桥梁工程配置的每块场地进行分析。

（2）确定施工工艺和与其相适应的工程构成和持续时间。

（3）编写特殊的辅助设施和设备的设计文件。

（4）为段内的每一座桥梁工程制定施工进度计划表。

（5）根据进度计划表，为每座桥梁编制施工准备和施工阶段对各种资源的需求。

（6）根据该地区能够提供建设所需材料的调查资料，采取与之相应的运输方案。

（7）根据施工工艺和施工进度计划表，编制项目施工场地的规划。

（8）参考施工区域既有公路、铁路和通航河流位置的特殊性，制定桥梁工程施工安全保障措施。

（9）制订工业生产安全、劳动保护和环境保护措施。

在编制桥梁工程的施工组织设计文件时，在施工安装工程中采用轮班作业法。员工宿营地应考虑轮班需要。露天预制场以及作业人员日常生活和轮班宿营地设置，应根据距离远近、现有交通条件所能提供的保障条件来确定。

8.3 一般桥梁下部结构施工组织设计

桥梁下部结构的施工方法和施工组织要考虑工程费用、工程周期和施工单位的生产能力之间最优比例关系。桥梁较长时应结合计划工期，分成多个施工合同段，每个合同段配备具有整套机械和设备的综合施工队，各合同段互相独立平行施工，以保证满足工期要求。

莫斯科—喀山高速铁路桥梁基础和桥墩施工步骤主要为桩基钻孔和灌注、承台基坑围护、灌注承台混凝土、绑扎桥墩钢筋和灌注桥墩混凝土。

（1）平整施工区域场地，清除钻孔桩场地表层土至工作面。根据地形、地质、水文资料和桩顶高程等情况结合施工技术的要求，按照基线控制网及桥墩设计坐标精确放出桩位。旋挖钻机在施工场地就位后，开始钻孔。钻机底座应平稳、水平、钻架竖直，且保持钻机顶部的滑轮槽、钻头、桩位中心在一铅垂线上，以保证钻孔垂直度。钻孔至设计高程后进行清孔，使孔底沉渣、泥浆的相对密度、泥浆中含钻渣量和孔壁厚度等指标符合规范要求，以相对密度较低的泥浆逐步把钻孔内浮悬的钻渣和相对密度较大的泥浆换出。钻孔桩成孔检验合格后，进行钢筋笼吊装施工。然后下钢筋笼，并及时灌注混凝土形成钻孔灌注桩，如图 8.3-1 所示。

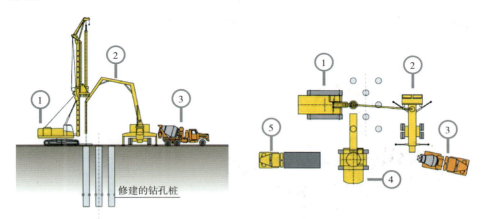

图 8.3-1　桩基钻孔和灌注示意图
①－旋挖钻机；②－混凝土泵送车；③－混凝土运输车；④－振动打桩机；⑤－运输车

（2）使用打桩设备或振动打桩机施工板桩围堰或普通基坑支护。钢板桩的插打采用履带吊与振动锤配合来进行施工，如图 8.3-2 所示。如果采用普通基坑支护时，抓斗式起重机将基坑的土壤挖掘至承台底部高程；如果采用板桩围堰时，则挖掘至混凝土防水垫层的底部高程。插打时，准确对准桩位，振动打入土中，使桩端进入基坑的深度满足设计要求。后续插打的钢板桩要与相邻的钢板桩卡好企口。随着基坑挖掘深度增加，基坑防护的加强支撑应跟进实施。

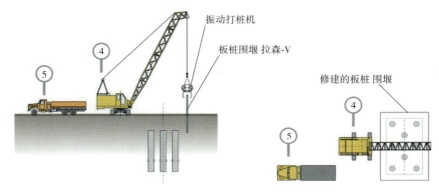

图 8.3-2　承台基坑支护示意图
注：序号含义同图 8.3-1。

（3）当深基坑开挖至围图位置以下 0.5m 时，进行围图及对称的支护施工，然后再继续进行开挖及支护施工，直至基坑底高程。基坑开挖至设计高程后进行清底，并及时浇筑混凝土进行围堰封底，如图 8.3-3 所示。

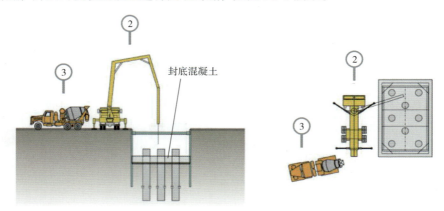

图 8.3-3　灌注承台底混凝土防水垫层示意图
注：序号含义同图 8.3-1。

（4）混凝土垫层达到强度后，用抽水机将基坑中的水排干，如图8.3-4所示。

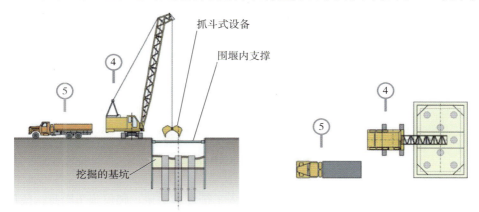

图 8.3-4　基坑中的水排干示意图
注：序号含义同图 8.3-1。

（5）凿除桩顶的混凝土浮浆层至设计高程，绑扎承台钢筋安装承台模板，使用混凝土泵车灌注承台混凝土，如图8.3-5所示。

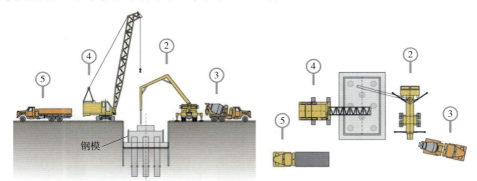

图 8.3-5　灌注承台混凝土示意图
注：序号含义同图 8.3-1。

（6）绑扎墩身钢筋，安装墩身模板，然后灌注墩身混凝土。当桥墩高度低于 8m 时，采用人工搭建钢管膺架，使用起重机吊装钢筋和模板，混凝土泵车灌注桥墩混凝土，如图 8.3-6 所示。混凝土浇筑必须连续不能间断，为保证冬季施工，所有桥墩需搭建暖棚，配备发热装置。墩身施工结束后，拆除基坑防护。钢板桩的拔除可采用履带吊与振动锤配合进行，利用振动锤产生的强迫振动扰动土质，破坏钢板桩周围土的黏聚力以克服拔桩阻力，依靠附加起重机的作用将桩拔除。

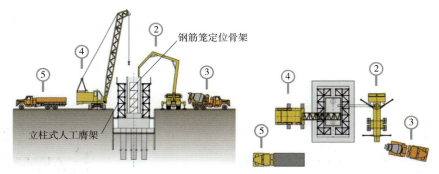

图 8.3-6 灌注桥墩混凝土示意图
注：序号含义同图 8.3-1。

（7）当桥墩高度超过 8m 时，采用人工搭建脚手架，爬模施工墩身，使用起重机吊装钢筋和模板，混凝土泵车灌注混凝土，如图 8.3-7 所示。墩身施工结束后，拆除基坑防护。混凝土灌注必须连续不能间断，为保证冬季施工，所有桥墩需搭建暖棚，配备发热装置。

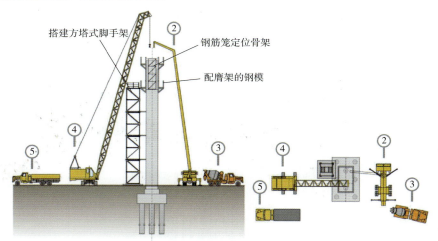

图 8.3-7 墩身爬模施工示意图
注：序号含义同图 8.3-1。

8.4 标准跨度简支梁的预制和运架施工组织设计

8.4.1 全线预制梁场布置

预制的标准梁以 34.2m 预应力简支箱梁为主，其预制、运输、架设的主要技术方法是，根据运输距离一般不超过 20km 的原则建立制梁场，采用一台平板运梁车运输和一台架桥机架设，或者一台运架一体设备，运架设备承载能力不低于 9000kN。为保证安装速度，在运架梁施工开始之前，运架梁通道范围内的路基工程、桥梁墩台应施工完成，且存梁场内应有足够的预制梁。全线梁场 14 个，分布如图 8.4-1 所示。制梁场总体布置如图 8.4-2 所示。

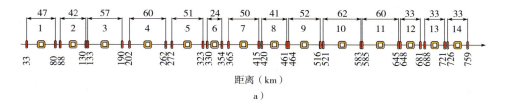

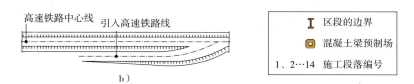

图 8.4-1 沿线梁场分布图（尺寸单位：km）

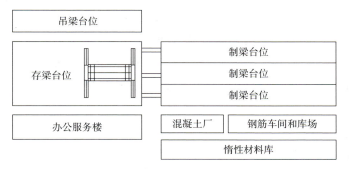

图 8.4-2 制梁场总体布置图

8.4.2 制梁场选址原则

在桥群集中地段设置制梁场。根据运架梁施工技术水平，一套运架设备（一台运梁车和一台架桥机）在 25km 里程范围内平均一天可完成一孔箱梁的架设。但在可能的情况下，尽量缩短运梁距离，提高架梁进度，降低运输费用，一般应控制在 20km 以内。

架梁前的控制工程必须先期完成，充分考虑高压线路迁改、房屋拆迁的影响和在运架梁线路里程范围内现浇梁、路基等妨碍运梁车通行工程，必须在架梁前完成。

制梁原材料及大型设备运输必须通畅方便。制梁场的位置应尽量与既有公路或施工便道相连，利于大型制梁设备和大量制梁材料运输进场。

选择征地拆迁少、砍伐森林量少的场地。在满足制梁工期和存梁的前提下，制梁场应选在砍伐森林量少、拆迁量少的地方。因此应尽量利用车站、红线以内区域设置梁场，在可能的情况下尽量永临结合。

选择地质状况好的场地作为制梁场场址，尽量减少梁场主要结构物的地基处理费用。高速铁路箱梁对制梁台座、存梁台座的承载能力和不均匀沉降均提出了很高的要求，因此制梁场的位置应尽可能选在地质条件好的地方，减少土石方工程和基础加固工程量，降低工程费用。制梁场场址应用电、取水方便，不宜有高压电线通过。

8.4.3 制梁场设计

以位于线路里程PK344附近的6号梁场为例，简要介绍莫斯科—喀山高速铁路制梁场设计。该制梁场负责生产双线箱梁433孔，其中34.2m双线箱梁427孔，23.6m双线箱梁6孔。架梁范围从PK3302+96至PK3537+65，向莫斯科方向架梁165孔，架梁工期86天，最远架设距离约14km；向下诺夫哥罗德方向架梁268孔，架梁工期134天，最远架设距离约10km；合计架梁工期共计220天。

1）生产能力计算

预制箱梁夏季采用自然养护，气温较低时采用蒸汽养护。

制梁台座数量按照下式计算：

$$N_1 = \eta \times T_1 \quad (8.4\text{-}1)$$

式中：N_1——箱梁预制场预制台座数量，个；

η——箱梁预制场制梁效率，即预制场一天需完成预制箱梁的数量，孔/天；

T_1——单个制梁台座预制箱梁的施工周期，天/孔，一般取5~6。

6号梁场负责架梁433孔箱梁，架梁工期220天，平均架梁进度为433/

220≈1.8 孔/天。梁场一天需完成预制箱梁的数量应不小于平均架梁进度，故该梁场计划一天完成 2 孔箱梁预制。单个制梁台座预制箱梁的施工周期考虑 5.5 天/孔，即制梁台座数量 N_1=2 孔/天 × 5.5 天/孔 =11 个。

存梁台位数量按照下式双层存梁最少存梁台位计算

$$N_2 = \eta \times T_2 \times K_3 \qquad (8.4\text{-}2)$$

式中：N_2——箱梁预制场存梁台座数量，个；

T_2——箱梁在存梁台位上最少存放时间，天；

K_3——系数，一般取 0.6～0.7。

按照预应力钢束初次张拉后 5～7 天和终张拉后 39 天，合计 44～46 天考虑，取 T_2=45 天。K_3 取 0.7，故 N_2 = 2 孔/天 × 45 天/孔 × 0.7=63 个，即梁场最少需要设置 63 个存梁台座。考虑施工中不确定因素影响，6 号梁场设置 70 个存梁台座。

2）制梁场规划

制梁场占地面积 100281m²。场内施工便道有 4 种规格，分别是 10m 宽的上料道路（0.2m 厚）、6m 宽的双车道（0.2m 厚）、3.5m 宽的单车道（0.2m 厚）、1m 宽的人行道（0.1m 厚）。提梁机走行道 20m、6m 宽，厚度 0.3m。人行道采用 B20 混凝土硬化，其余均采用 B30 混凝土硬化。生产区施工地坪面积约 18242m²，采用 B30 混凝土硬化，厚度为 15cm。

在梁场周围修建临时围栏共 1390m。

办公楼为采用双层布置，长 86.92m，宽 5.46m，一楼办公面积约为 474.6m²。试验室单独设置，试验室面积约为 357.7m²，其中，标养室采用砌砖的方式，占地 139.1 m²。梁场共设 1 栋管理人员宿舍和 7 栋职工宿舍（其中，管理人员 1 号宿舍一楼兼用作办公室，长 86.92m，宽 5.46 m，面积约为 474.6m²；二楼用作管理人员宿舍）；职工宿舍为 2、3、4、5、6、7、8 号宿舍，每栋长约 46.5m，宽 5.46m，双层布置。宿舍总居住面积约为 4029m²。另设 1 栋食堂，长约 70m，宽 5.46m，面积约为 380m²。

所有临时房屋修建基础需符合活动板房修建要求，较场地基础高出一定距离。活动房周围设屋檐沟，并设排水坡，做到不积水，上述活动板房均为建筑面积，双层活动板房未含走台板和楼梯面积。6 号预制梁场平面布置如图 8.4-3 所示，主要工程数量见表 8.4-1。

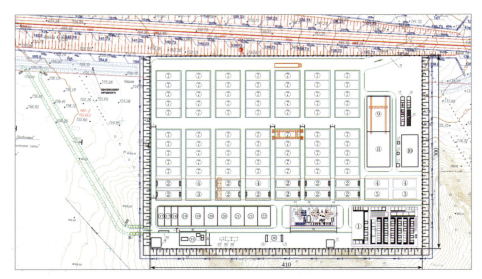

图 8.4-3　混凝土简支箱梁 6 号预制梁场平面布置（尺寸单位：m）

3）制梁功能区位置

制梁场生产区按照各自的功能情况分为钢筋存放及加工区、混凝土拌和区、箱梁预制区、箱梁存放区、箱梁发运区、库房、钢筋加工、堆放区、钢绞线堆放区以及生产附属设施。

1～38-工程编号，见表 8.4-1。

箱梁预制区设置 1 处，长 410m，宽 34m，设置生产台座 11 个，其中 34.2m 双线生产台座 10 个，34.2m/23.6m 共用双线生产台座 1 个。台座基础采用 B30 混凝土，在台座基础两端设置直径为钻孔桩基础，在施工生产台位条形基础前对基础用砂夹石进行换填处理并碾压夯实。

门式起重机轨道基础轨顶高程与生产区地坪高程一致，方便施工用具搬运。预制区配置 1 台 34.2m、30t 门式起重机，使用 50 轨。梁场钢筋加工、存放区配置 1 台 20m、10t 门式起重机。轨道基础采用 B30 条形混凝土扩大基础。

在夏季，为保证箱梁养护均匀性和防止下雨、大风对其质量的影响，在混凝土灌注后 2～3h 用土工布覆盖表面，再进行洒水养护。在低温季节，采用蒸汽养护时，为保证梁体混凝土强度的增长，用养护篷布覆盖养护，每个台位设一套养护设施，并配置测温系统。

箱梁制作与存放场设 2 个区，占地面积为 37200m²；设 70 个双层存梁台位。

混凝土简支箱梁 6 号预制梁场平面布置工程数量   表 8.4-1

编号	名称	数量	编号	名称	数量
1	行政办公区	1	20	混凝土标准粗颗粒填料存放区	2
2	长 34.2m 制梁台座（含 23.6m 梁）	11	21	混凝土标准细颗粒填料存放区	2
3	用于预绑顶板钢筋的台座	2	22	混凝土细颗粒填料候检存放区	1
4	用于预绑梁底、腹板钢筋的台座	4	23	90m³ 混凝土搅拌站	1
5	静荷载试验台座	1	24	120m³ 混凝土搅拌站	2
6	起重量 30t、跨度 34.2m 门式起重机	1	25	减水剂存放区	3
7	存梁台座	70	26	集水区	1
8	钢筋加工区（有顶车间）	1	27	电工轮换室	1
9	存钢筋区（带起重量 10t、跨度 20m 的门式起重机）	1	28	采油机发电站	1
10	材料库	1	29	单元变压器	1
11	油库	1	30	锅炉房	1
12	氧气库	1	31	存煤场	1
13	乙炔库	1	32	煤渣场	1
14	实验室	1	33	防水涂料和混凝土掺和剂存放区	1
15	标准混凝土样品养护室	1	34	地秤	1
16	值班人员室	4	35	便道	1
17	混凝土粗颗粒填料入场区	2	36	高速铁路路堤运梁通道	1
18	混凝土粗颗粒填料冲洗区	1	37	梁场临时围栏	1
19	混凝土粗颗粒填料及候检存放区	2	38	沉淀池	1

箱梁在存梁台台位上进行预应力初张拉后，用 900t 提梁机从台位上移出，运输到存梁台位上存放。

在制作区设箱梁的静载试验台位 1 个，用于静载试验。

为满足生产需要，混凝土拌合区布设有 2 套 HZS120、1 套 HZS90 混凝土搅拌站。每个搅拌站配置 3 个 200t 水泥罐、2 个 200t 粉煤灰罐。搅拌站拌制混凝土采用混凝土罐车运料，输送泵、布料机灌注。灰罐基础进行加固处理。采用装载机上料，皮带输送机进行送料。搅拌站地基根据安装要求进行处理，搅拌站周围由于需通过水泥罐车、粉煤灰罐车、混凝土罐车，必须作为便道进行硬化处理，地基压实，铺 20cm 砂夹石垫层，上部铺 B30 混凝土，厚 20cm。搅拌站设设立 1 个 10m×5m×3m 的蓄水池，用于存储拌和用水。

砂石料场分细集料（砂）和粗集料（碎石）存放场地，共设 7 个存料仓，包括合格区和待检区。细集料设 2 个存料仓满足 9 天的存量，粗集料设 4 个存料仓满足 9 天的存量。

料场地基换填 20cm 厚砂夹石，上部铺 B30 混凝土硬化，厚 20cm。砂石料场三面采用砖隔墙加构造柱的形式，长 30m，宽 20m，高 2.5m。料场地面进行硬化处理，并设排水坡，保证不积水。

由于减水剂为水剂，每个搅拌站旁设 2 个 3t 减水剂桶（1 个为合格品，一个为待检品），用于存储。修筑简易轻钢棚防水、防晒。

采用 20m、10t 门式起重机进行钢筋转运。钢筋存放区面积约为 1646m^2，可存放 2252t 钢筋，满足 15 天的用量，钢筋下铺条形基础，上部用篷布覆盖。钢绞线可存 1008t，满足 12 天的用量。钢筋加工厂房，面积约 1890m^2，内布钢筋弯曲机、定长下料机、对焊机等钢筋加工机械。钢筋加工厂房采用轻型钢结构，厂房跨度 20m，净高 5m，四周无须围护，只遮盖设备加工区域。在该场地内设定位网片制作、预埋件焊接位置。钢筋加工区地面全部用 B30 混凝土硬化，厚 20cm。混凝土简支箱梁 6 号预制梁场主要工程量表见表 8.4-2。

混凝土简支箱梁 6 号预制梁场主要工程量表　　　表 8.4-2

名　　称	规格及型号	单位	数　　量
场地土石方		m^3	9057
换填砂夹石		m^3	600
制梁台位钻孔桩基础钢筋混凝土	B30	m^3	940
制梁台位钢筋混凝土	B30	m^3	1069
存梁台位钻孔桩基础钢筋混凝土	B30	m^3	4949
存梁台位钢筋混凝土	B30	m^3	805
搅拌站基础混凝土	B30	m^3	1110
轨道基础混凝土	B30	m^3	420
静载台位基础混凝土	B30	m^3	165
道路基础混凝土	B30	m^3	4120
钢轨	50kg/m	m	500
道路改移		km	0.8

8.4.4 混凝土箱梁预制

混凝土箱梁预制主要包括钢筋加工、钢筋编架、模型工程、混凝土工程、养护、张拉和压浆、移梁、存放、出梁等工序。

（1）钢筋加工

钢筋加工区分为钢材库区和钢筋加工厂房。钢材库区面积与钢筋加工区并排布置，用于存放各种生产用钢材；钢筋加工厂房为轻型钢结构形式，钢筋加工房与生产区间隔距离不远便于施工人员搬运钢筋，减少搬运距离，提高编架效率，内布钢筋弯曲机、定长下料机、对焊机等钢筋加工机械。简支箱梁钢筋和预应力筋三维图如图 8.4-4 所示。

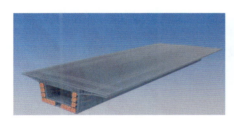 

a）　　　　　　　　　　　　　　　b）

图 8.4-4　预应力混凝土简支箱梁钢筋和预应力筋三维图

（2）钢筋编架

在生产区布置有 6 个钢筋绑扎台座，其中底腹板钢筋绑扎台 4 个，顶板钢筋绑扎台 2 个。由钢筋加工厂房将合格半成品钢筋人工搬运或门式起重机吊运至生产区，直接在底腹板、平面编架台位上编制钢筋骨架，绑扎过程应注意抽拔管的防护工作，绑扎好的箱梁钢筋通过生产台座区设置的 34.2m、30t 跨门式起重机进行吊装。

（3）模型工程

底模、侧模在上片梁提出台位后立即进行清理、预埋件安装，检查合格后开始安装底板和腹板钢筋，底板和腹板钢筋完成检查合格方开始内模和端模立模工作。为了保证内模准确就位，使钢筋保护层厚度符合设计及规范要求，底板和腹板顶层钢筋必须绑扎满足要求数量的混凝土垫块，以便顶进内模，控制内模支撑固定。内模拼装检查合格，最后拼装端模。当其强度达到 70% 时，开始脱内模。

(4) 混凝土工程

混凝土由梁场搅拌站拌制，采用8台罐车将混凝土运输至台位，混凝土的浇筑采用2台输送泵泵送混凝土连续浇筑、一次成型，浇筑时间不应超过6h，或不得超过混凝土的初凝时间。

(5) 养护

桥面混凝土初凝后，及时覆盖土工布，洒水一次，再覆盖棚布。因工期调整，需采用蒸汽养护才能达到加快周转目的，梁场在需要时采用蒸汽养护，按照养护制度进行。

(6) 张拉和压浆

混凝土强度达到初张拉设计强度要求后，按照设计图纸进行张拉。张拉后移梁。

混凝土弹性模量、强度、龄期达到设计要求后，按照设计图纸要求进行终张拉。终张拉后48h内完成压浆作业。

(7) 移梁

初张完成后，用提梁机将梁移运到存梁台位。

(8) 存放

在设计的存放支点位置支垫橡胶垫块，并保证四端橡胶垫块高差不大于2mm，尽量考虑在现有存梁台位进行存放。

(9) 出梁

封锚混凝土防水作业完成，且压浆龄期不小于3天或强度不低于设计要求，方可作为成品出梁发运。出梁时吊装与移梁一致。

8.4.5 运梁和架梁

运架分离式架桥机采用运梁与架梁平行作业方式，单机性能好、架梁效率较高，但架桥机设备尺寸较大，缺点是使用两台设备成本比较高。

运架一体式架桥机采用运梁与架梁一体作业方式，架梁效率相对不高，设备尺寸较小，造价较低，并可以通过隧道，对山区铁路适应性较好。

结合莫斯科—喀山高速铁路项目情况，拟采用运架分离式架桥机。

8.5 跨越通航河流的桥梁施工组织设计

莫斯科—喀山高速铁路共有 5 座跨越通航河流的大桥，分别为跨越奥卡河、苏拉河、伏尔加河和两次跨越克利亚济马河。为了满足通航净空尺寸，采用了大跨度桥梁结构。跨越通航河流的孔跨布置及桥式方案见表 8.5-1。

跨越通航河流的孔跨布置及桥式方案一览表　　表 8.5-1

项　　目		克利亚济马河1号桥	克利亚济马河2号桥	奥卡河桥	苏拉河桥	伏尔加河桥
桥梁总长(m)		1817.5	9421.2	2631.4	2970.2	4595.8
孔跨布置(m)	左岸引桥	43×34.2	21×34.2+1×23.6+186×34.2	34.2+50+17×34.2+（39.85+55+39.85）+34.2+15×50	36×34.2+15×50	35×50+20×34.2
	主桥	58+110+58	58+110+58	82.9+153+158+173+2×158+85.6	85+162+85	64.2+134+190+190+134+64.2
	右岸引桥	3×34.2	60×34.2	50+23.6	10×50+4×34.2	27×50
桥跨结构形式	左岸引桥	34.2m 混凝土简支箱梁	34.2m、23.6m 混凝土简支箱梁	34.2m、50m 混凝土简支箱梁及主跨 55m 混凝土连续梁	34.2m、50m 混凝土简支箱梁	34.2m、50m 混凝土简支箱梁
	主桥		预应力混凝土连续梁（刚构）			钢箱—混凝土结合连续梁
	右岸引桥	34.2m 混凝土简支箱梁		23.6m、50m 混凝土简支箱梁		34.2m、50m 混凝土简支箱梁
跨构安装方法		23.6m、34.2m 简支梁，整孔预制整孔架设；50m 简支梁，移动模架现浇；（39.85+55+39.85）m 混凝土连续梁，支架现浇；其余跨度混凝土连续梁，挂篮对称悬灌；钢箱—混凝土结合连续梁，墩顶钢结构采用对称悬臂拼装，跨中钢结构采用整体吊装					
工期		25 个月	33 个月	27 个月	40 个月	46 个月

跨越通航河流的桥梁均为梁式桥，主桥部分多为预应力混凝土连续梁或连续刚构，引桥为不同跨度的简支箱梁。混凝土梁式桥的施工工艺较为成熟，施工组织设计参考了国际桥梁施工的实践经验，除常用的悬臂挂篮对称浇筑、移动模架现浇外，还采用了整孔制运架等工法。伏尔加河桥钢箱—混凝土结合连续梁，结合陆运和水运条件，钢结构采用工厂制造，对称悬臂拼装，跨中钢结构段落采用整体吊装。

8.5.1 克利亚济马河桥施工组织设计

1）场地布置

两次跨越克利亚济马河的桥梁的工程规模不同,但主跨相同,主桥、引桥的施工工艺均相同。以下以 PK3465+20 为例简要介绍其桥梁施工组织设计方案。

桥位下游附近为既有 M-7 公路,交通方便。莫斯科端线路右侧设置制梁场,用于预制、存储标准结构简支梁(34.2m、23.6m)。施工组织场地布置如图 8.5-1 所示。

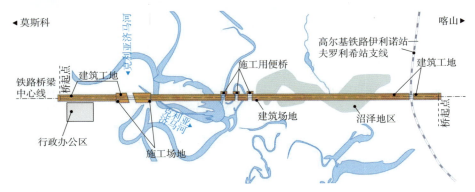

图 8.5-1 施工组织场地布置示意图

施工场地位于克利亚济马河的两岸。施工便道多次跨越克利亚济马河小支流,应设置施工栈桥,位于沼泽地段(约 2.5km、松软的泥炭层厚度达 5.5m)的施工便道地基应换填土,达到加固的目的。主墩位于两岸河边,基础施工均采用筑岛、钢板桩围堰施工;引桥基础施工采用钢板桩围堰或普通的基坑支护方式。

2）施工顺序及工期安排

(58.6+110+58.6)m 预应力混凝土连续梁为标准设计梁,梁部采用挂篮对称悬臂灌注法施工,利用挂篮先合龙主跨跨中,最后利用挂篮和墩顶托架施工边跨剩余节段。主跨跨中合龙后,拆除主墩固结支墩,将支座置于工作状态,完成体系转换。(58.6+110+58.6)m 预应力混凝土连续梁主要施工步骤如图 8.5-2 所示。

引桥为 34.2m、23.6m 标准梁,采用制梁场预制,架桥机逐孔架设。克利亚济马河 1 号桥全桥施工工期为 25 个月,克利亚济马河 2 号桥全桥施工工期为 33 个月,其施工进度计划见表 8.5-2。

第8章 施工组织设计

a）在临时托架上方墩顶浇筑0号块

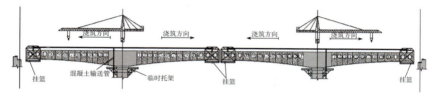

b）依次对称悬臂浇筑1～13号块、1'～13'号块

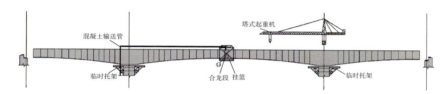

c）浇筑跨中合龙段

d）浇筑边跨末段，完成全部梁体施工

图 8.5-2　克利亚济马河 2 号桥预应力混凝土连续梁主要施工步骤图

克利亚济马河 2 号桥施工进度表　　　表 8.5-2

序号	项目名称	施工时间（月）	持续时间		
			第一年（12个月）	第二年（12个月）	第三年（12个月）
1	生产生活区建设	3			
2	右岸施工场地建设	11			
3	右岸和左岸施工平台搭建	5			
4	左岸施工场地建设	22			
5	右岸桥墩施工	19			

续上表

序号	项目名称	施工时间（月）	持续时间		
			第一年（12个月）	第二年（12个月）	第三年（12个月）
6	左岸桥墩施工	27			
7	右岸34.2m运架	3			
8	主桥施工	5			
9	左岸34.2m梁运架	10			
10	桥墩涂装	6			
	总工期	33			桥梁施工完成

8.5.2 苏拉河桥施工组织设计

1）场地布置

苏拉河桥施工的主要生产和施工场地安排在靠近左岸桥位附近，并建一个生活居住区。由于既有公路距离桥位较远，为了改善施工时两岸之间的交通联系，两岸桥位附近各设一座临时码头，用于材料和人员运输。所有材料和构件均通过临时码头运送到大里程端施工场地。主墩位于水中，基础施工均采用搭设栈桥、施工平台，双壁钢围堰施工，引桥基础施工采用钢板桩围堰或普通的基坑支护方式。苏拉河桥施工组织场地布置如图8.5-3所示。

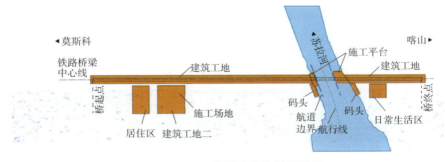

图8.5-3　苏拉河桥场地布置示意图

2）施工顺序及工期安排

苏拉河桥主墩基础采用大体积承台和群桩基础，属于临水和涉水作业。水下桥墩和基础的主要施工步骤为围堰施工、桩基钻孔和混凝土灌注、承台封底和混凝土灌注、墩底混凝土灌注、拆除围堰、墩身混凝土灌注。

围堰施工、桩基钻孔和混凝土灌注主要包括场地平整、采用 25t 起重机施工塔式起重机基座、采用 25t 起重机运装 20t 塔式起重机、使用塔式起重机安装钢板桩围堰、使用钻机施工桩基土方、安装钢筋笼、泵车灌注桩基混凝土、空钻部分回填沙土。苏拉河桥主墩桩基混凝土灌注如图 8.5-4 所示。

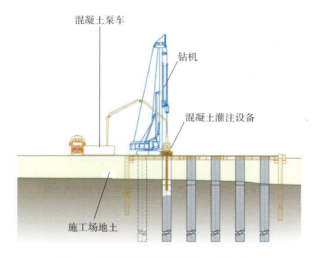

图 8.5-4 苏拉河桥主墩桩基混凝土灌注示意图

承台封底和混凝土灌注主要包括开挖土至封底混凝土底部、泵车灌注封底混凝土、混凝土达到强度后进行基坑抽水、使用塔式起重机安装围堰支撑、凿除桩顶混凝土、灌注平整层、使用 20t 塔式起重机安装承台模板及钢筋笼、泵车灌注承台混凝土、承台混凝土达强度后回填沙土并鼓捣密实。苏拉河桥主墩承台封底和混凝土灌注如图 8.5-5 所示。

墩底混凝土灌注、拆除围堰主要包括，采用塔式起重机安装双壁墩墩底模板和钢筋笼、泵车灌注墩底混凝土、墩底混凝土达强度后回填沙土并捣鼓密实、拆除围堰。连续刚构双壁墩墩底混凝土施工如图 8.5-6 所示。

墩身混凝土灌注主要包括使用塔式起重机安装墩身模板和钢筋笼、泵车灌注墩身混凝土、混凝土达强度后拆除模板、墩身施工的同时用起重机搭建方塔式脚手架、墩身施工完毕后拆模、搭设梁体 0 号段施工支架。双壁墩墩身混凝土施工如图 8.5-7 所示。

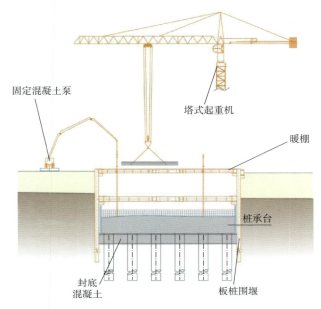

图 8.5-5 苏拉河桥主墩承台封底和混凝土灌注示意图

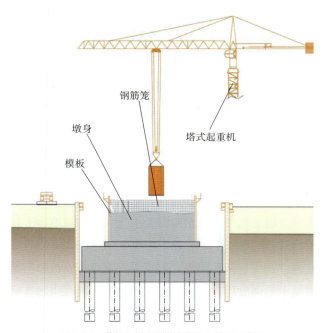

图 8.5-6 苏拉河桥主墩墩底混凝土施工示意图

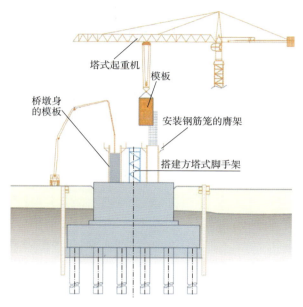

图 8.5-7 苏拉河桥主墩墩身混凝土施工示意图

苏拉河桥梁主桥为（85.6+162+85.6）m 预应力混凝土连续刚构，采用悬臂挂篮施工法施工。主要施工包括在膺架上施工连续刚构梁体 0 号段、连续刚构梁体对称悬臂灌注、跨中合龙、边跨末段施工。

连续刚构梁体 0 号段施工如图 8.5-8 所示。

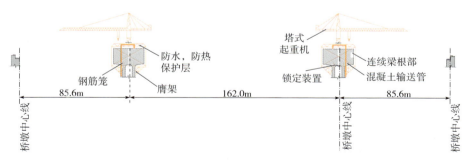

图 8.5-8 苏拉河桥连续刚构梁体 0 号段施工示意图

连续刚构梁体采用对称悬臂灌注法施工 1～20 号和 1'～20' 号块，如图 8.5-9 所示。

苏拉河桥连续刚构梁体跨中合龙、边跨末段施工，如图 8.5-10 所示。

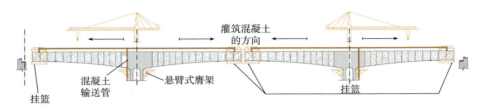

图 8.5-9 苏拉河桥连续刚构梁体悬臂灌注法施工示意图

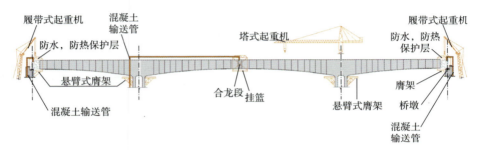

图 8.5-10 苏拉河桥连续刚构梁体跨中合龙、边跨末段施工示意图

引桥为 50m 预应力混凝土简支箱梁采用专用移动模架设备逐孔现浇法施工。首先施工左岸 15 孔跨度 50m 简支箱梁；然后拆解移动模架，运到右岸；最后，施工右岸 10 孔跨度 50m 简支箱梁。移动模架施工跨度 50m 简支箱梁如图 8.5-11 所示。

其余引桥为 34.2m 标准梁，采用制梁场预制，架桥机逐孔架设。全桥总工期为 40 个月，施工进度计划见表 8.5-3。

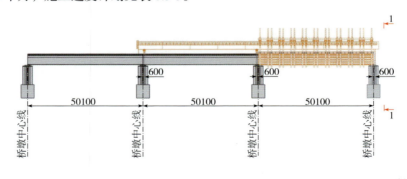

a）

图 8.5-11

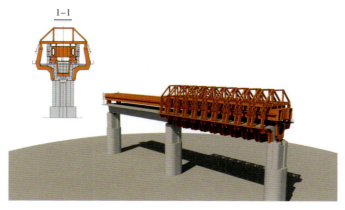

b）

图 8.5-11 苏拉河桥移动模架施工跨度 50m 简支箱梁示意图（尺寸单位：mm）

苏拉河桥施工进度计划表 表 8.5-3

序号	项 目 名 称	施工时间（月）	持 续 时 间			
			第一年（12个月）	第二年（12个月）	第三年（12个月）	第四年（12个月）
1	生产生活区建设	6				
2	左岸施工便道和施工场地建设	8				
3	左岸上的码头施工	4				
4	右岸上的码头施工	4				
5	右岸施工场地施工	14.5				
6	左岸桥墩施工	18				
7	右岸桥墩施工	21.5				
8	左岸 50.0m 梁施工	16				
9	右岸 50.0m 梁施工	11				
10	左岸 34.2m 梁运架	3				
11	右岸 34.2m 梁运架	1				
12	主桥施工	6.5				
13	梁部和桥墩涂装	7.5				
14	桥面铺装	5				
	总工期	40				

桥梁施工完成

8.5.3 伏尔加河桥施工组织设计

1）桥梁概况

伏尔加河桥的中心里程 PK6865+80，孔跨布置：27×50m+（64.2+134+2×190+134+64.2）m+35×50m+20×34.2m，桥长 4595.8m，其中主桥为梁长 777.5m 的钢—混结合连续梁。大桥位于伏尔加河航道里程 1222km 处，在古比雪夫水库的上游，在切博克萨雷水电站大坝（新切博克萨尔斯克市）下游 37km 处。规划的伏尔加河航道等级为一级航道。主桥立面布置如图 8.5-12 所示。

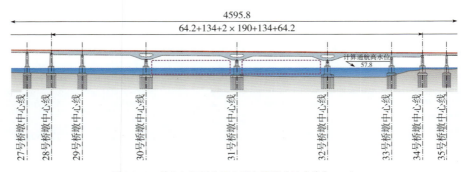

图 8.5-12 伏尔加河桥主桥立面布置图（尺寸单位：m）

2）场地布置

桥梁施工期间水域开发利用是按照桥梁设计中的通航方案进行的，该方案获得了联邦预算机构伏尔加河流域管理局的技术条件许可。冬季在水域进行施工时，使用破冰船保持水面不结冰。桥梁施工周期内的冬季是航道停航期，在河道中建造浮桥供施工用。由于桥位距离现有的公路交通网较远，为了改善伏尔加河两岸之间的交通联系和便于施工组织，在两岸桥位附近各设一座临时码头。伏尔加河桥场地布置示意图如图 8.5-13 所示。

在伏尔加河右岸和左岸设置生产和施工场地，进行结构拼装。桥梁施工的主要生产和施工场地安排在靠近桥轴线附近。计划在伏尔加河左岸建一个生活居住区，在伏尔加河的右岸设置生活服务区、施工指挥部、食品供应站。

在场地准备阶段，在水域范围内进行下列工作：在伏尔加河的右岸筑半岛、架设施工栈桥；在伏尔加河的两岸建造码头；建造钢结构预拼场和平底驳船的下水滑道。

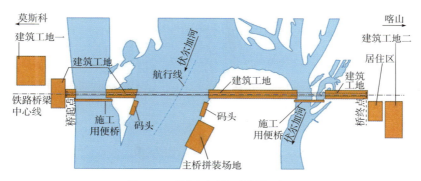

图 8.5-13 伏尔加河桥场地布置示意图

3）水中墩基础施工

桥位处水深较深，水中墩基础施工采用施工平台、双壁钢围堰施工。

施工桥墩前，使用堆石加固河床底部防止冲刷。采用 PMK-67 型 130t 级起重机、振动打桩机施工塔式起重机、破冰装置操作平台的桩基础。搭建破冰装置、塔式起重机施工平台和钻机轨道结构。搭建破冰装置、塔式起重机施工平台如图 8.5-14 所示。

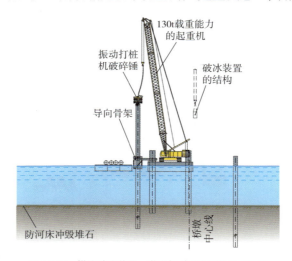

图 8.5-14 搭建破冰装置、塔式起重机施工平台示意图

采用 PMK-67 型 130t 级起重机安装塔式起重机台座，振动打桩机施工钢围堰。钢围堰周围采用堆石加固河床底部防止冲刷。安装操作平台底部联系支撑，搭建完成施工平台及场地，在施工平台上安装钻机。安装起重机台座、施工钢围堰如图 8.5-15 所示。

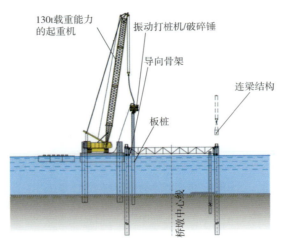

图 8.5-15 安装起重机台座、施工钢围堰示意图

采用钻机施工桩基土方，挖出的土方临时放于集装箱，并用驳船运送到专用场地。使用起重机安装桩基钢筋笼骨架，浇筑桩基混凝土。桩基施工完成后，拆除施工平台，拆除钻机轨道和操作平台底部联系支撑，采用水下切割法拆除操作平台桩基础。浇筑桩基混凝土施工如图 8.5-16 所示。

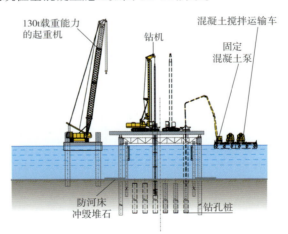

图 8.5-16 浇筑桩基混凝土施工示意图

使用起重机安装钢围堰的第一层支撑。采用抓斗式设备开挖基坑，挖出的基坑土方临时堆放在集装箱，并运送到专用场地。使用起重机安装塔式起重机，使用塔式起重机安装混凝土灌注设备，并施工封底混凝土。封底混凝土满足强度要

求后，进行基坑排水以便安装钢围堰第二层支撑。基坑排水排至封底混凝土顶面，凿除桩顶混凝土。使用起重机安装承台模板及钢筋笼，浇筑承台混凝土。浇筑承台混凝土示意图如图 8.5-17 所示。

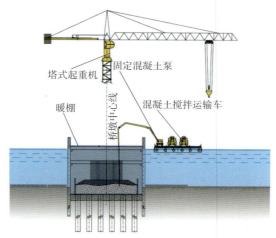

图 8.5-17　浇筑承台混凝土示意图

使用起重机安装墩底模板和钢筋笼，浇筑墩身水面高程以下部分混凝土。使用 PMK 型 130t 级起重机及拔桩机拆除钢围堰。使用起重机安装墩身水面高程以上部分模板和钢筋笼，浇筑余下部分墩身混凝土，完成水中墩基础和墩身施工。浇筑墩身水面高程以下部分混凝土如图 8.5-18 所示。

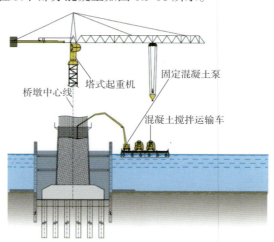

图 8.5-18　浇筑墩身水面高程以下部分混凝土示意图

29～32号主墩墩顶钢结构段落采用对称悬臂拼装钢结构单元，33～34号钢结构采用支架上拼装钢结构单元，其余29～30号、30～31号、31～32号、32～33号跨中钢结构，均采用岸上拼装，平底驳船运输，整体吊装就位。钢结构施工完成后，开始施工混凝土桥面板。钢梁施工步骤示意如图8.5-19所示。

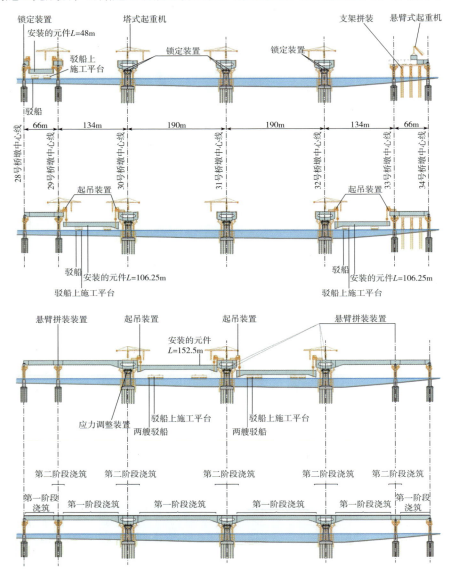

图8.5-19 钢梁施工步骤示意图

伏尔加河右岸 27 孔 50m 简支梁和左岸 35 孔 50m 简支梁各用一套移动模架现浇法施工。其余引桥为 34.2m 标准跨度结构，采用制梁场预制，架桥机逐孔架设，全桥工期为 46 个月，施工进度计划见表 8.5-4。

伏尔加河桥施工进度表　　　　　　　　　表 8.5-4

序号	项目名称	施工时间（月）	持续时间 第一年（12个月）	第二年（12个月）	第三年（12个月）	第四年（12个月）
1	生产生活区建设	4				
2	左岸施工便道和施工场地施工	10				
3	左岸便桥施工	4				
4	左岸上的码头施工	2				
5	左岸施工平台和材料库房建设	7				
6	左岸施工平台施工	2				
7	右岸便桥施工	6				
8	右岸施工平台施工	9				
9	右岸码头施工	2				
10	右岸工程防护措施	18				
11	桥墩施工	31				
12	50m 梁施工	19.5				
13	码头施工运输平台搭建，主桥运装	16				
14	主桥桥面板施工	4				
15	34.2m 梁运架	0.7				
16	梁部和桥墩涂装	7				
17	桥面铺装	4				
	总工期	46				

桥梁施工完成

CHAPTER 9
|第9章|
提高严寒地区混凝土耐久性措施

9.1 高性能混凝土耐久性设计研究

9.1.1 俄罗斯混凝土制备技术及应用现状

1）混凝土应用情况

混凝土在俄罗斯的铁路工程、市政工程中均有应用，但远没有我国应用广泛。在铁路工程中，俄罗斯主要以路基为主，桥梁占比不大，且主要以钢结构桥梁为主，车站站台多采用沥青混凝土路面，不采用混凝土路面。在市政工程中，俄罗斯桥梁也以钢桥为主，市政路面大多为沥青混凝土，人行道也基本为沥青混凝土或沥青砂，路缘石采用方石，混凝土的应用也不广泛，如图9.1-1～图9.1-3所示。

a)

b)

c)

图 9.1-1

第 9 章
提高严寒地区混凝土耐久性措施

图 9.1-1 莫斯科市区随处可见的钢结构桥梁

图 9.1-2 莫斯科河上不多见的混凝土桥梁

图 9.1-3 车站站台的沥青混凝土路面

243

2）混凝土原材料

俄罗斯混凝土原材料组成除水泥、砂、石外，还采用了减水剂和防冻剂，基本不添加我国国内常用的粉煤灰及矿渣粉。图 9.1-4 为混凝土搅拌站立仓。

俄罗斯水泥工业由 50 多家水泥厂组成，总产能约为中国的 4% 左右。主要分布在西部、南部，中东部较少，如图 9.1-5 所示。在俄罗斯众多水泥厂中，欧洲水泥集团是俄罗斯最大的水泥生产商，俄罗斯水泥市场遥遥领先的 5 家水泥公司均由欧洲水泥集团控股，其年产水泥能力约为 4000 万 t。除俄罗斯外，欧洲水泥集团在乌克兰和乌兹别克斯坦也设有工厂。俄罗斯除自己生产水泥外，也从意大利、土耳其等国进口水泥，其中从土耳其进口的水泥约占总进口量的三分之一。目前，进口水泥呈快速增长的趋势。

图 9.1-4　混凝土搅拌站立仓

图 9.1-5　俄罗斯水泥厂分布

粗集料常用有粒径 5～20mm 的花岗岩碎石和卵碎石，如图 9.1-6 所示。根据需要，最大的集料粒径 25mm。俄罗斯混凝土搅拌站所采用的碎石为连续级配，且粉尘含量较少，较为干净。

a）5～20mm 花岗岩碎石　　　　　b）5～20mm 卵碎石

图 9.1-6　常用的粗集料

与中国一般采用汽车运输碎石不同，俄罗斯碎石运输主要依靠铁路，如图 9.1-7 所示。

细集料主要为细砂，细度模数在 2.3 左右，砂较干净。

3）混凝土分类和命名

俄罗斯混凝土的性能主要有抗冻等级、抗渗等级、强度、流动性等指标，产品采用表示其性能的代号组合命名，如 BCT B35 П4 F150 W12，表示强度 35MPa，流动度要求 4 级，抗冻等级 F150，抗渗等级 12 的混凝土。混凝土搅拌站可提供强度 7.5～45MPa、抗冻等级 F50～F300、抗渗等级 W2～W12 的混凝土。

图 9.1-7　铁路运输碎石至搅拌站

4）混凝土配合比

俄罗斯的混凝土水灰比与中国的差别不大，但含砂率较大，达 45%～50%；抗冻剂掺量为 0.5%～2%，随温度的降低按 0.5% 的梯度增加；混凝土的含气量控制在 4% 左右，不随抗冻等级的变化而变化。

5）混凝土冬季施工的搅拌及运输

俄罗斯冬季混凝土施工的环境极限温度为 –15℃，也就是说，当环境温度在 –15℃以上，都可进行混凝土施工。当温度更低时，主要考虑过于寒冷的气候对室外作业人员身体不利而不再开展混凝土施工。

冬季进行混凝土搅拌时，为保证混凝土正常浇筑及强度发展，俄罗斯要求混凝土出机温度在 5℃ 以上。为此，混凝土搅拌站采取了对集料加热和采用热水的措施。这两种措施可单独采取，也可同时采取。采用热水时，水温控制在 40～60℃。储水罐、料仓、集料传送带、外加剂罐均设在温度可达 25℃ 左右的封闭厂房内。

水加热方式采用蒸汽锅炉加热，通过锅炉上的温度控制器对水温进行控制。集料加热通过安装在料仓中上部的管道向料仓内注入蒸汽的方式。

混凝土搅拌时，采用自动计量控制系统。含气量是混凝土出厂前必检项目，控制系统内安装有含气量检测仪。

混凝土采用罐车运输到现场。为控制运输成本，商品混凝土的运输半径控制在 15km 以内。运输时，罐车未采取保温措施，如图 9.1-8 所示。温度控制主要通过混凝土出厂温度以及运输中罐车罐体转动来保证混凝土运输到现场后的温度要求。

6）混凝土冬季施工

冬季施工时，在混凝土浇筑现场搭设密封较好暖棚，暖棚材料采用角架、土工布和防水材料等；暖棚内采用电暖鼓风加热。混凝土浇筑时，用泵机送至浇筑地点。混凝土暖棚如图 9.1-9 所示。

图 9.1-8　混凝土运输车

a)　　　　　　　　　　　　　b)

图 9.1-9　混凝土暖棚

7）混凝土质量

从作者调研情况看，新浇筑的混凝土外观不是太好，较多的水线、麻面，混凝土表面气孔也较多,严重的有表面起壳,明显有修补痕迹。混凝土缺陷如图 9.1-10 所示。

图 9.1-10　混凝土缺陷

年代较久的混凝土结构,开裂情况较严重,冻融剥落情况也较严重。图 9.1-11 为下诺夫哥罗德跨越奥卡河的一座公铁两用钢桁桥墩身混凝土情况。该桥于 1996 年开始建设,2012 年投入使用。墩身混凝土表面虽然进行了防护,但混凝土开裂较为普遍,且防护材料开裂和剥离较为严重。奥卡河、伏尔加河沿岸上其他混凝土结构开裂也较为严重。

a)桥梁外形　　　　　　b)墩身开裂　　　　　　c)桥墩防护层剥离

图 9.1-11　下诺夫哥罗德跨越奥卡河公铁两用钢桁桥桥墩开裂情况

8)承台防护

置于土中的混凝土承台多采用涂刷改性沥青进行防护。在室外温度接近 0℃ 时,改性沥青仍较软,如图 9.1-12 所示。

a)　　　　　　　　　　　　　　　　a)

图 9.1-12　土中墩承台防护情况

9.1.2　国内外混凝土抗冻性技术要求

混凝土的抗冻性问题是较早被认识的混凝土耐久性问题之一。几十年来,世界各国已经达成了对混凝土抗冻性基本一致的共识,并根据各国情况制定了相应的系列标准,包括设计标准、施工标准和相应的试验方法。

各国对混凝土抗冻性要求有不同的控制标准。例如,苏联对混凝土的抗冻性要求采用等级控制标准;美国标准、英国标准以及欧洲标准主要通过控制混凝土配合比保证混凝土的抗冻性;中国铁路行业标准对混凝土的抗冻等级、最小含气量、最大水胶比以及最小胶凝材料用量均作出了详细规定。

1)国外混凝土抗冻性技术要求

苏联对混凝土的抗冻性技术要求采用的是等级控制标准,即根据混凝土建筑物所在地区和环境的不同,确定混凝土的不同抗冻等级。苏联制定的《混凝土和钢筋混凝土结构设计规范》(CHиЛ2.03.01—1984)中,根据建筑所处地区冬季室外计算气温(5天最低气温平均值),对混凝土结构和钢筋混凝土结构的抗冻性作出了规定,该规范将混凝土抗冻等级分为F300、F200、F150、F75、F50、F35、F25、F15等8个等级,不同环境条件下混凝土的抗冻要求见表9.1-1。

苏联混凝土抗冻等级的最小允许值《混凝土和钢筋混凝土结构设计规范》(CHиЛ2.03.01—1984) 表9.1-1

环境条件		冬季计算气温(℃)	抗冻等级		
			Ⅰ	Ⅱ	Ⅲ
反复冻融状态	饱和水状态	<-40	F300	F200	F150
		-20～-40	F200	F150	F100
		-5～-20	F150	F100	F75
		>-5	F100	F75	F50
	偶然饱水状态	<-40	F200	F150	F100
		-20～-40	F100	F75	F50
		-5～-20	F75	F50	F35*
		>-5	F50	F35*	F25*
	潮湿空气状态	<-40	F150	F100	F75
		-20～-40	F75	F50	F35*
		-5～-20	F50	F35*	F25*
		>-5	F35*	F25*	F15**

续上表

环境条件		冬季计算气温（℃）	抗冻等级		
			Ⅰ	Ⅱ	Ⅲ
偶然负温	饱和水状态	＜ -40	F150	F100	F75
		-20 ～ -40	F75	F50*	F35*
		-5 ～ -20	F50	F35*	F25*
		＞ -5	F35*	F25*	—
	潮湿空气状态	＜ -40	F75	F50	F35*
		-20 ～ -40	F50	F35	F25*
		-5 ～ -20	F35*	F25*	F15**
		＞ -5	F25*	F15**	—

注：表中的"*"表示针对质量大的混凝土和细颗粒混凝土，抗冻等级未做规定。

美国混凝土协会 ACI318 规范以及 ACI201 委员会对混凝土的抗冻性技术要求主要通过控制含气量、水灰比和水泥用量来保证混凝土的抗冻安全性，对混凝土的抗冻性没有进行划分等级，只是美国材料实验协会 ASTM 标准要求引气混凝土必须具有最小耐久性指标 80%，即经 300 次快速冻融后，混凝土的相对动弹性模量损失不大于 20%。ACI318 规范要求暴露于冻融作用或化学除冰剂下的混凝土含气量应符合表 9.1-2 的要求，特殊暴露条件下混凝土的水灰比应符合表 9.1-3 的要求。

抗冻混凝土的含气量　　　　　　表 9.1-2

集料最大尺寸（in）（1in=2.54cm）	含气量（%）	
	严重暴露	中等暴露
3/8	7.5	6.0
1/2	7.0	5.5
3/4	6.0	5.0
1	6.0	4.5
1.5	5.5	4.5
2	5.0	4.0
3	4.5	3.5

特殊暴露条件下水灰比要求　　　　　　　　　　　　　表 9.1-3

暴 露 条 件	最大水灰比用于普通集料混凝土
在清水环境中的低透水性混凝土	0.5
在潮湿条件下受冻融作用的混凝土	0.45
暴露于除冰盐、微咸水、海水或这些水源水溅作用的要求做腐蚀保护的钢筋混凝土	0.4

在英国标准 BS7543 及 BS8110 中，对处于冻融作用的混凝土，有含气量的要求。对特殊暴露条件下的素混凝土最大水灰比、最小水泥用量和最低混凝土强度等级做了限制。BS8110 规定对强度等级低于 C50 受冻融和除冰盐作用的混凝土含气量应符合表 9.1-4 的要求，对不同暴露条件下的素混凝土的最大水灰比、最小水泥用量和最低强度等级提出应符合表 9.1-5 的要求。

不同集料粒径新拌混凝土含气量的要求　　　　　　　　表 9.1-4

集料最大尺寸（mm）	10	14	20	40
含气量（%）	7	6	5	4

集料最大尺寸为 20mm 的素混凝土的耐久性　　　　　　表 9.1-5

暴 露 条 件	不含预埋材料的混凝土		
	最大水灰比 W/C	最小水泥用量（kg/m³）	最低强度等级
混凝土表面受保护免受气候或侵蚀条件影响	0.8	180	C20
混凝土表面有遮盖防止暴雨和冰冻，或受到水作用，持续处于水下的混凝土，与非侵蚀性油接触的混凝土	0.65	275	C30
受暴雨、干湿交替或偶冻，或严重结露的混凝土	0.6	300	C35
受海浪、除冰盐（直接或间接）腐蚀性气体或严重受冻的潮湿混凝土	0.55	325	C35
受腐蚀作用，如海水推移或 pH 小于 4.5 的流动水或机器或机动车作用	0.5	350	C45

欧洲标准 EN206 规定，处于冻融循环条件下的混凝土应有含气量、水灰比、最小水泥用量和最小强度等级要求外，对集料的抗冻性也提出了要求。具体要求见表 9.1-6。

混凝土组成和性能建议的限制值　　　　　　　表 9.1-6

暴露等级	XF1	XF2	XF3	XF4
最大 W/C	0.55	0.55	0.5	0.45
最小强度等级	C30	C25	C30	C30
最小水泥含量（kg/m³）	300	300	320	340
最小含气量（%）	—	4	—	4
其他要求	集料符合 EN12620 标准，有足够的抗冻融能力			

2）国内混凝土抗冻性技术要求

根据环境条件和设计要求的差异性，中国《铁路混凝土结构耐久性设计规范》（TB 10005—2010）对混凝土的抗冻等级、最小含气量、最大水胶比以及最小胶凝材料用量作出了规定，见表 9.1-7 和表 9.1-8。

冻融破坏环境下混凝土的抗冻性　　　　　　　表 9.1-7

评价指标	环境作用等级	设计使用年限		
		100 年	60 年	30 年
抗冻等级 （56d）	D1	≥ F300	≥ F250	≥ F200
	D2	≥ F350	≥ F300	≥ F250
	D3	≥ F400	≥ F350	≥ F300
	D4	≥ F450	≥ F400	≥ F350

混凝土的最小含气量、最大水胶比和最小胶凝材料用量　　表 9.1-8

环境作用等级	最小含气量（%）	100 年		60 年		30 年	
		最大水胶比	最小胶材用量（kg/m³）	最大水胶比	最小胶材用量（kg/m³）	最大水胶比	最小胶材用量（kg/m³）
D1	4	0.5	300	0.55	280	0.55	280
D2	5	0.45	320	0.5	300	0.5	300
D3	5	0.4	340	0.45	320	0.45	320
D4	6	0.36	360	0.4	340	0.4	340

中国《水工混凝土结构设计规范》（DL/T 5057—2009）对有抗冻要求的混凝土分为 F400、F300、F250、F200、F150、F100 和 F50 七级。对于有抗冻要求的结构，按表 9.1-9 根据气候分区、冻融循环次数、表面局部小气候条件、水分

饱和程度等选定抗冻等级。当不利因素较多时，可选用提高一级的抗冻等级。设计规范同时规定，抗冻混凝土必须掺加引气剂。其水泥、掺和料、水灰比及配合比等应通过试验确定。

混凝土抗冻等级　　　　　　　　　　　　　　　　　表 9.1-9

气候分区	严寒		寒冷		温和
年冻融循环次数	≥100	<100	≥100	<100	—
受冻后果严重且难于检修的部位	F400	F300	F300	F200	F100
受冻后果严重但有检修条件的部位	F300	F250	F200	F150	F50
受冻较重部位	F250	F200	F150	F150	F50
受冻较轻部位	F200	F150	F100	F100	F50
水下、土中及大体积内部混凝土	F50	F50	F50	F50	F50

中国《水运工程混凝土质量控制标准》（JTJ 269—1996）对有抗冻要求的混凝土分为 F350、F300、F250、F200、F150 和 F100 六级。对海水环境和淡水环境的混凝土抗冻设计见表 9.1-10，混凝土拌合物含气量按表 9.1-11 进行控制。

混凝土抗冻等级选定标准　　　　　　　　　　　　表 9.1-10

建筑物所在地区	海 水 环 境		淡 水 环 境	
	钢筋混凝土及预应力混凝土	素混凝土	钢筋混凝土及预应力混凝土	素混凝土
严重受冻地区（最冷月平均气温低于 -8℃）	F350	F300	F250	F200
受冻地区（最冷月平均气温在 -8～-4℃）	F300	F250	F200	F150
微冻地区（最冷月平均气温低于 -4～0℃）	F250	F200	F150	F100

抗冻混凝土含气量控制范围　　　　　　　　　　　表 9.1-11

集料最大粒径（mm）	含气量（%）	集料最大粒径（mm）	含气量（%）
10	5～8	40	3～6
20	4～7	63	3～5
31.5	3.5～6.5		

9.1.3 莫斯科—喀山高速铁路桥梁用混凝土耐久性设计原则

在对各国混凝土抗冻性控制标准分析，并吸收我国通过对混凝土的抗冻等级、最小含气量、最大水胶比以及最小胶凝材料用量均进行严格控制，使得青藏铁路大部分桥梁墩台混凝土基本处于正常状态的成功经验基础上，同时参考俄罗斯对地表下结构表面涂涮改性沥青和地表以上桥墩涂刷防护材料的习惯做法，制定莫斯科—喀山高速铁路桥梁用混凝土耐久性设计原则如下：

（1）充分考虑到该项目所在地极端气温低、四季温差大，冬季时间长，冻融显著的气候特点，高度重视混凝土抗冻性能的研究和应用。

（2）充分考虑项目所在地水泥品质，砂石料特性，通过混凝土的抗冻等级、最小含气量、最大水胶比以及最小胶凝材料用量等方面进行严格控制，提高混凝土抗冻融性能。

（3）桥梁结构、施工方案及施工组织应充分考虑到冬季时间长、施工时间短的特点，做好冬季施工保暖措施的费用预算和结构方案的经济性比较。

（4）做好地下及地表以上一定高度内混凝土表面的防护，使得高性能混凝土的应用具有较好的经济性和适用性。

9.2 桥面防水体系耐久性设计研究

9.2.1 概述

铁路混凝土桥梁桥面防水层是提高桥梁结构耐久性的重要技术手段。既有桥梁由于桥面防水失效造成桥面板渗水、钢筋锈蚀的事例很多，直接影响到结构的使用寿命。

混凝土桥梁桥面防水层主要分为卷材与涂料两大类。其中，卷材主要有高聚物改性沥青防水卷材、氯化聚乙烯防水卷材、PVC（聚氯乙烯）卷材及EPDM（三元乙丙橡胶）卷材等；涂料主要有聚氨酯防水涂料、聚脲防水涂料及MMA（甲基丙烯酸甲酯）树脂防水涂料等。中国、美国、欧洲国家、日本使用的主要防水材料见表9.2-1。

中国、美国、欧洲国家、日本使用的主要防水材料　　表 9.2-1

国家	铁路桥梁主要防水材料
中国	高聚物改性沥青防水卷材、氯化聚乙烯防水卷材、聚氨酯等
美国	EPDM 和丁基橡胶（IIR）防水卷材、高强度聚氨酯、聚脲弹性体等
欧洲国家	PVC 防水卷材、SBS 改性沥青防水卷材、EPDM 和丁基橡胶防水卷材、高强度聚氨酯、聚脲弹性体、MMA 弹性体等
日本	EPDM 防水卷材、聚氨酯防水涂料等

使用防水卷材的优点是防水层厚度均匀，耐高低温性能较好；缺点是与基层黏接较难保证，特别是在各类转角及形状复杂的基面上很难与基层密贴，与混凝土结合面的抗剪强度不足，接头较多，焊接、粘接质量难于保证，在卷材出现损伤后，很容易在结合面形成串水，产生渗漏。同时，由于防水层的自身厚度与可压缩性，致使梁顶与上面的铺装层形成"两张皮"，对承受列车荷载不利。

使用防水涂料的优点是防水层没有接缝，受结构形状影响较小，厚度可以调整，与基体附着力较好；缺点是普通聚氨酯防水涂料、聚合物水泥弹性防水涂料物理力学性能较差，涂层厚度不易均匀，较薄部位在后续施工中容易击穿失效。为增强防水效果，涂料还与玻璃纤维布、土工布等纤维材料复合使用，而使用纤维增强材料后，可提高复合体系的力学性能，但延伸性却显著降低，还是很难取得满意的防水效果。另外，施工机具、施工人员的熟练程度、施工环境等对防水层性能影响较大。

9.2.2　桥面防水材料研究

1）环氧封闭漆

环氧封闭漆的作用主要是封闭细裂缝和混凝土表面的毛细孔，防止混凝土表面的碱性对涂装材料的性能影响，增加涂装材料与混凝土表面的附着力，所以要求该材料具有较好的渗透性，同时与面层涂料有较好的附着力。

试验要求：在混凝土桥梁表面进行防护涂装体系，一般均要求附着力不小于 2.5MPa 或混凝土基面破坏。参照中国《建筑涂料涂层耐温变性试验方法》（JG/T 25—2017），结合莫斯科—喀山高速铁路沿线实际温度条件，制定了耐冻融循环性能测定的试验条件：60℃热烘 2h、室温下水中浸泡 6h、-40℃冷冻 16h 为一个循环，循环 10 次。

试验分别选用了 2 种溶剂型环氧封闭漆和 2 种水性环氧封闭漆进行对比测试，结果见表 9.2-2。

封闭漆的附着力及耐冻融循环性能对比　　　表 9.2-2

环氧封闭漆类型	与混凝土附着力（MPa）	耐温变性（10 次循环后）	产地
溶剂型	4.5	无变化	河北
溶剂型	5.2	无变化	安徽
水性	4.3	无变化	浙江
水性	4.7	无变化	德国

2）柔性聚氨酯中间漆

聚氨酯涂料已广泛应用于混凝土桥面防水领域。提高、改进防水涂层的力学和耐久性能，需从涂料用树脂着手。聚氨酯树脂包括异氰酸酯组分和聚醚多元醇组分两个组分，制得的聚氨酯产品性能与这两个组分的各自性能及配合比具有直接关系。

异氰酸酯是聚氨酯涂料的基本原料，它可以含有一个或多个异氰酸根（-NCO），能够与含有活泼氢原子的化合物如多元醇等化合物进行化学反应，制成具有不同性能的产品，满足生产、生活的需要。

应用于涂料工业的异氰酸酯主要有甲苯二异氰酸酯（TDI）、二苯基甲烷二异氰酸酯（MDI）、六亚甲基二异氰酸酯（HDI）、异佛尔酮二异氰酸酯（IPDI）、多亚甲基多苯基多异氰酸酯（PAPI）等，由市售的异氰酸酯原料制成的涂层，很难满足莫斯科—喀山高速铁路项目要求的高强度和高延伸率，因此需对异氰酸酯组分进行改性合成。

试验选用 MDI 为基本原料，结合预聚物的软硬段结构比例，以及预聚物的强度、耐水性、耐腐蚀性、黏度、成本等综合性能，采取聚醚多元醇与其他多元醇（如聚四氢呋喃多元醇、聚酯多元醇、聚碳酸酯多元醇等）进行混合预聚方式，得到不同端异氰酸酯的预聚物，其中聚醚多元醇用量占 60% 以上。不同比例的多元醇预聚物物理性能分别见表 9.2-3。

各种预聚物的物理性能　　　　　　　　　　表 9.2-3

聚醚种类	PPG2000	PPG2000/PTMEG2000	PPG2000/PHA2000	PPG2000/PCDL2000
混合比例（w/w）	100/0	80/20	80/20	80/20
MDI 与多元醇投料量（w/w）	70/100	70/100	70/100	70/100
预聚物黏度（MPa·s）	750	900	920	1300
预聚物 NCO 含量（%）	11	10.6	10.8	10.1
预聚物成本	低	中	中	稍高

注：PPG 为聚氧化丙烯二醇；PTMEG 为聚四氢呋喃二醇；PHA 为聚烃基脂肪酸酯；PCDL 为聚碳酸酯二醇。

将表 9.2-3 中制得的预聚物分别与胺类扩链剂复配固化，根据固化物的物理力学性能初步确定预聚物的组成和配方。表 9.2-4 是采用 WANALINK 6200 作为扩链剂时不同预聚物形成的固化物性能。

各种预聚物固化物的物理性能　　　　　　　表 9.2-4

预聚物种类	MDI/PPG2000	MDI/PPG2000/PTMEG2000	MDI/PPG2000/PHA2000	MDI/PPG2000/PCDL2000
固化剂种类	WANALINK 6200			
预聚物与固化剂配比（w/w）	25/10			
固化物拉伸强度（MPa）	9	13	14	16
固化物断裂伸长率（%）	350	430	370	490
固化物耐水性	中	高	低	较高

由表 9.2-4 可以看出，不同多元醇复配制得的预聚物与胺基扩链剂交联固化后产物的拉伸强度与断裂伸长率明显不同，在掺入聚碳酸酯（PCDL2000）、聚四氢呋喃（PTMEG2000）等多元醇后，涂层的抗拉强度、断裂伸长率、耐水性明显提高。综合分析，确定选用聚醚多元醇（PPG2000）复配聚四氢呋喃多元醇（PTMEG2000）和少量的 PCDL2000 与 MDI 合成异氰酸酯预聚物，作为高性能聚氨酯树脂的 B 组分。

聚氨酯涂料的另一组分为多元醇聚合物，包括聚醚多元醇和聚酯多元醇。聚醚多元醇（如两官能度的分子量为 400、1000、2000，三官能度的分子量为

3000、4000、5000 的活性聚醚多元醇）与异氰酸酯预聚物组分都有良好的适应性，在固化前，体系黏度较低具有较好的施工性，固化后的产物具有较好的耐水性，因此研究选用聚醚多元醇进行研发。通过综合性价比，选择 DL400（两官能度分子量为 400 的聚环氧丙烷醚二元醇）和 MN3050DF（三官能度分子量为 3000 的聚环氧丙烷醚三元醇）复配作为柔性聚氨酯涂料 A 组分的主要原材料。

为了满足现场施工的需要，聚氨酯树脂加工制成的防护涂料应具有施工方便，不需要专业设备即可施工，施工人员经过简单培训即可上岗等条件，同时拉伸强度不小于 12MPa，断裂延伸率不小于 200% 的要求。为此，需要通过添加和筛选消泡剂、流平剂、扩链剂等外加剂方式调整防护涂料的配方。

消泡剂的作用主要是提高涂层的致密性，消除涂料在施工过程中带入的空气泡，消除涂料在固化过程中 A、B 组分反应生成的气泡。

在涂料的涂层较厚，体系的固体含量一般 ≥ 90%，黏度相对较大时，为了保证成膜的完整性和平整性，通过添加流平剂改善涂料的施工性能。

扩链剂是聚氨酯弹性中非常重要的一类原材料，对提高涂层的抗拉强度与断裂伸长率等物理力学性能具有至关重要的作用。应用较多的扩链剂是胺基类，如伯胺类 E100、E300，仲胺类 WANALINK 6200 等。扩链剂对涂料的适用期影响较大，可以缩短体系的凝胶时间，仲胺类扩链剂与伯胺类扩链剂相比由于其分子的空间位阻较大，反应较慢，体系的凝胶时间就长。为延长体系的可操作时间、延长与基体的浸润时间提高附着力，通过自制一种分子结构含有仲胺基酯类结构的仲胺类树脂作为扩链剂，改善和调节体系的适用期。

在不降低涂料综合性能的前提下，为了降低成本，一般会考虑在涂料中添加适量填料，如铁红、滑石粉、碳酸钙、硫酸钡粉等。

通过对涂料配方的多次复配及对制品的反复测试，确定的柔性聚氨酯中间漆的配方。A 组分（w/w）为两官能度聚醚为 5% ~ 10%，三官能度聚醚为 50% ~ 60%，扩链剂为 5% ~ 10%，填料为 20% ~ 40%，助剂为 1% ~ 2%。B 组分（预聚体）（w/w）为 MDI50 为 40% ~ 45%，PPG2000 为 45% ~ 50%，PTMEG2000 为 10% ~ 15%，PCDL2000 为 5% ~ 10%。A、B 组分混合比例为 100∶60 ~ 100∶80。

制备的柔性聚氨酯中间漆综合性能测试结果见表 9.2-5。

柔性聚氨酯中间漆性能测试结果　　　　表 9.2-5

项　　目	测试结果	试　验　方　法
固体含量（%）	65	《建筑防水涂料试验方法》（GB/T 16777—2008）
表干时间（h）	2	—
实干时间（h）	20	—
拉伸强度（MPa）	13.5	—
断裂伸长率（%）	320	—
附着力（MPa）	5.6	《色漆和清漆拉开附着力试验》（GB/T 5210—2006）
适用期（min）	50	《铁路钢桥保护涂装及涂料供货技术条件》（TB/T 1527—2011）[①]

注：①该标准已于 2019 年 9 月作废。

由表 9.2-5 可以发现，柔性聚氨酯中间漆涂层的抗拉强度达到 13MPa，断裂伸长率大于 300%，与混凝土基面的附着力 5MPa 以上，表明所制成的中间漆在保持优良附着力前提下较原漆具有良好的物理力学性能，且适用期延长到 50min，可较好地满足现场施工的要求。

3）柔性聚氨酯防水面漆

无砟轨道桥面防水体系的防水层暴露于户外，被阳光直接曝晒，所以应提高防水层的耐候性能。聚氨酯涂料依据选用的原材料分为脂肪族聚氨酯涂料和芳香族聚氨酯涂料。芳香族聚氨酯涂料由于含有苯环，在室外使用不耐阳光曝晒，易出现黄变、粉化。脂肪族聚氨酯涂料涂层具有较高的物理力学性能（拉伸强度、断裂伸长率等），且价格较低，所以在桥梁、隧道防水等领域得到广泛应用。脂肪族聚氨酯涂料主要用于室外钢结构防腐领域，具有优良的耐阳光曝晒性能，但该涂料固化后形成的涂层呈现脆性，不适用于室外混凝土结构的防护涂装。为解决耐候性的脂肪族聚氨酯防水面漆与柔性聚氨酯中面漆的匹配问题，需提高脂肪族聚氨酯树脂的柔性。研究主要通过在异氰酸酯组分合成时引入柔性支链来实现。

柔性异氰酸酯固化剂市售产品可选择性少，选用 N75 固化剂（HDI 缩二脲）为基料，与耐候性耐水性耐腐蚀性更优异的聚碳酸酯二元醇进行聚合改性，自行合成制备柔性异氰酸酯固化剂。

合成工艺参数包括原材料组分、配比、反应温度、时间等，通过测试合成产物及固化物的物理性能可以对工艺参数进行调整。

通过调节两者的投料比例，得到不同NCO含量和黏度的柔性固化剂，将这些自制合成的柔性固化剂与耐候性羟基树脂配比制成清漆，进行力学强度与断裂伸长率的测试，筛选性能最好时N75与聚碳酸酯二元醇（PCDL）之间的投料比例。

N75固化剂和PCDL投料比对改性柔性固化剂产物NCO的影响见表9.2-6。

改性固化剂组分的投料量与产物NCO含量的关系（%）　　表9.2-6

样品序号	N75投料量	PCDL投料量	醋酸丁酯投料量	产物NCO含量
1-1	43	17	40	6.5
1-2	40	20	40	6
1-3	36	24	40	5.1
1-4	30	30	40	4.2
1-5	27	33	40	3.4

由表9.2-6可以发现，改性固化剂组分产物的NCO含量随着N75与聚碳酸酯二元醇投料比的下降而降低。

将合成的改性固化剂组分与耐候性羟值树脂配制成清漆，按照NCO与OH的摩尔比为1.05来配制，制成自由膜，完全固化后进行拉伸性能检测，见表9.2-7。

柔性改性固化剂与耐候性羟基树脂配制成清漆膜的拉伸性能　表9.2-7

样品序号	B组分投料比（N75/PCDL）	清漆膜拉伸强度（MPa）	清漆膜断裂伸长率（%）
2-1	43/17	13	60
2-2	40/20	11	72
2-3	36/24	12	105
2-4	30/30	11	140
2-5	27/33	8	150

由表9.2-7可以发现，改性固化剂组分中N75与聚碳酸酯二元醇的投料比为1:1时，清漆膜的拉伸性能最优，拉伸强度达到11MPa，断裂伸长率达到140%。

耐候性羟基树脂是耐候性脂肪族聚氨酯涂层中非常重要的组分，其性能决定了涂层的耐水性、耐紫外线老化性、耐酸碱盐腐蚀性及其力学性能。通常，采用两种耐候性优异的羟基树脂进行复配。一种是羟基丙烯酸树脂，该树脂主要应用于钢结构防腐及汽车漆领域；另一种是改性含羟基氟碳树脂（FEVE类型），该树脂主要应用于常温固化的氟碳漆上。复配后的羟基树脂与固化剂发生交联反应，所生成涂层的主链分子结构上因含有 F-C 键，使得其耐老化性能得到进一步提高。

选用耐候性无机颜料如钛白粉等。法国的 Gaumet S 等研究了丙烯酸/异氰酸酯涂层的加速曝晒，用 FTIR 测其氨酯交联键（1522cm^{-1}）吸收峰的消减，结果显示含 TiO_2（PVC=15%）涂层能遮蔽紫外线，其降解速率比不含 TiO_2 的清漆要慢 5 倍。通过选用耐候性颜料进一步提高涂料的耐老化性能。

加入紫外线吸收剂、光阻剂（位阻胺）等可进一步提高涂料的抗老化性。紫外线吸收剂的作用是按 Beer-Lambert 定律吸收入射涂层的紫外线，而位阻胺的作用是捕获涂层中降解的自由基，以阻止降解反应，两者配合增效。

面漆涂层的物理力学性能（拉伸强度、断裂伸长率）和耐紫外老化性能最为重要。由于物理力学性能指标测试时间较短，所以主要是通过物理力学性能指标的测试来进行涂料配方的调整，在该指标达到设计要求并具有稳定重现的条件后，再进行其他性能测试，并通过对外加剂的适量增减最后确定涂料配方。

通过对面漆配方的多次复配及对制品的反复测试，确定的脂肪族柔性聚氨酯防水面漆的配方。A 组分（w%）耐候性羟基丙烯酸树脂为 30%～50%，FEVE 型氟碳树脂为 5%～10%，金红石钛白粉为 10%～35%，颜料为 0%～2%，防沉降剂为 0.2%～1.0%，填料为 5%～20%，流平剂为 0.3%～2.0%，消泡剂为 0.3%～1.6%，紫外线吸收剂为 0.5%～1.8%，光阻剂为 0.3%～1.2%，余量为稀释剂占比。B 组分（w%）由 N75（HDI 缩二脲）与聚碳酸酯二元醇反应后的改性固化剂为 60%～80%，余量为稀释剂占比。A、B 组分混合比例为 100∶60～100∶80。

防水面漆制备工艺，A 组分采用高速分散→研磨→调漆→检测→包装，B 组分采用直接分装。

制备的柔性聚氨酯防水面漆综合性能见表 9.2-8。

脂肪族柔性聚氨酯防水面漆性能测试结果　　　　表 9.2-8

项　目	测试结果	试　验　方　法
固体含量（%）	67	《色漆、清漆和塑料不挥发物含量的测定》（GB/T 1725—2007）
适用期（h）	2.5	《铁路钢桥保护涂装及涂料供货技术条件》（TB/T 1527—2011）
表干时间（h，23℃±2℃）	2	《漆膜、腻子膜干燥时间测定法》（GB/T 1728—1979）[①]
实干时间（h，23℃±2℃）	22	

续上表

项　目	测试结果	试　验　方　法
拉伸强度（MPa）	10.2	《硫化橡胶或热塑性橡胶 拉伸应力应变性能的测定》（GB/T 528—2009）
断裂伸长率	155%	
低温柔性（−30℃）	≤2mm	《色漆和清漆弯曲试验（圆柱轴）》（GB/T 6742—2007）

注：①该标准已于 2021 年 10 月作废。

9.2.3　桥面防水体系构造

根据"混凝土—底漆—面漆"匹配原则，以材料的功能性为基础的桥面防水体系梯度结构如图 9.2-1 所示。

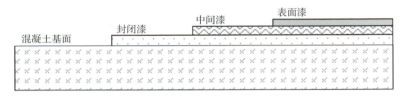

图 9.2-1　防水体系梯度结构示意图

结合桥梁轨道结构形式，用于无砟轨道混凝土桥面的Ⅰ型防水体系结构模型如图 9.2-2a）所示，用于有砟轨道混凝土桥面或无冻融季节地区无砟轨道混凝土桥面的Ⅱ型防水体系结构模型如图 9.2-2b）所示。

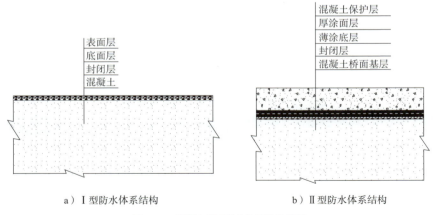

a）Ⅰ型防水体系结构　　　　　　b）Ⅱ型防水体系结构

图 9.2-2　混凝土桥面防水体系结构模型

Ⅰ型桥面防水体系由封闭层、底面层和表面层组成。其中，封闭层具有良好的耐碱性，与混凝土基面及面涂层具有良好的附着力，通过选用渗透性好、附着力好、耐碱性优良的环氧类涂料实现；底面层具有良好的拉伸性能，通过采用高性能聚氨酯涂料实现；表面层具有较好的拉伸性能和优良的耐紫外老化性能，通过采用弹性且耐候性优良的脂肪族聚氨酯涂料实现。

Ⅱ型桥面防水体系由封闭层、薄涂底层、厚涂面层和混凝土保护层组成。其中，封闭层具有良好的耐碱性，与混凝土基面及上涂层具有良好的附着力，通过选用渗透性好、附着力好、耐碱性优良的环氧类涂料实现；薄涂底层具有良好的拉伸性能，通过采用高性能聚氨酯涂料实现；厚涂面层具有较好的拉伸性能、提高防水层厚度，通过采用厚涂型高性能聚氨酯涂料实现；混凝土保护层对防水层实施保护，采用《铁路桥梁混凝土桥面防水层》（TB/T 2965—2018）规定保护层来实现。

9.2.4　施工工艺

防水层寿命受材料质量、施工质量和使用环境因素的影响，施工工艺是保证施工质量的前提，对于涂装类材料的施工工艺包括：基面处理→封闭漆施工→涂装材料施工→施工过程检查、检测等工序。

基面处理是指对新建混凝土桥面进行清理。要求混凝土基层密实、平整，对混凝土基面裂缝、孔洞、蜂窝、麻面、酥松等病害进行修补或清除。例如，采用溶剂型环氧腻子或水性环氧砂浆找平层修补；使用砂轮、钢丝刷等清除混凝土基面上的浮浆、杂渣等疏松物，尖角部位予以剔除并打磨平整，凹凸部位打磨圆滑。清理时需要考虑桥面排水顺畅，打磨出通向排水口的凹槽。桥面清理后使用吸尘器等清除粉尘杂质，使用稀料等溶剂清除污垢等污染物。

基面清洁、干燥后进行封闭漆涂装，施工方法可采用刷涂、喷涂、滚涂。施工时应确保封闭漆充分润湿基面。一般分两次涂装，以保证不出现漏涂和混凝土桥面完全润湿。参考用量为 $0.3\sim0.4\mathrm{kg/m^2}$。

封闭漆实干或间隔24h后即可进行底面漆涂装，施工方法可采用刷涂、喷涂、滚涂。施工前应保证待涂表面无异物。底面漆在使用前应按材料使用说明进行配制，必要时可用 $40\sim100$ 目的筛网过滤。底面漆参考用量为 $0.8\sim0.9\mathrm{kg/m^2}$。

底面漆实干或间隔24h后检查底面漆的厚度及是否有气泡。当厚度小于

400μm 时，需补涂底面漆或表面漆施工时应增加用量，确保防护涂层的总厚度。如果有气泡，须将气泡剔除，并补涂底面漆。然后进行表面漆涂装，施工方法可采用刷涂、喷涂、滚涂。表面漆在使用前应按材料使用说明进行配制，必要时可用 40～100 目的筛网过滤。表面漆参考用量为 0.4～0.45kg/m²。

表面漆实干或间隔 24h 后检查涂层的厚度及是否有气泡，防水层总厚度小于技术要求时应补涂面漆。如果有气泡，则须将气泡剔除，并补涂表面漆。

9.3 梁体及墩台耐久性设计研究

9.3.1 概述

钢筋混凝土是以水泥的水化产物作为胶结料，结合一定级配的集料或其他惰性材料构成，并以钢筋增强的一种复合材料。在这一复合结构中，钢筋提供了结构的抗拉强度，而混凝土则提供了结构抗压强度和对钢筋的保护作用。钢筋混凝土具有造价低、使用寿命长、维修工作量小等优点，在世界各国铁路、公路桥梁建造中得到广泛的应用。

混凝土结构在自然环境尤其是在冻融环境作用下，会出现裂缝、剥离、剥落、蜂窝、漏水、钢筋外露、钢筋锈蚀等病害，这些病害不仅直接降低混凝土的性能，而且会加速混凝土中钢筋的锈蚀，影响结构的安全、使用功能和耐久性。

混凝土桥梁病害的防护方法可以归纳为被动防护和主动防护两类。其中，被动防护是指在混凝土病害已经发生，针对出现的病害情况而被迫采取维修、补救措施，如桥梁裂缝的注浆修补等。主动防护是指对新建混凝土桥梁实施的防护，是在混凝土病害发生前针对桥梁所处环境而主动采取的一系列防护措施或方法，如桥面防水措施等，旨在延缓或阻止病害的发生，实现结构的长效、安全服役目标。

混凝土外涂层是目前使用最为广泛的混凝土防护技术，主要包括聚合物改性水泥砂浆材料类、树脂混凝土或砂浆类、水泥基渗透结晶材料类、水剂型无机渗透结晶涂料类、JS 涂料类、有机硅涂料类、环氧沥青涂料类、环氧树脂涂料类、聚氨酯涂料类、丙烯酸涂料类、苯丙涂料类、氟碳涂料类等，在一些重防腐领域，也会用到玻璃鳞片涂层、玻璃钢隔离层、橡胶衬里等。可以说种类繁多，其效能、价格和使用寿命也差别很大。例如，欧美等国家采用的无机渗透结晶材料、有机硅材料等，中国青藏铁路采用的是柔性氟碳涂料等进行耐久性维护涂装。

9.3.2 梁体、桥墩防护材料

1）环氧封闭漆、柔性聚氨酯中间漆

梁体、桥墩混凝土表面耐久性防护采用的封闭漆和中间漆详见第 9 章中 9.2.2 节所述。

2）柔性氟碳面漆

氟碳涂料一般是用 PFEVE 树脂（全氟烯烃乙烯基醚）配以相应的助剂、填料、溶剂等加工而成。PFEVE 是一种无定型共聚物，由部分氟原子取代氢原子包围在碳链外，形成紧密的保护层，使碳链不易受到外界的侵袭，同时由于 C—F 键的键能高达 460kJ/mol，太阳光中的可见光和紫外光部分的能量均不能破坏 C—F 键，所以氟碳涂料具有优异的热稳定性、耐化学药品性以及超耐候性。在日光型老化试验机内的人工加速老化试验证明，其涂层经 5000h 试验后，光泽保持率仍在 80% 以上，涂层保持完整，不会出现开裂和粉化现象。

日本从 1985 年开始，先后将常温固化氟碳涂料用于天鸟桥、常磐桥、第一向山桥、神田川桥、平井大桥等钢桥上，其中大森桥，涂装氟碳涂料 18 年后，涂层不仅没有粉化，而且光泽保持率仍在 80% 以上。

面漆涂层应满足拉伸强度、断裂伸长率两项物理力学性能和耐紫外老化性能，但大多数氟碳树脂制成的氟碳面漆涂层都是脆性的，即使采用柔性异氰酸酯固化剂得到的涂层伸长率一般都在 50% 以下，满足不了 70% 以上伸长率的最低要求。

《铁路钢桥保护涂装及涂料供货技术条件》（TB/T 1527—2011）将氟碳面漆列入第 7 套涂装体系，用于酸雨、沿海等腐蚀环境严重、紫外线辐射强、有景观要求的地区。中国万州长江大桥、拉萨河大桥、武汉天心洲长江大桥、南京大胜关长江大桥等新建铁路钢桥使用了氟碳面漆。2005 年针对青藏铁路 32m 后张梁沿管道裂纹病害的维修，中国铁道科学研究院集团有限公司等单位研发了柔性氟碳面漆，用于耐久性防护涂装，涂层自 2006 年使用至今未出现粉化、变色、剥落等现象，维修部位未出现病害加重或新的病害等情况。《铁路混凝土结构耐久性修补及防护》（TB/T 3228—2010）明确了采用柔性氟碳涂料对混凝土结构表面进行耐久性涂装保护。

柔性氟碳面漆涂层的抗拉强度达到 10MPa，断裂伸长率大于 120%，与混凝土基面的附着力 5MPa 以上，见表 9.3-1。

柔性氟碳面漆性能测试结果　　　　　　　　表 9.3-1

项　目	测试结果	试　验　方　法
固体含量（%）	51	《色漆、清漆和塑料不挥发物含量的测定》（GB/T 1725—2007）
流出时间（s）	40	《涂料贮存稳定性试验方法》（GB/T 6753.3—1986）
细度（μm）	45	《色彩、清漆和印刷油墨　研磨细度的测定》（GB/T 6753.1—2007）[①]
表干时间（min）	25	《漆膜、腻子膜干燥时间测定法》（GB/T 1728—2020）
实干时间（h）	24	《漆膜、腻子膜干燥时间测定法》（GB/T 1728—2020）
拉伸强度（MPa）	11.7	《硫化橡胶或热塑性橡胶　拉伸应力应变性能的测定》（GB/T 528—2009）
断裂伸长率（%）	184	
附着力（MPa）	5.6	《色漆和清漆拉开法附着力试验》（GB/T 5210—2006）
适用期（h）	4.5	《铁路钢桥保护涂装及涂料供货技术条件》（TB/T 1527—2011）

注：①该标准已于 2020 年 2 月作废。

9.3.3　梁体、桥墩耐久性防护涂装体系结构

梁体、桥墩混凝土表面耐久性涂装方案为，底漆采用环氧封闭漆，中间漆采用聚氨酯中间漆，面漆采用柔性氟碳面漆。该防水体系具有与混凝土黏结力强、耐高低温、耐老化、耐腐蚀且施工简单等优点，能大幅度提高混凝土桥梁的使用寿命，梁体及桥墩混凝土表面耐久性涂装体系结构模型如图 9.3-1 所示。

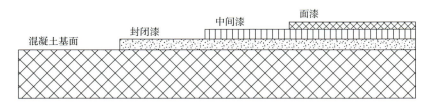

图 9.3-1　混凝土表面耐久性涂装体系结构模型

混凝土表面耐久性涂装体系结构模型中封闭层具有良好的耐碱性，与混凝土基面及面涂层具有良好的附着力，通过选用渗透性好、附着力好、耐碱性优良的环氧类涂料实现；底面层具有良好的拉伸性能，通过采用高性能聚氨酯涂料实现；表面层具有较好的拉伸性能和优良的耐紫外老化性能，通过采用弹性且耐候性优良的柔性氟碳面漆实现。

9.3.4 施工工艺

施工工艺流程：基面清理→基面修补→封闭漆施工→中间漆施工→柔性氟碳面漆施工。

（1）基面清理应使混凝土基层密实、平整。使用砂轮、钢丝刷等清除混凝土基面上的浮浆、杂渣等疏松物并清理干净；尖角部位予以剔除并打磨平整，凹凸部位打磨圆滑；使用吸尘器等清除粉尘杂质；使用稀料等溶剂清除污垢等污染物。

（2）基面修补指对混凝土表面的裂缝、蜂窝、麻面和错台等缺陷，用环氧腻子或找平层修补。针对不平整基面，要打磨平整或打磨圆滑，不进行找平层处理。对于明显的空洞、掉块等缺陷可以用聚合物混凝土进行修补。

（3）基面清洁、干燥后可进行封闭漆涂装施工，施工方法可采用刷涂、喷涂、滚涂均。施工时应确保封闭漆充分润湿基面。

（4）封闭漆实干或间隔24h后即可进行柔性聚氨酯中间漆涂装，施工方法可采用刷涂、喷涂、滚涂。施工前应保证待涂表面无异物。中间漆在使用前按材料使用说明进行配制，必要时可用40～100目的筛网过滤。中间漆干膜厚度为50μm时，参考用量为0.22～0.24kg/m²。

（5）中间漆实干或间隔24h后应检查中间漆的厚度及是否有气泡。当厚度小于50μm时，需补涂中间漆或面漆施工时应增加用量，确保防护涂层的总厚度；如果有气泡，则须将气泡剔除，并补涂中间漆，然后进行柔性氟碳面漆涂装，施工方法可采用刷涂、喷涂、滚涂等。

（6）施工前应保证待涂表面无异物，面漆在使用前应按材料使用说明进行配制，必要时可用40～100目的筛网过滤，面漆干膜厚度为50μm时，参考用量为0.26～0.28kg/m²。面漆实干或间隔24h后应检查涂层的厚度及是否有气泡，当防护层总厚度小于100μm时应补涂面漆；如果有气泡，则须将气泡剔除，并补涂面漆。

BRIDGE DESIGN OF
400 km / h
HIGH-SPEED RAILWAY IN RUSSIA

参考文献

[1] 钱立新.世界高速铁路技术 [M].北京：人民交通出版社，2003.

[2] 中国对外承包工程商会，三峡国际能源投资集团有限公司，中国水利电力对外有限公司."一带一路"投资与建设文集 [M].北京：中国商务出版社，2017.

[3] 黄民.新时代交通强国铁路先行战略研究 [M].北京：中国铁道出版社，2020.

[4] ZHU Y, CHEN L. Modern railway engineering consultation -methods and practices[M].Singapore: World Scientific, 2018.

[5] 仲建华，李闽榕，韩宝明，等.轨道交通蓝皮书——中国轨道交通行业发展报告（2017）[M].北京：社会科学文献出版社，2017.

[6] 崔艳萍，武靖宇，车探来.亚欧国际铁路联运 [M].北京：中国铁道出版社，2017.

[7] 谭柱恋.中东铁路的修筑与经营（1896—1917）[M].台湾：联经出版事业股份有限公司，2016.

[8] RZD OJSC Project for the construction of the Moscow-Kazan section of the Moscow-Kazan-Yekaterinburg high speed railway Investment Memo[R].Moscow, March, 2014.

[9] 陈列.中国高铁技术正名"中国制造"[J].国际工程与劳务，2015, 9: 46-49.

[10] 陈列.中国高速铁路技术及"走出去"需注意的问题 [J].国际工程与劳务，2011, 1（318）：5-7.

[11] 国家铁路局.高速铁路设计规范：TB 10621—2014 [S].北京：中国铁道出版社，2014.

[12] 国家铁路局.铁路桥涵混凝土结构设计规范：TB 10092—2017 [S].北京：中国铁道出版社，2017.

[13] 王茂靖.海外项目工程地质勘察实践[M].北京：中国铁道出版社, 2018.

[14] 约翰·O·西蒙兹.景观设计学——场地规划与设计手册[M].俞孔坚，王志芳，孙鹏，译.3版.北京：中国建筑工业出版社, 2009.

[15] 杨士金，唐虎翔.景观桥梁设计[M].上海：同济大学出版社, 2003.

[16] 邓卫东，杨航卓，宁琳，等.公路景观规划与营造[M].北京：人民交通出版社, 2011.

[17] 王应良，高宗余.欧美桥梁设计思想[M].北京：中国铁道出版社, 2008.

[18] 陈列，郭建勋，胡京涛，等.莫斯科—喀山高速铁路桥涵设计[M].莫斯科：俄罗斯图书局, 2017.

[19] 李建强.莫喀高铁不同设计基准期地震动峰值加速度取值分析[J].铁道标准设计, 2018, 62（12）：70-74.

[20] 国家铁路局.铁路工程混凝土配筋设计规范：TB 10064—2019 [S].北京：中国铁道出版社, 2019.

[21] 波费特.结构分析的基本概念[M].王恩惠，胡人礼，译.北京：中国铁道出版社, 1980.

[22] 普尔菲勒迪斯.铁路管理与工程[M].佚名，译.北京：中国铁道出版社, 2012.

[23] 陈列，胡京涛.桥梁减隔震技术[M].北京：中国铁道出版社, 2014.

[24] 郭建勋，陈列，刘伟，等.莫斯科—喀山高速铁路桥涵统一跨构通用图设计[J].高速铁路技术, 2018, 4: 50-56.

[25] 宋晓东，陈列，薛鹏，等.高纬度地区铁路桥梁新型球型钢支座设计与试验研究[J].铁道建筑, 2018, 2（58）：32-35.

[26] MARIONI，陈列，胡京涛.橡胶减振支座在台湾高速铁路上的应用[J].工程抗震与加固改造, 2011, 2（33）：63-66.

[27] 谢旭，王炎，陈列.轨道约束对铁路减隔震桥梁地震响应的影响[J].铁道学报, 2012, 6（34）：75-82.

[28] 宋晓东，陈列，薛鹏，等.铁路桥梁新型球型钢支座防风沙试验研究[J].高速铁路技术, 2020, 4: 70-74.

[29] 王序森、唐寰澄.桥梁工程[M].北京：中国铁道出版社, 1995.

[30] 强士中.桥梁工程[M].北京：高等教育出版社, 2004.

[31] 莱昂哈特. 钢筋混凝土及预应力混凝土桥建筑原理 [M]. 项海帆，陈忠延，陆楸，译. 北京：人民交通出版社，1988.

[32] 小野纯朗. 提高列车速度的理论和实践 [M]. 徐湧，译. 北京：中国铁道出版社，1992.

[33] 郑健. 中国高速铁路桥梁 [M]. 北京：高等教育出版社，2008.

[34] 赵人达. 大跨度铁路桥梁 [M]. 北京：中国铁道出版社，2012.

[35] 王其昌. 高速铁路土木工程 [M]. 成都：西南交通大学出版社，1999.

[36] 广钟岩，高慧安. 铁路无缝线路 [M]. 北京：中国铁道出版社，2001.

[37] 陈列，郭建勋，李小珍. 高速铁路钢系杆拱桥 [M]. 北京：中国铁道出版社，2010.

[38] 朱颖，许佑顶，林世金，等. 高速铁路建造技术：设计卷 [M]. 北京：中国铁道出版社，2015.

[39] 李亚东. 亚东桥话 [M]. 北京：人民交通出版社股份有限公司，2018.

[40] 陈宝春. 钢管混凝土拱桥 [M]. 北京：人民交通出版社，2009.

[41] 何广汉，车惠民，谢幼藩. 铁路钢筋混凝土桥 [M]. 北京：中国铁道出版社，1984.

[42] 秦顺全. 武汉天兴洲公铁两用长江大桥关键技术研究 [M]. 北京：人民交通出版社股份有限公司，2016.

[43] 孙树礼. 高速铁路桥梁设计与实践 [M]. 北京：中国铁道出版社，2011.

[44] TIMOSHENKO. 工程中的振动问题 [M]. 胡人礼，译. 北京：中国铁道出版社，1978.

[45] GARG V K. 铁道车辆系统动力学 [M]. 沈利人，译. 成都：西南交通大学出版社，1998.

[46] 翟婉明，夏禾. 列车—轨道—桥梁动力相互作用理论与工程应用 [M]. 北京：科学出版社，2011.

[47] 夏禾，张楠. 车辆与结构动力相互作用 [M]. 北京：科学出版社，2005.

[48] 程海根，强士中. 钢管混凝土提篮拱动力特性分析 [J]. 公路交通科技，2002，3：63-65.

[49] 夏禾，陈英俊. 风和列车荷载同时作用下车桥系统的动力可靠性 [J]. 土木工程学报，1994，2（27）：14-21.

[50] 于建华，谢用九，魏泳涛. 高等结构动力学 [M]. 成都：四川大学出版社，2001.

[51] 宋晓东，邱晓为，李小珍，等. 莫—喀高速铁路简支箱梁竖向下限基频研究 [J]. 西南交通大学学报，2019，54（4）：709-714.

[52] 吴信然，杨启兵. 秦沈客运专线箱梁和轨道工程施工新技术 [M]. 北京：中国铁道出版社，2003.

[53] 王志坚，杨友元，李明领，等. 武广铁路客运专线工程总结 [M]. 北京：中国铁道出版社，2012.

[54] 小沃尔特·波多尔尼，J·M·米勒. 预应力混凝土桥梁分段施工和设计 [M]. 万国朝，黄邦本，译. 北京：人民交通出版社，1986.

[55] 庄军生. 桥梁支座 [M]. 北京：中国铁道出版社，2008.

[56] 雷俊卿. 桥梁悬臂施工与设计 [M]. 北京：人民交通出版社，2000.

[57] 阮欣，陈艾荣，石雪飞. 桥梁工程风险评估 [M]. 北京：人民交通出版社，2008.

[58] 宋晓东，曾志，韩国庆，等. 中国与俄罗斯水泥标准的对比分析 [J]. 铁道建筑，2018，（3）：131-135.

[59] 韩国庆，郭建勋，文刚. 跨越俄罗斯等级道路的高铁桥式解决方案研究 [J]. 城市道桥与防洪，2021（3）：36-39.

图书在版编目（CIP）数据

俄罗斯时速400公里高速铁路桥梁设计/郭建勋等著.—北京：人民交通出版社股份有限公司，2022.9
ISBN 978-7-114-17857-3

Ⅰ.①俄… Ⅱ.①郭… Ⅲ.①高速铁路—铁路桥—桥梁设计—俄罗斯 Ⅳ.① U448.132.5

中国版本图书馆 CIP 数据核字（2022）第 025524 号

审图号：GS（2022）136 号

Eluosi Shisu 400 Gongli Gaosu Tielu Qiaoliang Sheji
书　　名：俄罗斯时速400公里高速铁路桥梁设计
著　作　者：郭建勋　陈　列　胡京涛　韩国庆　［俄］瓦西里科夫
责任编辑：张　晓　李学会
责任校对：孙国靖　卢　弦
责任印制：刘高彤
出版发行：人民交通出版社股份有限公司
地　　址：(100011)北京市朝阳区安定门外外馆斜街3号
网　　址：http://www.ccpcl.com.cn
销售电话：(010)59757973
总 经 销：人民交通出版社股份有限公司发行部
经　　销：各地新华书店
印　　刷：北京印匠彩色印刷有限公司
开　　本：720×960　1/16
印　　张：18
字　　数：307千
版　　次：2022年9月　第1版
印　　次：2022年9月　第1次印刷
书　　号：ISBN 978-7-114-17857-3
定　　价：118.00元

（有印刷、装订质量问题的图书由本公司负责调换）